古代歷史文化^{研究}輯刊

二 編

王 明 蓀 主編

第 **10** 冊

西漢儒家政治思想與現實政治的互動
——以奏議爲中心的考察

盧 瑞 容 著

國家圖書館出版品預行編目資料

西漢儒家政治思想與現實政治的互動——以奏議為中心的考
察／盧瑞容 著 — 初版 — 台北縣永和市：花木蘭文化出版社，
2009〔民 98〕
目 2+174 面：19×26 公分
（古代歷史文化研究輯刊 二編；第 10 冊）
ISBN：978-986-6449-88-8（精裝）
1. 中國政治思想　2. 儒家　3. 奏議　4. 西漢史
570.9221　　　　　　　　　　　　　　　　98014180

古代歷史文化研究輯刊
二 編 第 十 冊　　　　　　　　ISBN：978-986-6449-88-8

西漢儒家政治思想與現實政治的互動
——以奏議爲中心的考察

作　　者　盧瑞容
主　　編　王明蓀
總 編 輯　杜潔祥
出　　版　花木蘭文化出版社
發 行 所　花木蘭文化出版社
發 行 人　高小娟
聯絡地址　台北縣永和市中正路五九五號七樓之三
　　　　　電話：02-2923-1455／傳眞：02-2923-1452
網　　址　http://www.huamulan.tw 信箱 sut81518@ms59.hinet.net
印　　刷　普羅文化出版廣告事業
初　　版　2009 年 9 月
定　　價　二編 30 冊（精裝）新台幣 46,000 元

西漢儒家政治思想與現實政治的互動
——以奏議爲中心的考察

盧瑞容　著

作者簡介

　　盧瑞容，台灣省台中縣人。國立台灣大學中文系學士、中文研究所碩士，日本國立九州大學中國哲學研究所博士。現任國立宜蘭大學教授兼通識中心主任。

　　著有：期刊論文多篇及《前漢における經世思想の研究》（1996 年，博士論文。國科會第31 屆科技人員進修獎助）、《中國古代「相對關係」思維探討──「勢」「和」「權」「屈曲」概念溯源分析》（台北：商鼎文化出版社，2004 年 6 月）等專書論文；榮獲多次國科會研究獎勵。另有多篇日文學術論著翻譯。

提　要

　　自古以來，明君英主大多以任賢求言為治道之最。先秦以前，貴族為政治舞台之活躍份子，平民身分的讀書人難登政壇；即有滿腔抱負，亦難直接上達人君、實現理想。隨著時代的轉變，西漢知識份子取得了正式參與政治活動的機會。這些大部分來自民間的讀書人，藉「奏議」這條途徑，自陳理想；舉凡施政得失、社會隆污、經濟騰抑、人心振靡、君德、建嗣、禦邊、拓疆、……，內容無所不至，然撮其要，又以社會民生為最大關懷。此種諤諤之言可視為史實之別種記載，值得後學者深入研究。

　　「道」為先秦諸子所共具，雖則各有主張，概不外為淑世的最初根據與最後的目的，因此清朝學者章學誠說：「……而諸子紛紛則已言道矣，……皆自以為至極，而思以其道易天下者也。」（《文史通義》，〈原道〉中），其中尤以儒家的「道」最注重歷史文化傳統的繼往開來，且以儒家最具以道自任的精神。本文既是透過西漢之奏議，探討當時的知識份子如何以儒道自命，來針砭時政，謀求改革，期望在大一統帝國的統治下，能發揮輿論效用，達到治國平天下的理想。

　　秦以法家之效率席捲天下，復以法家之苛暴倏忽滅亡，繼秦而起的西漢，記取前車之鑑，二百二十年未敢再言法；但我們細翻史頁，卻在漢初六十年「黃老之治」及武帝之後一百六十年「獨尊儒術」的表相之下，發現它一貫的法家治術的本質。這與以儒者自許的西漢知識份子的心願相違。因此西漢的奏議內容，許多都含有儒法之爭的意義。本文卽著眼於：在「法」的陰影籠罩下的西漢知識份子，如何秉持儒家之道，與統治者之法家治術相抗，以維持帝國的長治久安。本文將以奏議為主，佐以西漢思想家著作，來考察西漢政治的本質，及因時弊而起的奏議內容相應地有何種變化？他們的主張對西漢政治究竟有無作用？對後代政治產生何種影響？以明西漢知識份子「學而優則仕」，介於學術與政治之間，到底扮演了何種角色，而決定了他們在政治思想史上的地位。

　　第一章將探討西漢的奏議內容及西漢知識份子心目中的儒家之「道」；第二章將分析表現歷史意識、以秦亡為借鑑的奏議內容；第三章將深究漢初「黃老之治」的實際內容，確定西漢政治的統治方向；第四章將以董仲舒為主體，考察「黃老學說」對整個西漢及西漢以下學術與政治思想的影響；第五章將探討陰陽五行之說對西漢政治的影響；第六章將回顧從政的西漢知識份子對儒道的掌握，及其儒法之爭的實際效果。本文將循此順序探討西漢儒家政治理想與西漢政治現實間的激盪情形。

目
次

第一章　導　論

第一節　西漢奏議產生的歷史背景

一、「奏議」與「制策」探源

　　孟子將人類政治角色簡單地二分爲「治人者」與「治於人者」，〔註1〕在這「君」與「民」之間，我們發現「臣」是一個兼具雙重身分的特殊角色：對「君」而言，「臣」是「治於人者」；對「民」而言，「臣」卻也是「治人者」——他是輔佐、分擔人君「治人」之人。臣旣助君治民，又爲民喉舌，便須與人君磋商，或向人君表陳己見，初爲「口頭報告」，繼有「書面報告」。明吳訥（敏德，1370～1455）《文章辨體》有〈奏疏〉一類，序說裏云：「按唐虞禹皋陶謨之後，至商伊尹、周姬公，遂有伊訓、無逸等篇，此文辭告君之始也。」，〔註2〕姚鼐（姬傳，1731～1815年）故云：「奏議類者，蓋唐虞三代，聖賢陳說其君之辭，尚書具之矣，周衰列國臣子爲國謀者，誼忠而辭美，皆本謨誥之遺。」〔註3〕知我國歷史上臣子進奏之起源甚早，《尚書》、《左傳》、《國語》、《國策》中此類記載甚多。惟其時臣子僅出諸言，未書於文，王應麟（伯厚，1223～1296）《玉海》〈藝文〉曰：「唐虞之臣，敷奏以言；秦漢之輔，上書稱矣。奏者，進也，敷下情進于上也。」〔註4〕《漢書》〈藝文志・

〔註1〕　《孟子》，卷三，〈滕文公上〉：「勞心者治人，勞力者治於人。」，頁8下。
〔註2〕　吳訥，《文章辨體序説》，頁39。
〔註3〕　姚鼐，《古文辭類纂》，第一冊，〈序目〉，頁3下。
〔註4〕　王應麟，《玉海》，卷六一，〈藝文〉，頁1上。

六藝略〉「春秋類」乃有「奏事二十篇。」班固自云：「秦時大臣奏事及刻石名山文也。」王應麟曰：「七國未變古式，言事于王，皆稱上書，秦初改書曰奏。」〔註 5〕吳訥又謂：「漢高惠時，未聞有以書陳事者。迨乎孝文，開廣言路，於是賈山獻至言，賈誼上政事疏。自時厥後，進言者日眾。」〔註 6〕則文帝以後，始有事先書於文字而進奏於上者，並蔚然成風，浸爲大國，而名稱不一。明徐師曾（伯魯，明武宗正德、世宗嘉靖間——明神宗萬曆十九年辛卯前）云：「按奏疏者，羣臣論諫之總名。奏御之文，其名不一，故以奏疏括之也。七國以前，分稱上書。秦初，改書曰奏。漢定禮儀，則有四品：一曰章，以謝恩；二曰奏，以按劾；三曰表，以陳請；四曰議，以執異。然尚時奏章，或上災異，則非專以謝恩。至於奏事亦稱上疏，則非專以按劾也。又按劾之奏，別稱彈事，尤可以徵彈劾爲奏之一端也。又置八儀，密奏、陰陽皂囊封板，以防宣泄，謂之封事。而朝臣補外，天子使人受所欲言，及有事下議者，並以書對。則漢之制，豈特四品而已哉？然自秦有天下、以及漢孝惠，未聞有以書言事者。至孝文開廣言路，於是賈山言治亂之道，名曰至言，則四品之名，亦非叔孫通之所定，明矣。」〔註7〕今考「奏議」一詞，實起於漢，《漢書》〈成帝紀〉班彪贊曰：「公卿職，奏議可述。」〔註 8〕蓋以進奏之文，必有所議，而通謂之「奏議」。

「制策」（或「策問」）是西漢始有之選士途徑，徐師曾云：「按古者選士，詢事考言而已，未有問之以策者也。說文：『策者，謀也。』韋昭漢書音義曰：『作簡策難問，倒置案上，在試者意投射而答之，謂之射策；若錄政化得失顯而問之，謂之對策。』劉勰亦曰：『射策者，探事而獻說也，以甲科入仕；對策者，應詔而陳政也，以第一登庸。皆選賢之要術也。』」〔註 9〕文帝十五年，親策賢良，「時賈誼已死，對策者百餘人，唯錯爲高第，繇是遷中大夫」，〔註 10〕此事史稱首舉；後董仲舒更以三策播名。知「對策」亦臣下告君之辭，與「奏議」同爲針對時政而發者，故本文將《漢書》中〈對策〉〈封事〉等概以〈奏議〉稱之，於行文中不再加以區別。

〔註 5〕 王先謙，《漢書補注》（以下簡稱《漢書》）卷三〇，〈藝文志〉，頁 17 上。

〔註 6〕 同註 2。

〔註 7〕 徐師曾，《文體明辨序說》頁 123～124。

〔註 8〕 《漢書》，卷一〇，〈成帝紀〉，班彪贊，頁 16 上。

〔註 9〕 同註 7，頁一三〇。

〔註 10〕 《漢書》，卷四九，〈晁錯傳〉，頁 17 上及 22 上。

二、西漢奏議的內容

　　西漢奏議既針對時弊而發，其內容概與國政有關，歸納言之，大別可分為以下十一項（略依《漢書》〈列傳〉裡首次出現之時間先後為序）：

1. 秦速亡之儆鑑
2. 任賢的建議
3. 黃老之治的實行
4. 削藩政策的主張
5. 對外政策
6. 太子教育的重視
7. 財經政策及社會風氣的檢討
8. 五德終始說與陰陽災異說
9. 外儒內法的理論
10. 興廢郡國宗廟的建議
11. 試圖阻止外戚干政

　　其中「太子教育」一項，由賈誼首發其端，晁錯繼之，此事遂受到重視；武帝提倡儒術之後，號為儒學昌盛，為太傅、少傅者多為儒者，如丙吉、疏廣、蕭望之、周堪、黃霸之傅元帝；韋玄成、匡衡、張譚之傅成帝；師丹、孔光、王莽亦曾為太傅。此事已不再成為問題，奏議中亦無人再論及，故此項內容將不立專章討論。而賈誼所論，著眼於秦二世未有德高學富之師傅調教，是以速亡天下，此將於第二章中論及之；晁錯論太子教育，則主以術數教太子，此將附於第三章中討論。而「興廢郡國宗廟」一項，最初，呂后已提防臣下妄論先帝宗廟寢園，因此明令敢有擅議者棄市；至元帝改制，方蠲除此令。〔註11〕時丞相貢禹建言漢家宗廟祭祀多與古禮不合，元帝是其言，然未及施行而貢禹卒；韋玄成繼相，議罷郡國廟，自太上皇、孝惠帝諸園寢廟皆罷。其後元帝病中，夢祖宗譴罷郡國廟祠，心中恐惴，遂一一復之。成帝後，或罷或復，至哀帝、平帝仍紛紛不定，班彪謂：「禮文缺微，古今異制，各為一家，未易可偏定也。」〔註12〕此事雖經儒者熱烈反應，雙方各執一說。細考其內容，則係皆根據缺失之禮文而莫衷一是，與思想史無直接關係，亦與日後之國政無直接影響，故於當時或為重大事件，本文則置而不論。其餘

〔註11〕同上書，卷七三，〈韋玄成傳〉，頁 16 下。
〔註12〕同上卷，班彪贊，頁 21 上。

九項，依其性質可再分成三大類，第一類是與統治者法家之治相激盪之奏議，包括 1. 秦速亡之徵鑑 3. 黃老之治的實行 8. 五德終始說與陰陽災異說 9. 外儒內法的理論；第二類是與西漢政治制度結構相激盪之奏議，包括 2. 任賢的建議 4. 削藩政策的主張 7. 財經政策及社會風氣的檢討 11. 試圖阻止外戚干政；第三類是與帝國對外關係相激盪之奏議，包括 5. 對外政策。本文以篇幅所限，將把焦點集中在第一類的奏議上，第二類與第三類不及詳細討，只於有關處連帶提及，容日後再作深入研究。

三、西漢奏議的特色

西漢奏議是知識份子的心聲，他們於下情上達、直抒己見之際，表現了兩個特色：

（一）他們保留了春秋時代〈賦詩〉的遺風。班固《漢書》〈藝文志・詩賦略〉云：「古者諸侯卿大夫交接鄰國，以微言相感，當揖讓之時，必稱詩以喻其志，蓋以別賢不肖以觀其盛衰焉。」〔註13〕春秋之後，賦詩之風漸衰；尤其戰國時代，策士縱橫，內容只圖富國強兵，更不及諫書；而西漢知識份子則於奏議中仍保有此遺迹在。根據《漢書》七十篇列傳加以初步統計，西漢奏議中引《詩》以助成其說者，凡七十四則；次為《論語》，計五十一則；再次為《尚書》，共四十六則；此下尚有《易》二十五則，《孝經》八則，《禮》與《左傳》各二，《老子》一。〔註14〕三百篇所以最多，除了保有賦詩之遺風外，詩押韻，口耳所習，易於為人接受，當也是奏議普遍運用之因；且自武帝立五經博士，《春秋》、《尚書》、《易》、《禮》各設一個講座，唯《詩經》設講座三個──齊、魯、韓三家詩均立於學官，則西漢之太學研《詩》之風特盛，漢儒奏議引《詩》最多或亦與此有關。其次，漢儒尊孔，《論語》裡孔子與弟子論政之說不在少數，提供漢儒論政之資料，因此引《論語》之奏議僅次於引《詩》者。而「書記先王之事，故長於政」，〔註15〕因此《尚書》成為漢儒論政素材之第三來源。影響所及，朝廷一片儒雅之風。錢賓四先生云：「漢廷議論政事，往往攀援經義以自堅。而經術遂益為朝廷所重。樸屬不學者無以伸其意，而公卿彬彬多饗文學矣。」

〔註13〕同上書，卷三〇，〈藝文志〉，頁58下。

〔註14〕《漢書》十篇〈志〉裡亦有知識份子之奏議，但有些與列傳所言重複，為避免混亂，今只取列傳之奏議為統計依據。

〔註15〕瀧川龜太郎，《史記會注考證》（以下簡稱《史記》），卷一三〇，〈太史公自序〉，頁22。

〔註16〕不止此，皇帝詔書亦動輒引經據典。〔註17〕此種風氣不得不謂爲中國歷史上一大特色。〔註18〕

（二）他們表現了託古改制的精神。經過深入的探討，我們發現西漢的實際政治繼承了秦帝國任法的本質，而有重法的傾向，實施的是法家統治技術。這種統治方式與儒者理想相去甚遠，於是飽受儒學浸染的西漢儒者對現實政治的弊病，紛紛提出自已的看法，鋪陳理想之治，欲以改善時政。而他們的理想之治通常寄託在古代之治。他們在運用這些「古史」的時侯，或把古史美化符合自已的理想；或未必眞有此信史，逕自冠以「古者……」，藉以加強例證的權威性。這種風氣盛行到極點時，造成西漢儒者對於「古史」信之不疑，「復古」、「遵古」的要求日熾，間接亦助成了王莽的簒位。

第二節　西漢知識份子的學行背景

秦漢大一統結束了春秋戰國以來五百多年的紛爭局面，也結束了春秋戰國百家爭鳴的盛況。政治社會一安定，各種治世之新說便不復見。〔註19〕秦漢承先秦之後，其學術骨幹，嚴格說來，是一種諸子之學的混合物，而以《呂氏春秋》、《黃帝四經》〔註20〕、《淮南子》、《春秋繁露》爲最具代表性。《呂氏春秋》與《淮南子》在《漢書》〈藝文志〉裡，是無法歸類的「雜家」；〔註21〕而《黃帝四經》在「道家」；〔註22〕《春秋繁露》在「儒家」，〔註23〕可以說漢代學術的內容正是「兼儒墨、合名法」，〔註24〕而且還受到道家、陰陽家與農家〔註25〕

〔註16〕錢穆，《秦漢史》，頁188。
〔註17〕例如宣帝地節三年十一月詔，引《論語》；元康二年正月詔，引《尚書》。見《漢書》，卷八，頁9下及頁12下。而元帝好儒，詔書引《書》、《詩》者更不勝枚舉。
〔註18〕社會學家埃森西塔（S.N.Eisenstadt）嘗謂中國歷史最富於「文化取向」（cultural orientation），見：S.N.Eisenstadt, *The Political Systems of the Empires：The Rise and Fall of the Historical Bureaucratic Societies*.（New York：The Free Press, 1963,1969）pp.225～235。此種性格於西漢帝國已表露無遺。
〔註19〕蕭公權，《中國政治思想史》，（上），緒論，頁2及頁5。
〔註20〕詳第三章第一節註54。
〔註21〕《漢書》，卷三〇，〈藝文志〉，頁4上～下。「雜家類」所收書籍，性質不一。
〔註22〕同上卷，頁36下。
〔註23〕同上卷，頁30下，〈董仲舒二十三篇〉。
〔註24〕同上卷，頁48下。
〔註25〕同註19，頁31。

深刻的影響。但以「學術思想」而言，則西漢除了儒家之外，其他諸家殆無可觀的發展；墨家到了秦漢已經一蹶不振；道家無爲之治雖在漢初六、七十年爲帝王所採行，也影響了少數西漢知識份子的思想；法家寡恩之術雖在實際上一直爲大部份西漢帝王所採用，然此二者皆爲統治技術，談不上「學術」，在西漢眞正有「學術」可言的，只有「儒」一家而已，故本節專就儒學的發展情形予以討論。

一、漢初學術荒涼下的儒學概況

　　漢興，儒學本不昌明。秦之焚書固爲遠因，〔註26〕即就朝廷而言，秦雖不廢儒，究以法家嚴苛治術爲本，對儒學並不重視；尤其深惡儒者之好以古非今，更不加提倡。詩書古文本不易流傳，秦末天下大亂，楚漢相爭又歷時近五年，「丁壯苦軍旅，老弱罷轉漕」，〔註27〕社會動盪不安，學術發展大受摧抑。及至高祖以一介平民，馬上得天下，視天下爲其產業，〔註28〕對學術毫無認識，自亦無以提倡。而且高祖初時還侮慢儒生，最有名的是酈食其想藉沛公麾下騎士見沛公，騎士曰：「沛公不好儒，諸客冠儒冠來者，沛公輒解其冠，溲溺其中。與人言，常大罵。」因此勸酈食其「未可以儒生說也」；而酈食其見著沛公，沛公擺出的排場是「方倨牀使兩女子洗足」，其後一言不合，沛公果然破口大罵：「豎儒！……」。〔註29〕此外，「叔孫通儒服，漢王憎之；迺變其服，服短衣，楚製，漢王喜。」〔註30〕而跟隨高祖打天下者，如樊噲、夏侯嬰、灌嬰、周昌、任敖、申屠嘉、蒯緱……，復多屠狗販布之流，文化水準低；此輩後來又多爲朝廷要員，個個封侯。高祖又約非有功不得爲侯，非侯不得爲相，故宰相一職，概爲功臣所據，朝臣一片質勝於文，多年不變；而「叔孫通作漢禮儀，因爲奉常，諸弟子共定者，咸爲選首，然後喟然興於學。然尙有干戈，平定四海，亦未皇庠序之事也。孝惠、高后時，公卿皆武力功臣，孝文頗登用」，〔註31〕因此「自漢興至孝文二十餘年，會天下初定，

〔註26〕焚書令結果並不嚴重，先賢已辨之甚詳，如康有爲，《新學僞經考》，第一篇：「秦焚六經未嘗亡缺考」，頁5～15。
〔註27〕《史記》，卷七，〈項羽本紀〉，頁60。
〔註28〕《漢書》，卷一下，〈高帝紀下〉，頁13下～14上。
〔註29〕《史記》，卷九七，〈酈食其列傳〉，頁3～4。
〔註30〕同上書，卷九九，〈叔孫通列傳〉，頁12。
〔註31〕《漢書》，卷八八，〈儒林傳〉敍，頁3上～下。

將相公卿皆軍吏。」〔註32〕這樣的中央政府，實難寄望它提倡學術。漢初諸臣，雖非盡爲不學無術之莽夫，〔註33〕然考其學，多屬黃老、兵法、律歷……，頗爲駁雜，即如陸賈「時時爲高祖稱說詩書」，亦「名爲有口辯士」，〔註34〕並非醇儒。儒學發展在漢初受挫是很顯然的。

　　漢初及至整個西漢的儒學實已非先秦儒學之內容。如果我們說荀子的儒學是「變調」的儒學，則西漢的儒學該是「變質」的儒學——被法家和陰陽五行之說侵入而大大地改變了它的實質。儒學受到法家入侵與董仲舒思想有很密切的關係；〔註35〕儒學受到陰陽五行之說的入侵，就學術傳承言，與《呂氏春秋》一書很有關係，蓋《呂氏春秋》之內容以儒家和陰陽五行思想爲主；〔註36〕另外今人勞思光先生以理論原因言孔孟儒學獨缺宇宙論，荀子之後，心性本義不明，儒者各入歧途，尋求宇宙論者，乃被陰陽五行之說乘虛而入；〔註37〕在另一方面，由於陰陽五行之說「閎大不經」，後學難承其術，演爲怪誕不經，「自齊威、宣時，騶子之徒論著終始五德之運，及秦帝而齊人奏之，故始皇採用之。而宋毋忌、正伯僑、元尚、羨門高最後，皆燕人，爲方僊道，形解銷化，依於鬼神之事。騶衍以陰陽主運顯於諸侯，而燕齊海上之方士傳其術不能通，然則怪迂阿諛苟合之徒自此興，不可勝數也」。〔註38〕是則陰陽家又與方士混雜，而給一般人「儒」與「方士」不分的錯覺，例如俗謂始皇「焚書坑儒」，實則始皇所坑者方士耳。陰陽五行思想既侵入儒學，在無形之中並逐漸成爲儒者普遍共具的基本觀念，因此儒學立爲學官時，說經者已都染有濃厚的陰陽五行色彩，〔註39〕其中以傳《易》之孟喜至京房一系，最喜言陰陽災變。綜觀漢代儒者，於陰陽五行之說，幾無一能倖免，即如陸賈、賈誼都不能例外；董仲舒「爲群儒首」，更是其中翹楚；揚雄雖不

〔註32〕《史記》，卷九六，〈張丞相列傳〉，頁 10。
〔註33〕錢穆，前引書，頁 66～67。
〔註34〕《史記》，卷九七，〈陸賈列傳〉，頁 12。
〔註35〕詳見第四章第三節。
〔註36〕請參閱：（一）徐復觀，《兩漢思想史》，卷二〈呂氏春秋及其對漢代學術與政治的影響〉，頁 1～84。（二）賀凌虛，《呂氏春秋的政治理論》，第五章、第六章，頁 156～211。
〔註37〕勞思光，《中國哲學史》，卷二，頁 13。
〔註38〕《漢書》，卷二五上，〈郊祀志上〉，頁 12 上～下。
〔註39〕今人李漢三先生有一系列探討陰陽五行對於兩漢經學的影響之作，見：氏著《先秦兩漢之陰陽五行學說》，第四篇：〈陰陽五行對於兩漢經學的影響〉，頁 191～346。

主此說，然亦不能完全免除此說的影響。司馬遷之父論六家要旨，首推陰陽，次言儒，〔註40〕於此可見陰陽家思想在漢儒心目中之地位；而司馬遷撰《史記》，又將騶衍與孟子荀子同列一傳，此正說明漢儒視儒家與陰陽家有密切關係──不見得同源，但已合流。

二、武帝以後的儒學發展

惠帝四年，除挾書律，〔註41〕鼓勵獻書；文景兩朝，諸博士，雖因主上「不任儒」而具官待問，未有進者，然學風已漸開，至武帝登位、竇太后崩，遂積極提倡儒學。

一般習稱武帝採董仲舒建議，而「罷黜百家，獨尊儒術」，實則此舉誠非董仲舒所能獨佔功勞，〔註42〕董仲舒之外，還經過多人漸進之努力，甚至犧牲生命才達到推展儒學的目的：

（一）武帝建元元年，詔舉賢良方正直言極諫之士，丞相衛綰奏：「所舉賢良，或治申、商、韓非、蘇秦、張儀之言，亂國政，請皆罷。」奏可。〔註43〕

（二）魏其侯竇嬰、武安侯田蚡俱好儒術，推舉趙綰為御史大夫，王臧為郎中令。迎魯申公，欲設明堂，令列侯就國，除關，以禮為服制，以興太平。舉適諸竇宗室毋節行者，除其屬籍。時諸外家為列侯，列侯多尚公主，皆不欲就國，以故毀日至竇太后。太后好黃老之言，而魏其、武安、趙綰、王臧等務隆推儒術，貶道家言，是以竇太后滋不說魏其等。及建元二年，御史大夫趙綰請無奏事東宮。竇太后大怒，乃罷逐趙綰、王臧等，而免丞相、太尉。……魏其、武安由此以侯家居。〔註44〕

（三）及今上即位，趙綰、王臧之屬明儒家，而上亦鄉之，於是招方正賢良文學之士。……太皇竇太后好老子言不說儒術，得趙綰、王臧之過以讓上，上因廢明堂事，盡下趙綰、王臧吏，後皆自殺。〔註45〕

（四）及竇太后崩，武安侯田蚡為丞相，絀黃老、刑名百家之言，延文

〔註40〕《史記》，卷一三〇，〈太史公自序〉，頁7。
〔註41〕《漢書》，卷二，〈惠帝紀〉，頁5上，張晏曰：「秦律：敢有挾書者族」。
〔註42〕見：戴君仁，〈漢武帝抑黜百家非發自董仲舒考〉，文刊《孔孟學報》，第十六期，頁171～178。
〔註43〕《漢書》，卷六，〈武帝紀〉，頁1下～2上。
〔註44〕《史記》，卷一〇七，〈魏其武安侯列傳〉，頁8～9。
〔註45〕同上書，卷一二一，〈儒林列傳〉敍，頁7及頁15。

學儒者數百人。而公孫弘以春秋白衣爲天子三公，封以平津侯。天下之學士靡然鄉風矣。〔註46〕

（五）公孫弘爲學官，悼道之鬱滯，乃請曰：「……爲博士官置弟子五十人，復其身。太常擇民年十八已上，儀狀端正者，補博士弟子。郡國縣道邑有好文學、敬長上、肅政教、順鄉里，出入不悖所聞者，令相長丞上屬所二千石，二千石謹察可者，當與計偕，詣太常，得受業如弟子。一歲皆輒試，能通一藝以上，補文學掌故缺；其高弟可以爲郎中者，太常籍矣。卽有秀才異等，輒以名聞。其不事學若下材及不能通一藝，輒罷之，而請諸不稱者罰。……」制曰：「可」。自此以來，則公卿士大夫吏斌斌多文學之士矣。〔註47〕

不論建元元年之奏，是否爲衛綰所上，〔註48〕從上述我們已可知：及至武帝初卽位，漢代的「學術界」仍承襲六十年來之風氣，充滿著申韓及策士之術，十分駁雜；而「統一思想」的觀念已隨政治上的一統而更爲強烈；逮乎年少有爲之武帝登基，有識者遂議倡儒術。而其時，「不說儒術」的太皇竇太后尚在，武帝亦不能大事更張。因此，卽令董仲舒三策乃對於建元元年，〔註49〕武帝必不是立卽接受董仲舒以儒教更化之建議而抑黜百家、勵行儒術。何況董仲舒所議，復多爲武帝所不喜聞，例如第一策中指出武帝「任刑」，第三策中指出當前政策與民爭利，〔註50〕此逆耳之言，難邀「內多欲」〔註51〕的統治者青睞，是以「獨攬助（按：嚴助）爲中大夫」，〔註52〕卻置董仲舒爲江都相。〔註53〕必得等到「其行敦厚，辯論有餘，學文法吏事，而又緣飾以儒術」之公孫弘爲相，才投合武帝胃口，「上大說之」；〔註54〕而且竇太后亦已去世，儒學在朝廷才取得正統地位。

〔註46〕同上卷，頁8。

〔註47〕同上卷，頁10～12。

〔註48〕錢賓四先生引衛綰本傳謂此奏不可能出自衛綰，見：錢穆，前引書，頁76。錢先生這個說法是有可能的，因爲〈衛綰列傳〉裡還說他：「自初宦以至相，終無可言。」（《漢書》，卷四六，頁7上）似乎不會有如此驚天動地之舉。

〔註49〕董仲舒〈賢良三策〉的時間，眾說紛紜，戴君仁先生〈漢武帝抑黜百家非自董仲舒考〉一文亦有詳論。而《資治通鑑》把董仲舒〈賢良對策〉定於建元元年，錢賓四先生引前人諸說，證成司馬光所定。見：錢穆，前引書，頁76～77。

〔註50〕《漢書》，卷五六，〈董仲舒傳〉，頁5下及頁17下～18上。

〔註51〕《史記》，卷一二〇，〈汲黯列傳〉，頁4。

〔註52〕《漢書》，卷六四上，〈嚴助傳〉，頁1上。

〔註53〕同上書，卷五六，〈董仲舒傳〉，頁19上。

〔註54〕《史記》，卷一一二，〈平津侯列傳〉，頁4。

但無論如何，推動儒術，總以董仲舒的議論為最詳備。在賢良三策中，關於儒學的推展，董仲舒提出三項建議：

（一）興學養士——武帝制曰：「……今朕親耕籍田以為農先，勸孝弟、崇有德，使者冠蓋相望，問勤勞，恤孤獨，盡思極神，功烈休德未始云獲也。」〔註55〕其故安在？董仲舒對曰：「士素不屬也。夫不素養士，而欲求賢，譬猶不琢玉而求文采也。故養士之大者，莫大乎太學；太學者，賢士之所關也、教化之本原也。今以一郡一國之眾，對亡應書者，是王道往往而絕也。臣願陛下興太學、置明師，以養天下之士，數考問以盡其材，則英俊宜可得矣。」〔註56〕

（二）選賢舉能——董仲舒先指出今日舉材選官皆不當：「夫長吏多出於郎中、中郎，吏二千石子弟選郎吏，又以富訾，未必賢也；……累日以取貴，積久以致官。是以廉恥貿亂，賢不肖渾淆，未得其真。」〔註57〕如此長吏不明，而造成「陰陽錯謬，氛氣充塞，群生寡遂，黎民未濟」，〔註58〕應改之以「使諸列侯、郡守、二千石，各擇其吏民之賢者，歲貢各二人，以給宿衛，且以觀大臣之能，所貢賢者有賞，所貢不肖者有罰。夫如是，諸侯吏二千石，皆盡心於求賢，天下之士可得而官使也。」〔註59〕

（三）獨尊儒術——「春秋大一統者，天地之常經、古今之通誼也。今師異道、人異論、百家殊方、指意不同，以是上無以持一統，法制數變，下不知所守，臣愚以為諸不在六藝之科、孔子之術者，皆絕其道，勿使並進，邪僻之說滅息，然後統紀可一，法度可明，民知所從矣。」〔註60〕此議完全出於策問之外，董仲舒出此建議心意難明，〔註61〕但「儒術」本為武帝所欲推行，「大一統」的精神更為武帝所樂聞。因此，雖然文不對題，武帝仍然接受了，伺機而行。

武帝的第一項行動便是於建元五年立「五經博士」。《漢書》〈百官公卿表〉曰：「博士，秦官，掌通古今，秩比六百石，員多至數十人。武帝建元五年初置五經博士。」〔註62〕可知秦時博士重在通古今，並不以專經為主，徐復觀先生

〔註55〕《漢書》，卷五六，〈董仲舒傳〉，頁 9 上。
〔註56〕同上卷，〈賢良對策二〉，頁 12 上。
〔註57〕同上卷，〈賢良對策二〉，頁 12 上～13 上。
〔註58〕同上卷，頁 9 上，武帝制曰。
〔註59〕同上卷，〈賢良對策二〉，頁 13 上～下。
〔註60〕同上卷，〈賢良對策二〉，頁 19 上。
〔註61〕關於此議之用心及其後果、影響，詳第四章第三節。
〔註62〕《漢書》，卷一九上，〈百官公卿表〉序，頁 7 下。

稱之爲「雜學博士」，〔註63〕只是武帝採董仲舒建議，「諸不在六藝之科，孔子之術者，皆絕其道，勿使並進。」特別尊崇儒術，〔註64〕其他不以五經爲博士的，因此受到抑黜，而儒學經此提倡，遂日益隆盛。

　　第二項行動是元朔五年採公孫弘議，爲博士置弟子五十人，「學者益廣」〔註65〕由此可見學風之大盛。而武帝前後之博士判然有別：1. 武帝之前的博士，其學未必專於經書，武帝之後則主五經，「亂國政」之異學百家皆不得並進；2. 武帝之前的博士，一如秦制，僅爲政府所養學術之官，爲置博士弟子員後，則兼爲師，博士之地位益形提高，對國家學術發展的影響力也愈大。博士弟子員之出路，或爲郎，或爲吏，「自此以來，則公卿士大夫吏斌斌多文學之士矣。」〔註66〕

　　第三項行動是舉茂材孝廉，選拔地方上的人才。元光元年初令郡國歲舉孝、廉各一人，〔註67〕元封四年，令刺史歲舉茂材，〔註68〕此皆定期選舉，不似高帝下求賢詔，〔註69〕文帝詔舉賢良方正之士，〔註70〕乃一時特舉，未定爲常科。孝廉的出路是郎官，亦卽地方上的人才可直接進入中央政府做事，如此鼓勵風潮，帶動全國向學風氣。更何況武帝亦眞納董仲舒之議，復以文翁之於蜀地興學爲藍本，於郡國立學，〔註71〕教育由此更加普及。這些措施，都直接間接與董仲舒的建議有關，是以班固曰：「自武帝初立，魏其、武安侯爲相而隆儒矣。及仲舒對冊，抑黜百家，立學校之官，州郡舉茂材孝廉，皆自仲舒發之。」〔註72〕

〔註63〕徐復觀，《兩漢思想史》，卷二，頁427。
〔註64〕文景之時，已有以《詩》、《春秋》、《書》立爲博士者。見：《史記》，卷一二一，〈儒林列傳〉：「轅固生者，齊人也，以治詩，孝景時爲博士。……韓生者，燕人也，孝文時爲博士。」頁16及19，此爲《詩》學博士；「董仲舒，廣川人也，以治春秋，孝景時爲博士。……胡毋生，齊人也，孝景時爲博士。」頁26及28，此爲《春秋》學博士；「伏生教濟南張生及歐陽生。……張生亦爲博士。」頁23，此爲治《書》博士。
〔註65〕《漢書》，卷六，〈武帝紀〉，頁11下。
〔註66〕《史記》，卷一二一，〈儒林列傳〉敍，頁12。
〔註67〕《漢書》，卷六，〈武帝紀〉，頁4上。
〔註68〕《宋書》，卷四〇，〈百官志下〉，頁10上。
〔註69〕《漢書》，卷一下，〈高帝紀下〉，頁17下～18上。
〔註70〕同上書，卷四，〈文帝紀〉，頁9上。
〔註71〕同上書，卷八九，〈循吏傳〉。「至武帝時，乃令天下郡國皆立學校官，自文翁爲之始。」頁3上。
〔註72〕同上書，卷五六，〈董仲舒傳〉，頁20下～21上。

　　然武帝內心實「好文詞」，﹝註73﹞並不眞心好儒，因此左右盡是一群能言善辯之士，如嚴助、朱買臣、東方朔……者流；對於司馬相如的靡麗之賦，武帝只見其「勸百」，﹝註74﹞便「飄飄有陵雲氣游天地之閒意」，﹝註75﹞不再有閒情去留意其「風一」；﹝註76﹞而那些令人髮指的酷吏，最爲武帝所賞識；﹝註77﹞而花費武帝一生最多時間的立明堂、辟雍、封禪、改正朔、易服色等却都是儒家枝節末事，武帝「頗採儒術以文之」，﹝註78﹞不過是以儒術作爲大一統帝國之夸飾工具，與「其行愼厚，辯論有餘、習文法吏事，緣飾以儒術」﹝註79﹞的公孫弘最合得來。因此，武帝當時雖曰提倡儒學，而朝廷裡儒學實未昌盛，繼公孫弘之後爲相者，有李蔡、嚴青翟、趙周、石慶、公孫賀、劉屈氂等，皆非儒者出身，而御史大夫如張湯、杜周以治獄嚴酷見知，﹝註80﹞桑弘年以言財利進身，﹝註81﹞亦違儒道。必待昭帝宣帝之後，名儒才漸當道，治績亦見。﹝註82﹞此必須歸功於昭宣以後諸帝王之繼續提倡儒學，﹝註83﹞「訖于（平帝）元始，百有餘年，傳業者浸盛，枝葉蕃滋，一經說至百萬餘言，大師眾至千餘人」，﹝註84﹞實爲可觀！至於郡國，則元帝時於郡國置五經百石卒史，﹝註85﹞平帝元始三年，

﹝註73﹞《史記》，卷一二一，〈儒林列傳〉，頁 15。

﹝註74﹞《漢書》，卷五七下，〈司馬相如傳下〉，班固贊引揚雄說，頁 27 下，顏師古注曰：「奢靡之辭多」。

﹝註75﹞同上卷，頁 19 上，武帝聞〈大人賦〉，大說之。

﹝註76﹞同註 74，顏師古注曰：「節儉之言少」。

﹝註77﹞《漢書》，卷九〇，〈酷吏傳〉，趙禹，「上以爲能，至中大夫」，頁 5 上；義縱，「上以爲能，遷河內都尉」，頁 6 上；王溫舒，「上聞之，以爲能，遷爲中尉」，頁 8 下；尹齊，「上以爲能，拜爲中尉」，頁 10 上；楊僕，「稍遷至主爵都尉，上以爲能」，頁 10 下。

﹝註78﹞《史記》，卷一二，〈孝武本紀〉，頁 33。

﹝註79﹞詳見本章第三節，〈現實型的漢儒〉；及第四章第二節。

﹝註80﹞詳見第四章第五節。

﹝註81﹞詳見本章第三節，註 97。

﹝註82﹞《漢書》，卷五八，〈公孫弘卜式兒寬傳〉，班固贊：「孝宣承統，纂修洪業，亦講論六藝，招選茂異，而蕭望之、梁丘賀、夏侯勝、韋玄成、嚴彭祖、尹更始以儒術進；……皆有功迹見述於世。……」頁 14 下～15 上。

﹝註83﹞同上書，卷八八，〈儒林傳〉敍：「昭帝時，舉賢良文學，增博士弟子員滿百人，宣帝末增倍之。元帝好儒，能通一經者皆復，數年以用度不足，更爲設員千人。……成帝末增弟子員三千人，歲餘復如故。平帝時王莽秉政，增元士之子得受業如弟子，勿以爲員，歲課甲科四十人爲郎中，乙科二十人爲太子舍人，丙科四十人補文學掌故云」，頁 6 上。

﹝註84﹞同上卷，〈儒林傳〉敍，頁 6 上。

﹝註85﹞同上註。

「立學官，郡國曰學，縣、道、邑、侯國曰校，校、學置經師一人。鄉曰庠、聚曰序，序、庠置孝經師一人。」〔註86〕不但有正式名稱，而且置「經師」、「孝經師」，則分明著重教化。至詔舉賢良方正、茂材孝廉之事，更不勝枚舉，此時方可謂儒學大盛，全國靡然鄉風矣。

第三節　「儒」與西漢知識份子的關係

一、所謂「漢儒」

　　儘管西漢學術思想駁雜不純，大體說來，知識份子還是以「儒」自許的，這固然因為儒家思想「致廣大而盡精微，極高明而道中庸」，〔註87〕因此「取法乎上，僅得乎中」者亦不致太離譜，個人修為容易實行；另一方面則是武帝之後，在上者不斷提倡儒學，學者受到「祿利之途」〔註88〕之誘，而趨之若鶩，個個服儒衣冠——在統治者大加提倡的風氣下，也唯有儒模儒樣，其個人價值才易受到統治者的肯定與保障，個人形象也才容易受到整個社會的接納。因此，「漢儒」可謂品類複雜。〔註89〕就其大者觀之，可分從政之儒與說經之儒，說經之儒與本文無直接關係，姑置不論，從政之儒又可分為兩類，一是「理想型」，一是「現實型」：

　　（一）「現實型」——此類儒者多「知時變」，逢迎君王之欲，而以叔孫通、公孫弘、兒寬、桑弘羊為代表。叔孫通自秦至漢，五易其主——秦二世、項梁、懷王、項羽、漢王。於陳勝反時，面諛二世曰：「明主在其上，法令具於下，使人人奉職，四方輻輳，安敢有反者？此特群盜鼠竊狗盜耳，何足置之齒牙間？郡守尉令捕論，何足憂？」二世喜，賜叔孫通帛、衣，並拜為博士；以漢王憎儒，乃變儒服為短衣、楚製，漢王喜；為高祖製朝儀，群臣莫不振恐；教惠帝以「人主無過舉」〔註90〕……；凡此，皆開「公卿面從」〔註91〕之風。繼此風

〔註86〕同上書，卷一二，〈平帝紀〉，頁6下～7上。
〔註87〕《中庸》，第二十七章，頁19下。
〔註88〕同註84。
〔註89〕可參考沈剛伯，〈秦漢的儒〉，文刊《大陸雜誌》，第三十八卷，第九期，頁1～6。許倬雲先生，〈秦漢知識份子〉，收入氏著《求古編》，頁483～514。
〔註90〕《史記》，卷九九，〈叔孫通列傳〉，頁11～21。
〔註91〕桓寬，《鹽鐵論》，卷五，〈刺議第二十六〉，頁41下，賢良文學譏刺御史大夫語。

者爲武帝名相公孫弘，他擅長以人臣之卑來增益人主之威：「常稱以爲人主病不廣大，人臣病不儉節」；在廷上處處讓武帝裁決，以示人主之尊：「每朝會議，開陳其端，令人主自擇，不肯面折庭爭」；屈意以承人主之歡：「嘗與公卿約議，至上前，皆倍其約，以順上旨」；汲黯指其背約不忠，公孫弘則曰：「夫知臣者以臣爲忠，不知臣者以臣爲不忠。」武帝豈有「不知臣」之理？自然以他爲忠，因此「左右幸臣每毀弘，上益厚遇之」。除了一再「謙讓」之外，更順武帝之旨，大興儒學，而己身亦不忘儒服儒行：「養後母孝謹」、「弘爲布被，食不重肉」、「後母死，服三年喪」，汲黯一再數他「詐」，他總有謙卑理由令「上然弘言」，因此日益親貴，終至武帝爲他破格以丞相封侯。〔註92〕這樣一個「儒相」，配上「頗采儒術以文之」、「內多欲而外施仁義」〔註93〕的武帝，眞是君臣輝映、相得益彰！其御史大夫兒寬，更懂得「以經術潤飾吏事」：

> 寬既治民，勸農業，緩刑罰，理獄訟，卑體下士，務在於得人心；
> 擇用仁厚士，推情與下，下求名聲，吏民大倍愛之。〔註94〕

在武帝面前，他又和公孫弘一樣，令人主自擇。武帝問兒寬巡狩封禪事，兒寬以隆辭推尊武帝，最後歸結到：「唯聖主所由，制定其富，非群臣之所能列。……唯天子建中和之極，兼總條貫，金聲而玉振之，以順成天慶，垂萬世之基。」武帝自是「然之，乃自制儀，采儒術以文焉。」這些功夫，連兒寬的老師褚大見了，都要大爲嘆服：「上誠知人。」〔註95〕公孫弘與兒寬，一「學春秋雜說」，一「治尚書」，〔註96〕都還是「儒者」出身，至桑弘羊則學歷不詳，只知爲賈人之子，後來幫武帝廣開財源，「自以爲國興大利，伐其功」，卜式惡之，直欲將其烹了。〔註97〕這樣一位出口不諱言利、好爲武帝逞漢家威風〔註98〕的御史大

〔註92〕《史記》，卷一一二，〈平津侯列傳〉，頁 4～7。

〔註93〕同註 51。

〔註94〕《漢書》，卷五八，〈兒寬傳〉，頁 11 下。

〔註95〕同上卷，頁 12 上～13 下。

〔註96〕同上卷，頁 1 下及頁 10 下。

〔註97〕同上書，卷二四下，〈食貨志下〉：「弘羊，洛陽賈人之子，以心計，年十三侍中。……是歲，小旱，上令百官求雨。卜式言曰：『……亨弘羊，天乃雨。』」頁 20 上～下。

〔註98〕《鹽鐵論》，卷三，〈園池第十三〉：「大夫曰：諸侯以國爲家，其憂在內；天子以八極爲境，其慮在外。故宇小者用菲，功臣者用大。」頁 22 上，御史大夫以此辯護武帝耗用之大；同卷，〈未通第十五〉：「孝武皇帝平百越以爲園圃，卻羌胡以爲苑囿，是以珍怪異物充於後宮，駒騄駃騠實於外廄，匹夫莫不乘堅良而民間厭橘柚。由此觀之，邊郡之利亦饒矣。而曰何福之有？未通於計。」

夫，也是一付儒者打扮的，試看昭帝鹽鐵議時，賢良文學如何批評他：

> 衣儒衣，冠儒冠，而不能行其道，非其儒也。譬若土龍，文章首目
> 具而非龍也。荸薺似菜而味殊，玉石相似而異類。子非孔氏執經守
> 道之儒，乃公卿面從之儒，非吾徒也。〔註99〕

像叔孫通、公孫弘、兒寬、桑弘羊這一類「順流以容身，從風以說上，上所言則苟聽，上所行則曲從」〔註100〕之「儒」，大多順應現實政治，不顧廉恥，身至三公，而爲有志之士所不齒。

（二）「理想型」──此類儒者每自覺堅守儒教以糾彈統治者之失政。秦以法家進取之術吞六合、一四海，然不旋踵卽告滅亡，這給漢人極大的警惕，君臣上下噤不言法，甚至涉及秦帝國壽命的，都有所忌諱，〔註101〕似乎漢絕不再重蹈秦之覆轍。因此，漢初六十年行黃老道家之治，武帝之後一百六十年，儒學興盛，儒家取得正統而獨尊的地位，彷彿西漢政治與法家完全無關；然而只要細閱史乘，便可發現西漢帝王的法家統治技術，前有「黃老」清靜無爲、後有儒術尊作爲掩護，而對漢代知識份子造成更深的傷害。確定西漢政治走上「尊君卑臣」法家路線的，叔孫通具有不可磨滅的功勞。叔孫通爲高祖製朝儀，雖自云「頗採古禮與秦儀雜就之」，〔註102〕實際上是「大抵皆襲秦故」。〔註103〕因此滿朝的豐沛子弟，頓時收拾起他們「飲酒爭功，醉或妄呼，拔劍擊柱」的純樸粗放之風，一改而爲「自諸侯王以下莫不振恐肅敬」，讓高祖恍然大悟：「吾迺今日知爲皇帝之貴也。」〔註104〕朱子率先指出此中承襲秦人之意：

> 叔孫通制漢儀，一時上下肅然震恐、無敢喧譁，時以爲善，然不過
> 尊君卑臣，如秦人之意而已，都無三代燕饗底意思了。〔註105〕

以秦的朝儀，配上秦的官制──《漢書》〈百官公卿表〉敍曰：「秦兼天下，建皇帝之號，立百官之職。漢因循而不革，明簡易、隨時宜也。」〔註106〕其下雖

頁 24 下，御史大夫復以「邊郡之利」來辯邊武帝征伐四夷之因。
〔註99〕同上書，卷五，〈刺議第二十六〉，頁 41 下。
〔註100〕同上註。
〔註101〕例如婁敬議都關中，群臣爭以爲不可，原因是：「周王數百年，秦二世卽亡，不如都周。」見：《史記》，卷九九，〈劉敬列傳〉，頁 6。
〔註102〕同上書，卷九九，〈叔孫通列傳〉，頁 14。
〔註103〕同上書，卷二三，〈禮書〉，頁 6。
〔註104〕同註 102。
〔註105〕《朱子語類》，卷一三五，頁 3 下。
〔註106〕《漢書》，卷一九上，〈百官公卿表〉敍，頁 3 下～4 上。

云：「其後頗有所改」，然其改者官名而已，﹝註107﹞整個體制是不變的──更助長了尊君卑臣的發展。久之，知識份子也都接受了此一事實，視爲自然，試看司馬遷曰：「天尊地卑，君臣定矣；高卑已陳，貴賤位矣。」﹝註108﹞可知漢儒的一般觀念。

　　漢初六十年雖號稱黃老之始、清靜無爲，然其對待臣下實爲刑名之治；﹝註109﹞武帝一朝，更是外儒內法，不論朝廷或郡國，於刑都最爲酷烈；﹝註110﹞中葉以後，宣帝雖自云「霸王道雜之」，其實仍是「所用多文法吏，以刑名繩下」；﹝註111﹞元帝成帝雖眞好儒，而且儒者也眞能當政，但是「法」的浸染已深，且元成兩帝一柔仁優游，一湛于酒色，均非有爲之君，對於此一積重難返的事實，只能謀求小處的補救，﹝註112﹞不能從大處興革；何況卽使是君王這樣的美意，都無法使百姓領受其惠，《漢書》〈刑法志〉稱：

> 有司無仲山父將明之材，不能因時廣宣主恩，建立明制，爲一代之法，而徒鉤摭微細，毛舉數事，以塞詔而已。是以大議不立，遂以至今。﹝註113﹞

及至班固時，都還大議不立，則漢之吏治可見一斑。因此，司馬遷「漢興，接秦之弊」﹝註114﹞的說法，不止適用於經濟狀況，也適用於施政情形；不止適用於漢之初興、帝國草創之時，乃可貫串整個西漢，道盡漢家統治臣民的眞面目。﹝註115﹞

﹝註107﹞如丞相改爲大司徒；御史夫改爲大司空（後皆復爲原名）；太尉改爲大將軍，再改爲大司馬；郎中令改爲光祿勳。詳見《漢書》，〈百官公卿表〉敍。

﹝註108﹞《史記》，卷二四，〈樂書〉，頁26～27。

﹝註109﹞詳第三章第二節。

﹝註110﹞詳第四章第五節。

﹝註111﹞《漢書》，卷九，〈元帝紀〉，頁1下及1上。

﹝註112﹞同上書，卷二三上，〈刑法志上〉：「元帝初立，下詔曰：『夫法令者，所以抑暴扶弱，欲其難犯而易避也。今律令煩多而不約，自典文者不能分明，而欲羅元元之不逮，斯豈刑中之意哉？其議律令可蠲除減輕者條奏，唯在便安百姓而已。』至成帝河平中，復下詔曰：『……其與中二千石、二千石、博士及明習律令者，議減死刑及蠲除約省者，令較然易知條奏……』」，頁16下～17上。

﹝註113﹞同上卷，頁17上。

﹝註114﹞《史記》，卷三〇，〈平準書〉，頁1。

﹝註115﹞徐復觀先生曾將漢承秦後的法家政治表現，歸納爲三方面：（一）表現在作爲制度之骨幹的君臣關係上；（二）表現在作爲法制之骨幹的「法」的性質上；（三）表現在由上述法制所推行的吏治上。對西漢統治者的法家本質有詳細

西漢之治雖有如此陰森凜烈的一面，所幸也有光明的一面，那就朝廷十分開明，不但容許大臣作相反意見的激烈辯論——如武帝時，王恢與韓安國辯論對匈奴之策；〔註 116〕如昭帝時，議罷鹽鐵，御史大夫與賢良文學針鋒相對；〔註117〕如宣帝時蕭望之與李彊反對伐西羌，京兆尹張敞主張征討，「於是天子復下其議兩府，丞相、御史大夫以難問張敞」；〔註 118〕如哀帝時，諫大夫龔勝與博士夏侯常經常起激烈爭執。〔註 119〕還允許臣子在廷上對君王作人身攻擊，如賈山言論激切，文帝終不加罰；〔註 120〕盛氣如武帝，被汲黯責以「內多欲而外施仁義」，也只是「怒，變色而罷朝」，並未加辱或賜死，日後還稱讚他：「古有社稷之臣，至如黯，近之矣」；〔註 121〕谷永當著向書之面批評成帝寵女色、奢侈，成帝聞言只是「大怒」，亦未賜死或遠謫邊境。〔註 122〕西漢朝廷這種自由開放的作風，鼓勵了臣子犯顏直諫的勇氣。因此雖有面諛之儒如叔孫通、公孫弘、兒寬、桑弘羊……等得意廷上，而大部分實際從政的知識份子，卻還是堅守儒家陣營，為實現儒家理想之治而極力諫諍。他們的言論或許不察時變、失之泥古；他們的建議一旦實行起來，或許「昏亂不治」；〔註 123〕他們的思想或因法家與陰陽家思想的交相入侵，至其主張多遷就專制政治；但他們總是在西漢法家之治的陰影籠罩之下，誠意而且盡力地貢獻他們心目中的儒家之道。其效果

深入的分析。見：徐復觀，〈儒家對中國歷史命運掙扎之一例〉，收入氏著《學術與政治之間》，頁 344～351。

〔註 116〕《漢書》，卷五二，〈韓安國傳〉，頁 17 上～19 下。

〔註 117〕同上書，卷六六，〈車千秋傳〉，班固贊，頁 16 下～17 上。

〔註 118〕同上書，卷七八，〈蕭望之傳〉，頁 3 下～5 上。

〔註 119〕同上書，卷七二，〈龔勝傳〉，頁 17 上。

〔註 120〕同上書，卷五一，〈賈山傳〉：「其後文帝除鑄錢令，山復上書諫，以為變先帝法，非是。又訟淮南王無大罪，宜急令反國。又言柴唐子為不善，足以戒。章下詰責，對以為『錢者亡用器也，而可以易富貴，富貴者，人主之操柄也，令民為之，是與人主共操柄，不可長也。』其言多激切，善指事意，然終不加罰，所以廣諫諍之路也。」頁 8 下～9 上。

〔註 121〕《史記》，卷一二〇，〈汲黯列傳〉，頁 5。

〔註 122〕此事頗饒趣味，先是「上大怒。衛將軍商密搤永令發去，上使侍御史收永。」卻又網開一面：「刺過交道厩者勿追。」於是「御史不及永還。上意亦解，自悔。明年，徵永為太中大夫，遷光祿大夫給事中。」見：《漢書》，卷八五，〈谷永傳〉，頁 14 上～下。

〔註 123〕《鹽鐵論》，卷五，〈利議第二十七〉，御史大夫譏諷賢良文學：「文學衣褒衣博帶，竊周公之服；鞠躬踧踖，竊仲尼之容；議論稱誦，竊商、賜之辭；刺議言治，過管晏之才。心卑卿相，志小萬乘；及授之政，昏亂不治。」頁 42 上～下。

雖不甚彰著,其方法最後也淪為乞靈於天,為王莽篡位提供各方面有利因素,終至結束西漢命祚;然而他們那份「知其不可而為之」的精神,卻不失為孔子信徒,令人敬仰。

本文即以此二類實際參政的漢儒為主要論述對象,從奏議中探討西漢知識份子的儒家理想之治與西漢實際政治之間的折衝。

二、西漢知識份子心目中的「道」

先秦時代百家之爭鳴本由世亂而起,彼時禮樂崩壞,道術為天下裂,諸子各領王官之學之一端,〔註124〕昌言為治之道。〔註125〕故諸家主旨,歸結到最後,總要落到治國平天下上面,〔註126〕因此司馬遷論六家要旨曰:

夫陰陽、儒、墨、名、法、道德,此務為治者也。〔註127〕

在這「諸子紛紛則已言道矣,……皆自以為至極,而思以其道易天下者也」〔註128〕之中,尤以儒家的「道」在具有理論上的最高理想的同時,又兼具普徧性與可行性。〔註129〕我們可以從「中庸」開宗明義:「天命之謂性,率性之謂道,修道之謂教」〔註130〕知道儒家的「道」上達於天,下及於民;我們可以從《莊子》〈田子方篇〉:「儒者冠圓冠者,知天時;履句屨者,知地形;緩珮珠者,事至而斷」〔註131〕知儒家學術之淵博精微;可以從孟子的「夫道,若大路然。」〔註132〕知儒家之「道」是人人可行的。蓋儒家政治思想乃孔子「祖述堯舜,憲章文武」〔註133〕綜合古代歷史文化而提出的

〔註124〕此為劉歆、班固、章學誠等之看法。《漢書》〈藝文志〉且排列出諸子各家之所自出:「儒家者流,蓋出於司徒之官」、「道家者流,蓋出於史官」、「陰陽家者流,蓋出於羲和之官」……。見:《漢書》,卷三〇,頁 33 上～51 上。

〔註125〕同上卷,班固之說:「諸子十家可觀者九家而已,皆起於王道既微、諸侯力政。時君世主,好惡殊方,是以九家之說,蠭出並作,各引一端,崇其所善,以此馳說,取合諸侯。」頁51 下。

〔註126〕即使老子倡「無為而治」也是關乎如何治理天下。

〔註127〕《史記》,卷一三〇,〈太史公自序〉,頁 7。

〔註128〕章學誠,《文史通義》,內編二,〈原道中〉,頁 41。

〔註129〕雖然司馬談說儒家「其事難盡從」,見《史記》,卷一三〇,〈太史公自序〉,頁 8。

〔註130〕《中庸》,第一章,頁 1 上。

〔註131〕《莊子》,卷七,〈田子方第二十一〉,頁 19 上。

〔註132〕《孟子》,卷六,〈告子下〉,頁 15 上。

〔註133〕《漢書》,卷三〇,〈藝文志〉:「儒家者流,蓋出於司徒之官。祖述堯舜,憲

學說，以六經爲學術根據，其主旨在以仁心行仁政，〔註134〕其具體主張則「正德、利用、厚生」，〔註135〕注重養民與教民，故曰：「儒，以道得民。」〔註136〕

西漢學術背景之駁雜已如上節所述。自命爲「儒」的西漢知識份子於雜汲先秦諸子思想之際，仍奉孔子爲正統，因此西漢儒學內容雖不純，對「道」的主張則還不失孔子的精神——仁義禮樂教化。試以西漢四位大思想家對「道」的見解爲代表，來考察西漢知識份子對「道」的認識：

（一）陸　賈

1. 傳曰：天生萬物，以地養之，功德參合，而道術生焉。〔註137〕
2. 仁者道之紀，義者聖之學。〔註138〕
3. 天地生人也，以禮義之性，人能察己，所以受命則順，順之謂道。〔註139〕
4. 夫道莫大於無爲，行莫大於謹敬。〔註140〕

（二）賈　誼

道者，所從接物也。其本者謂之虛，其末者謂之術。虛者，言其精微也，平素而無設儲也；術也者，所從制物也，動靜之數也。凡此皆道也。……曰請問術之接物何如？對曰：人主仁而境內和矣，故其士民莫弗親也；人主義而境內理矣，故其士民莫弗順也；人主有禮而境內肅矣，故其士民莫弗敢也；人主有信而境內貞矣，故其士民莫弗信也；人主公而境內服矣，故其士民莫弗戴也；人主法而境內軌矣，故其士民莫弗輔也。舉賢則民化善，使能則官職治。英俊在位則主尊，羽翼勝任則民顯。操德而固則威立，教順而必則令行。周聽則不蔽，稽驗則不惶。明好惡則民心化，密事端則人主神。術者，接物之隊，凡權重者必謹於事，令行者必謹於言，則過敗鮮矣。此術之接物

章文武，……游文於六經中，留意於仁義之際。」，頁33上。

〔註134〕同上註。

〔註135〕《尚書》，卷二，〈大禹謨第三〉，頁2上。

〔註136〕《周禮》，卷一，〈天官冢宰上〉：「大宰之職………以九兩繫邦國之民，……，……三曰師，以賢得民；四曰儒，以道得民。」頁15上～16下。

〔註137〕陸賈，《新語》，卷上，〈道基第一〉，頁3上。

〔註138〕同上篇，頁5上。

〔註139〕現行《新語》無此語；王充《論衡》，卷三，〈本性第十三〉，頁33上，所引〈陸賈曰〉。

〔註140〕《新語》，卷上，〈無爲第四〉，頁7上。

之道者也,其爲原無屈,其應變無極,故聖人尊之。〔註141〕

(三)董仲舒

1. 道者,所繇適於治之路也,仁義禮樂皆其具也。故聖王以沒,而子孫長久安寧數百歲,此皆禮樂教化之功也。〔註142〕

2. 天者群物之祖也,故徧覆包函而無所殊,建日月風雨以和之,經陰陽寒暑以成之。故聖人法天而立道,亦溥愛而亡私,布德施仁以厚之,設誼立禮以導之。〔註143〕

3. 樂而不亂復而不厭者謂之道,道者萬世亡弊,弊者道之失也。……三王之道所祖不同,非其相反,將以捄溢扶衰,所遭之變然也。……故王者有改制之名,無變道之實。然夏上忠,殷上敬,周上文者,所繼之捄,當用此也。……,道之大原出於天,天不變,道亦不變,是以禹繼舜,舜繼堯,三聖相受而守一道,無救弊之政也,……繇是觀之,繼治世者其道同,繼亂世者其道變。今漢繼大亂之後,若宜少損周之文致,用夏之忠者。〔註144〕

(四)揚 雄

1. 或問:道。曰:道也者,通也,無不通也。……適堯舜文王者爲正道,非堯舜文王者爲它道,君子正而不它。〔註145〕

2. 或問:道。曰:道若塗若川,車航混混,不捨晝夜。或曰:焉得直道而由諸?曰:塗雖曲而通諸夏,則由諸;川雖曲而通諸海,則由諸。〔註146〕

3. 或問:道有因無因乎?曰:可則因,否則革。〔註147〕

4. 夫道有因有循,有革有化。因而循之,與道神之;革而化之,與時宜之。故因而能革,天道乃得;革而能因,天道乃馴。……因革乎因革,國家之矩範也,矩範之動,成敗之效也。〔註148〕

〔註141〕賈誼,《新書》,卷八,〈道術〉,頁3下~4下。
〔註142〕《漢書》,卷五六,〈董仲舒傳〉,〈賢良對策一〉,頁3下。
〔註143〕同上卷,〈賢良對策三〉,頁14下。
〔註144〕同上卷,〈賢良對策三〉頁16上~下。
〔註145〕揚雄,《法言》,卷四,〈問道〉,頁10下。
〔註146〕同上註。
〔註147〕同上註,頁11下。
〔註148〕揚雄,《太玄經》,卷七,〈太玄瑩第十〉,頁上18~19上。

5. 或曰：聖人之道若天，天則有常矣，奚聖人之多變也？曰：聖人固多變。子游子夏得其書矣，未得其所以書也；宰我子貢得其言矣，未得其所以言也；顏淵閔子騫審其行矣，未得其所以行也。聖人之書、言、行，天也；天其少變乎？〔註149〕

6. 或問：大。曰：小。或問：遠。曰：未達。曰：天下爲大，治之在道，不亦小乎？四海爲遠，治之在心，不亦邇乎？〔註150〕

　　綜合上面所引述的資料，我們可以肯定：作爲西漢思想家代表的陸賈、賈誼、董仲舒、揚雄四人，他們論「道」都是以儒家仁義禮樂教化，或稱「堯舜之道」爲內容的。除此之外，我們還發現了兩個思想史上的意義：一是每位思想家固以「儒家之道」爲根本論據，但在言「道」的同時，又都透露了本身思想的特性；二是「道」的運用觀念在西漢的發展，從對「常」的肯定演變爲對「變」的注重來。

　　現行《新語》是否卽爲陸賈當初所上奏者，可說眞僞難辨，〔註151〕在沒有更進一步的資料前，我們假設其爲眞，則《新語》中有許多道家思想，〔註152〕而「無爲篇」開頭一句「夫道莫大於無爲」更是道家語氣，這些和司馬遷筆下的陸賈行徑是頗相合的。〔註153〕賈誼言「道」則帶有很強烈的法家傾向，尤其是「英俊在位則主尊，羽翼勝任則民顯。操德而固則威立，教順而必則令行。周聽則不蔽，稽驗則不惶。明好惡則民心化，密事端則人主神。術者，接物之隊，凡權重者必謹於事，令行者必謹於言，則過敗鮮矣。此術之接物之道者也，其爲原無屈，其應變無極，故聖人尊之。」可以說含有相當濃厚的法家精神，這與賈誼的法家師承應該有密切關係。〔註154〕董

〔註149〕《法言》，卷一二，〈君子〉，頁 30 下。
〔註150〕同上書，卷一三，〈孝至〉，頁 33 上。
〔註151〕參考：張心澂，《僞書通考》，（下），頁 628～633。
〔註152〕如〈道基篇〉言：「虛無寂寞，通動無量。」頁 4 下；〈輔政篇〉曰：「懷剛者久而缺，持柔者久而長；……促急者必有所虧，柔懦者制剛強；……故智者之所短，不如愚者之所長。」頁 6 下。〈至德篇〉云：「君子之爲治也，塊然若無事，寂然若無聲，官府若無吏，亭落若無民。」頁 13 上。
〔註153〕司馬遷雖稱陸賈爲「有口辯士」，而且將陸賈與酈食其同傳；但是觀其爲人，則確實有隱逸恬淡、功成不居的道家之風。見《史記》，卷九七，〈陸賈列傳〉，頁 17～20。
〔註154〕《史記》，卷八四，〈賈誼列傳〉：「吳廷尉爲河南守，聞其秀才，召置門下，甚幸愛。」而吳廷尉之學則來自「故與李斯同邑，而常學事焉。」頁 20～21。因此在賈誼的「頗通諸子百家之書」中，法家思想的影響是不小的。

仲舒論「道」，則不離他陰陽家的見解：從（三）之 2，可以看到陰陽家「法天」之說，（三）之 3 可以看到陰陽家以世運定興衰治亂的說法。揚雄言「道」則帶有濃厚的道家色彩，〔註155〕從（四）之 6 可略見端倪；而揚雄雖不主陰陽五行之說，但在整個西漢陰陽家空氣的籠罩下，還是受到陰陽家思想重「天」的影響，觀（四）之 5，可知「天」在揚雄心目中仍是最崇高的，是聖人比配的對象，這是「黃老化」的儒家才有的主張。〔註156〕

以上我們看到陸賈、賈誼、董仲舒、揚雄等西漢四大思想家，在論「道」的時候，除了不失先秦儒家主旨外，都分別表現了他們個人的思想傾向；下面我們將討論從「常」到「變」的重視程度的演變。

「變」與「常」的觀念，在中國發生得甚早。除了四時遞嬗之外，中國人很早就覺察到地勢之移和人事之變；〔註157〕又從「變」之中領悟到一種可供遵循的法則與規律，因此中國人又對「常」有著無比的信心和執著。〔註158〕所以中國人一方面重視守常，一方面也講究應變。能在恰當的時候守常，又能在恰當的時候應變的，才是「聖之時者」。〔註159〕

「時」雖然是孔子行事的特色，但一般的儒者，由於多偏好古守成，〔註160〕注重「常」的一面，因此容易流於「不知時變」。〔註161〕陰陽家則因主張法天、

〔註155〕揚雄的思想半儒半道：他仿《論語》作《法言》，仿《易》作《太玄》，推尊孔學；然其少時，從嚴君平游學，學《老子》（見：《漢書》，卷七二，〈王貢兩龔鮑傳〉敍，頁 2 下），故其爲人也，「默而好深湛之思，清靜無爲，少嗜欲，……晏如也。」（同上書，卷八七上，〈揚雄傳上〉，頁 2 下）。〈解嘲〉一文頗能表現其老子精神：「……位極者宗危，自守者身全。是故知玄知默，守道之極；爰清爰靜，游神之廷；惟寂惟寞，守德之宅。」（同上書，卷八七下，〈揚雄傳下〉，頁 12 下）。

〔註156〕把天、地、人三者一體言之，是受了陰陽家影響的漢儒的特長之一。揚雄說：「通天地人曰儒」（《法言》，卷一二，〈君子〉，頁 31 上），與董仲舒「孔子曰一貫三爲王」、「三畫者，天地與人也」（見第四章第三節註59）遙相呼應。

〔註157〕例如《春秋左氏傳》（以下簡稱《左傳》），卷二六，〈昭公三十三年〉：「社稷無常奉，君臣無常位，自古以然。故詩曰：高岸爲谷，深谷爲陵。三后之姓，於今爲庶，王所知也。」頁 16 上。

〔註158〕《孟子》，卷二，〈公孫丑下〉，孟子曰：「五百年必有王者興，其閒必有名世者。」頁 24 上。

〔註159〕同上書，卷五，〈萬章下〉，頁 13 下。

〔註160〕一般的儒者多遵循「祖述堯舜，憲章文武」之事，主於守舊。

〔註161〕叔孫通爲高祖制朝儀，至魯微儒生，有兩生不肯行，並責叔孫通「所爲不合古」，叔孫通笑曰：「若眞鄙儒，不知時變。」（《史記》，卷九九，〈叔孫通列傳〉，頁 14～15）。此事，司馬光就其不肯「委己而從人」，以「趨一時之功」，

應四時、五德終始，因此多著重「變」的一面。觀司馬談論陰陽家要旨可知：

> 夫陰陽四時、八位、十二度、二十四節，各有教令，順之者昌，逆
> 之者不死則亡，未必然也，故曰：使拘而多畏。夫春生夏長、秋收
> 冬藏，此天道之大經也，弗順則無以爲天下綱紀，故曰：四時之大
> 順，不可失也。〔註162〕

董仲舒之後，陰陽家思想影響於漢儒政治思想者更大、更顯著。因此，在陸
賈、賈誼那個時代，他們對「道」的「變」還不曾特別強調。就陸賈而言，
他沒有去觸及到道「變」的問題。賈誼則對「道」之術具有相當信心：「其爲
原無屈，其應變無極，故聖人尊之。」這種「守一以御變」的說法，是「黃
老申韓」政治思想相通之處，也是賈誼思想受「黃老」學說影響之處。在這
裡，陸賈與賈誼表現出對道「常」的肯定。〔註163〕賈誼在「過秦論」中曾指
出施政求變化的必要：「君子爲國，觀之上古，驗之當世，參以人事，察盛衰
之理，審權勢之宜，去就有序，變化有時，故曠日長久而社稷安矣。」〔註164〕
這段話，一來是針對秦不知用儒家之道以至亡天下所得的結論，二來施政要
應時而變，這在中國是一般常識。〔註165〕所以賈誼這段說法，並不表示他對
「道」的變化運用有什麼特殊見解。對於「道」的變化運用有具體主張的，
必須待諸深受陰陽家思想影響的董仲舒；而董仲舒這套哲學的靈感，又得自
孔子的「損益」之說。

　　孔子說：「殷因於夏禮，所損益可知也；周因於殷禮，所損益可知也。其
或繼周者，雖百世可知也。」〔註166〕孔子這段話，重點應該在最後，因爲他

　　贊爲「大儒」，見《新校資治通鑑注本》（以下簡稱《資治通鑑》）卷一一，〈漢
　　紀三〉，〈高帝七年〉，〈臣光曰〉，頁 76。王夫之則持異論，就其必期百年以
　　興禮樂，而聽目前之滅裂，責以「兩生者非聖人之徒與，何其與孔子之言相
　　刺謬也。」最後復云：「兩生者非不知權也，不知本也。」見《讀通鑑論》，
　　卷二，〈漢高祖〉，頁9上～10上。
〔註162〕《史記》，卷一三〇，〈太史公自序〉，頁10。
〔註163〕賈誼在〈過秦論〉中固有「秦離戰國而王天下，其道不易，其政不改，是其
　　所以取之守之者無異」之說，（《史記》，卷六〈秦始皇本紀〉，頁100），但此
　　處之「道」偏於攻守之術，並非以儒家「道」的內容言變易，是行政技術問
　　題，而不是施政原理問題。
〔註164〕同上卷，頁91。
〔註165〕參閱：林載爵，〈天道變易，世運終始——歷史思想中的發展觀念〉，收入黃
　　俊傑編，《天道與人道》，〈世變事異〉和〈順勢而變〉二節，頁12～24。
〔註166〕《論語》，卷一，〈爲政第二〉，頁11下。

是針對子張問：「十世可知也？」的回答，至於殷對夏禮的損益、周對殷禮的損益，這只是舉例，主要的意思是說從過去的損益中，我們可以找到規則，因此可以推知未來的發展。這是一種「垂變以顯常」的說法，字面上說的盡是「變」，最後卻落到「常」上——若非有常，我們如何推知百世？而且孔子這種見解是隨著時代變異而循序漸進的進步史觀，因爲孔子又說：「齊一變，至於魯；魯一變，至於道。」〔註167〕董仲舒拿孔子「損益」之說來發揮，提出具體的「變」的方式與內容，歪曲了孔子的原意。他說：

> 孔子曰：「殷因於夏禮，所損益可知也；周因於殷禮，所損益可知也。
> 其或繼周者，雖百世可知也。」此言百王之用，以此三者矣。夏因
> 於虞，而獨不言所損益者，其道如一而所上同也。〔註168〕

禹繼舜、舜繼堯，而孔子所以不言其損益者，或因「文獻不足徵」，所損益難知；或因一時未舉以爲例；或因堯舜禹時代繁密相接，其政尚未出現大弊，毋須損益。總之，絕非如董仲舒所說的「百王之用，以此三者矣。」所謂「三者」，董仲舒的主張是「夏上忠，殷上敬，周上文」。〔註169〕把聖王之道、補偏救弊之方，限制在一個圓圈裡循環。除了「百王之用，以此三者」之外，董仲舒又說：「繼治世者道同，繼亂世者其道變。今漢繼大亂之後，若宜少損周之文致，用夏之忠者。」〔註170〕是建議漢朝應如夏朝一般尚忠，又回到最初的循環上。

我們若用圖畫來說明董仲舒與孔子的史觀，則更可看出他們的學說的不同：

圖一：孔子的進步史觀　　　　　圖二：董仲舒的「螺蜒式的歷史觀」

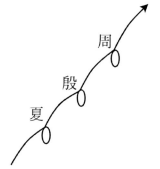
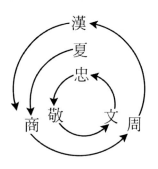

〔註167〕同上書，卷三，〈雍也第六〉，頁13下。
〔註168〕《漢書》，卷五六，〈董仲舒傳〉，〈賢良對策三〉，頁16下。
〔註169〕同上註。
〔註170〕同上註。

　　董仲舒這種「螺旋式的歷史觀」〔註171〕與孔子的進步史觀〔註172〕相去何啻千里；與孟子一治一亂的治亂循環史觀〔註173〕亦大不相同：

圖三：孟子的治亂循環史觀

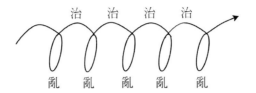

　　董仲舒很明顯的是受了陰陽家四時、五行之說的影響：

圖四：陰陽家的歷史觀〔註174〕

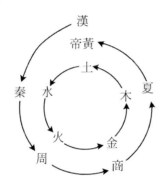

　　因此而創出他的黑統、白統、赤統「三統」循環說：〔註175〕

　　司馬遷承董仲舒之說，還爲忠、敬、文找出其弊，及其所以救弊之道：

　　　　太史公曰：夏之政忠，忠之敝，小人之野，故殷人承之以敬；敬之

　　　　敝，小人以鬼，故周人承之以文；文之敝，小人以僿，故救僿莫若

〔註171〕顧頡剛，〈五德終始說下的政治和歷史〉，文刊《清華學報》，第六卷第一期，頁75。

〔註172〕我們肯定孔子的史觀是進步的史觀，除了上述〈損益〉與〈變而至於道〉之說外，孔子又說：「周監於二代，郁郁乎文哉，吾從周。」見：《論語》，卷二，〈八佾第三〉，頁4下。

〔註173〕《孟子》〈滕文公下〉，自「孟子曰：天下之生久矣，一治一亂」以下至「臣弒其君者有之，子弒其父者有之」止，是在說明從堯舜歷經周公至孔子，共有三個治亂的循環；由此以推知後世亦是如此治亂相循，因爲根據孟子的統計，發現每五百年便會出現治世。見卷三，頁20下～21下。另見卷七，〈盡心下〉，孟子亦有同樣的說法，頁26上～下。

〔註174〕同註171，頁111，（乙）圖。

〔註175〕詳見董仲舒，《春秋繁露》，〈三代改制質文第二十三〉，頁154～161。

> 以忠。三王之道若循環，終而復始。周秦之間，可謂文敝矣。秦政
> 不改，反酷刑法，豈不繆乎？故漢興，承敝易變，使人不倦，得天
> 統矣。〔註176〕

董仲舒和司馬遷這種說法都是從孔子的話裡斷章取義，配上陰陽家的循環
論，來主張「道」的因革損益，其說不能免於牽強附會之失。

揚雄雖矢志提倡孔學，而且不主陰陽五行之說，但是西漢陰陽家思想的
空氣仍在無形中影響了他，使他較容易注意到「變」。尤其是揚雄個人的際遇：
生當西漢末世，世愈亂則「變」的刺激愈大；懷才不遇，則「時不我與」的
感慨愈深。〔註177〕因此，「應變順時，其迹不同」的觀念也就愈強。《法言》
曰：

> 或問：無爲。曰：奚爲哉？在昔虞夏襲堯之爵、行堯之道，法度彰、
> 禮樂著，垂拱而視天下民之阜也，無爲矣；紹桀之後，纂紂之餘，
> 法度廢、禮樂虧，安坐而視天下民之死，無爲乎？〔註178〕

這段話與董仲舒「繼治世者其道不變，繼亂世其道變」有著異曲同工之妙，都
是說夏禹虞舜係繼治世之後，故循堯之道卽可，無須有所改作；至於商湯周武
則繼亂世之餘，因此必須改易桀紂之道，其欲無爲也不可。

這種「治道與時而異」的觀念普遍植於知識份子心中，尤其是董仲舒之後
從政的漢儒，他們一方面受到陰陽家思想更深的浸染，另一方面又從實際參政
活動中深刻體認到順時應變的需要，不論他們的主張對時政是否真有補偏救弊
之功，總之這種言論是很多的。例如：嚴安引騶衍「政教文質者，所以云救也。
當時則用，過則舍之，有易則易之，故守一而不變者，未睹治之至也。」來奏
請武帝改易風俗民情；〔註179〕王恢以「五帝不相襲禮，三王不相復樂，非故相
反也，各因世宜也。」建議武帝設計舉兵擊匈奴；〔註180〕《淮南子》非常注重
時變，其言如：「五帝異道而德覆天下，三王殊事而名施後世，此皆因時變而制

〔註176〕《史記》，卷八，〈高祖本紀〉贊，頁87～88。
〔註177〕故〈解嘲〉云：「……當其有事也，非蕭、曹、子房、平、勃、樊、霍，則
　　　　不能安；當其亡事也，章句之徒相與坐而守之，亦亡所患。故世亂則聖哲
　　　　馳騖而不足；世治則庸夫高枕而有餘。」又曰：「世異事變，人道不殊，彼
　　　　我易時，未知何如。」見：《漢書》，卷八七下，〈揚雄傳下〉，頁11上及頁
　　　　12下。
〔註178〕《法言》，卷四，〈問道〉，頁11下。
〔註179〕《漢書》，卷六四下，〈嚴安傳〉，頁1上。
〔註180〕同上書，卷五二，〈韓安國傳〉，頁18上。

禮樂者。」〔註181〕又「苟利於民，不必法古；苟周於事，不必循舊。」〔註182〕
司馬遷除了前引「高祖本紀贊」發揮董仲舒之說外，亦接受「法後王」的觀念：
「戰國之權變亦有可頗採者，何必上古？秦取天下多暴，然世異變、成功大。
傳曰『法後王』，何也？以其近己而俗變相類，議卑而易行也。」〔註183〕〈天
官書〉之作則係「終始古今，深觀時變，察其精粗。」〔註184〕以史家的立場，
確定時變之必然；此後王吉稱「王者未制禮之時，引先王禮宜於今者而用之。」
奏請宣帝述舊禮、明王制、宣德流化；〔註185〕貢禹認爲「盡如太古難，宜少放
古以自節焉」，建議元帝「深察古道，從其儉者」，以矯奢侈；〔註186〕匡衡曰：
「五帝不同禮，三王各異教，民俗殊務，所遇之時異也」，建議元帝「觀其失而
制其宜」，以「禮讓」來改變貪侈之民風；〔註187〕朱博以「帝王之道不必相襲，
各繇時務，不必盡從古制」，建議哀帝復大司空爲御史大夫，哀帝從之。〔註188〕
這些主張，自然不及董仲舒的理論來得完整、有哲學意義；但卻是他們從實際
政治活動中所得的經驗，因此他們之請求改變，既不牽強附會，也能尊古而能
不泥於古，其見解倒是比較接近孔子的進步史觀。

　　因此我們可以說：西漢知識份子心目中「道」的本質是儒家的仁義禮樂
教化，是亙古不變的；而「道」的施用，則配合時代之變動與需要，在仁義
樂教化中因革損益，以應時變。元帝時經學大師翼奉所云：

　　　　天道有常，王道無常；無常者，所以應有常也。〔註189〕

正是西漢知識份子對「道」所持的共同認識。

第四節　與西漢政治本質相激盪之奏議

　　第二、三、四章將討論與西漢政治本質有密切關係的奏議內容，並從其
中探討知識份子的思想發展。西漢的政治大勢，可以武帝畫爲前後兩界，前

〔註181〕《淮南子》，卷一三，〈氾論訓〉，頁2下～3上。
〔註182〕同上卷，頁3上。
〔註183〕《史記》，卷一五，〈六國年表〉敍，頁5。
〔註184〕同上書，卷二七，〈天官書〉贊，頁95。
〔註185〕《漢書》，卷七二，〈王吉傳〉，頁6下。
〔註186〕同上卷，〈貢禹傳〉，頁10上。
〔註187〕同上書，卷八一，〈匡衡傳〉，頁2下～3上。
〔註188〕同上書，卷八三，〈朱博傳〉，頁14上～下。
〔註189〕同上書，卷七五，〈翼奉博〉，頁19下。

六十年和後一百六十年的政治情況，從表面上看來是截然不同的：武帝之前所行的是道家之治，武帝之所行的是儒家之治。然而上文已經一再指出：西漢政治的本質，實際上是法家之治。不論是清靜無爲、恭儉恤民，或罷黜百家、獨尊儒術，都只是表相，人君所樂用而宜實際運用的是法家治術：法家尊君卑臣的主張，滿足了統治者唯我獨尊的心理；法家高效率的齊民之術，滿足了統治者生殺予奪的權力慾。因此，秦的酷刑統治技術一直爲西漢君王所運用。

西漢的知識份子大體信奉儒家思想，以「儒者」自命，尤其在武帝提倡儒學之後，凡受教育者皆爲儒者，凡「儒者」皆有從政之機會。這些從政的儒者對統治者好行法家治術，無法不失望，皆思以儒家之道改善現實政治。而秦的暴虐無道以致喪亡天下，爲深信儒家之道的西漢知識份子提供了最切近、最有力的反證——不施行仁義教化者，十五年便會滅亡。這在西漢，是「有史以來」最短的國祚，最足以做爲統治者的儆戒之用。何況西漢政治的本質是在循秦之故事，知識份子只好不斷地以秦之無道速亡來儆醒人君；反證言之又唯恐不足，於是繼之以古史上之治世爲範例，指出正確而應循之治道。第二章「歷史意識的表現」，卽在討論知識份子以秦之無道來儆戒君王、以古史之治世爲君王施政典範的奏議，考察西漢儒者如何表現他們的歷史意識。

道家之治「以百姓心爲心」，〔註190〕知識份子理應無由反對；然漢初的黃老之治，並非純爲道家之治，而是在清靜無爲的幕後，隱藏著刑名繩下之治。在這個階段裡，除了賈誼反對無爲，與晁錯先後建議文帝有所作爲之外，找不到其他與當時政治主流相抗衡的奏議。則此部分似乎毋庸在本題目中討論；但這個外道內法的階段，卻是幫助我們了解整個西漢政治法家本質的重要關鍵所在，因此，雖無數量可觀之奏議可資討論，對這一階段的政治眞相則要深加探究，才能對西漢政治一脈相承的法家本質有根源性的了解。也才能認清：在漢初，雖然百姓得到了休養生息的機會，但法家的統治技術卻在道家之治的掩護下滋長，使知識份子受到某種程度的壓迫。本文卽以第三章「長期戰亂後的統治哲學」，來討論漢初的「黃老之治」。

在第四章「基本國策的擬定」中，我們將深入考察武帝「罷黜百家、獨尊儒家」的內涵。漢初的黃老之治，盡量不擾民，老百姓得以休養生息，恢復生命力，而厚植了國家經濟力量，提供武帝奮發有爲的堅強後盾。而在施

〔註190〕《老子》，第四十九章，下篇，頁8上。

政的學術根據上，則武帝選擇了旣尊君又愛民的儒家〔註 191〕爲最高指導原則，用以文飾他所酷愛的法家治術。而董仲舒又適時提出「罷黜百家、獨尊儒術」的理論根據，完全符合武帝的政策需要。於是秦的嚴刑峻法披著斑爛的學術外衣，在武帝的認可下，張牙舞爪地殘害臣民，給知識份子帶來更大的失望，因而極力諫諍。在這一章裡，我們著重於探討董仲舒的法家思想，和武帝尊儒的眞相，以及他們對漢代以下二千年專制政治，與儒者政治思想的影響。

　　第五章將討論西漢知識份子的宇宙觀和歷史觀。五德終始說與陰陽災異之說被西漢儒者有意識地運用到政治與歷史上，有它的積極目的：以五德終始說確定漢政權的合法性；以陰陽災異之說限制君權的無限擴張。蓋大一統帝國形成後，普天之下莫非王土，元元百姓盡爲朕民，「得民者昌」的列國爭強時代已經遠去，西漢的知識份子無法再像先秦儒家那樣，以「民」來限制君權；而統治者又在法家治術的支撐下，君位逐步提高，君權不斷膨脹，儒者無計可施，於是呼應董仲舒的「天人相應」之說，使人君「拘而多畏」，藉以抑制君權。但這番苦心設計，並未收到預期效果。蓋以雄才大略的英主，如武帝、宣帝，本就自有主張，不易聽信渺茫的天道之說；而敬天畏鬼的君王，則多優柔寡斷，政權旁落，如元帝、成帝。而其反作用則甚大：陰陽災異之象若能反應人君之失道失德，何以不能反應丞相之爲股肱不良？於是陰陽災異之說反被統治者轉爲策免丞相最堂皇的理由，丞相成爲這個主張最直接的受害者；等而下之的陰陽五行之說更興起讖緯之學，休徵嘉應紛紛而起，居然又被王莽利用爲「受命」的形上學根據。至此，劉氏不得不禪讓，大漢天威也不得不宣告中斷。這些都是董仲舒當初苦心孤詣，率領群儒，以陰陽災異之說匡正時君所無法逆料的。儒法抗爭的結果，最後竟因陰陽家學說而斷送西漢命祚，誠令人不能不爲西漢知識份子擲筆浩嘆。

〔註 191〕此處指荀子之儒學而言。孔、孟所主張的君臣關係是平等相對待的，孟子更有貴民輕君之說；至荀子則大倡尊君之道，故云：「君者國之隆也，父者家之隆也。隆一而治，二而亂。」見《荀子》，卷九，〈致士篇第十四〉，頁 100 上。他認爲：「天子者勢位至尊，無敵於天下，……南面而聽天下，生民之屬莫不振動服從，以化順之。」（卷一二，〈正論第十八〉，頁 128 下～129 上），所以儒者的要務是：「法先王，隆禮義，謹乎臣子而致貴其上者也。」（卷四，〈儒效第八〉，頁 39 下～40 上）。至於荀子〈愛民〉之說，則仍承孔孟之旨，例如：「故君人者，愛民而安，好士而榮，兩者無一而亡焉。」（卷八，〈君道第十二〉，頁 88 上）

第二章　歷史意義的表現——秦速亡之儆鑑及古史上治國之典範

第一節　秦的興亡給漢初知識份子帶來的啟示

　　從《史記》〈秦本紀〉我們知道秦自襄公立國，卽僻處西隅，與中原諸侯殊少往來；至穆公始霸西戎；在獻公以前，一直忙於內憂，王室不安，卽與中原諸侯交兵，亦多敗績。至獻公二十一年勝晉於石門，廿三年勝魏晉於少梁，才開始在中原建立聲威。孝公更是屬精圖治，廣招群賢，因此商鞅入秦變法，而國勢大興，「天子致伯」；繼立之惠文王、武王、昭襄王、孝文王、莊襄王、秦王政皆能承孝公之志，向外拓展。自孝公到秦王政一百四十年（西元前 360～前 221）數代辛苦經營擴張，為統一天下奠定基礎。然自始皇統一天下，至子嬰「係頸以組，白馬素車，奉天子璽符」，〔註1〕降於劉邦（前206），凡十五年。觀秦之隆盛也以漸，而其敗亡也以驟，這個怵目驚心的過程，帶給漢初的知識份子極大的警惕，屢引為前車之鑑，〔註2〕藉以提醒君王勿蹈其失。這一類諍言以陸賈濫其觴，賈山濬其流，賈誼鼓其濤、壯其瀾，晁錯緒其波。他們有的躬逢其「衰」，有最切身的感受；有的雖非身歷其境，但時代未遠，人們記憶猶新，因此各就己見，作最有效的規勸。

　　高祖本來就鄙視儒生，〔註3〕何況「一天下」是何等功業！因此天下已

〔註1〕《史記》，卷六，〈秦始皇本紀〉，頁85。

〔註2〕蕭公權，《中國政治思想史》（上），有云：「漢初六十年中政治思想乃鞅斯政治失敗後之反動思想。」頁291。

〔註3〕見第一章第二節，註29、30。

定，高祖猶自睥睨於其馬上功夫，不知創業與守成之有異。陸賈看在眼裏，伺機以進：

> 陸生時時前說稱詩書。高祖罵之曰：「迺公居馬上而得之，安事詩書！」陸生曰：「居馬上得之，寧可以馬上治之乎？且湯武逆取而以順守之，文武並用，長久之術也。昔者吳王夫差、智伯極武而亡；秦任刑法不變，卒滅趙氏。鄉使秦已併天下，行仁義、法先聖，陛下安得而有之？〔註4〕

高祖雖不學詩書，但最大的優點便是能辨言、能納言，因此陸賈犯顏直諫，高祖雖「不懌」，但亦有「慚色」，隨卽謂陸生曰：

> 試爲我著秦所以失天下，吾所以得之者何，及古成敗之國。〔註5〕

據《史記》所述，這是陸賈《新語》的由來──「陸生乃粗述存亡之徵，凡著十二篇，每奏一篇，高祖未嘗不稱善，左右呼萬歲，號其書曰《新語》」〔註6〕。高祖受到陸賈「行仁義、法先聖」的啓蒙之後，希望陸賈能繼續告訴他秦、漢所以失、得天下之理，以及古昔成敗之國，作爲他治國的參考；而我們考察今本《新語》，〔註7〕其內容並不完全針對高祖所要求而寫：

（一）關於秦亡天下之因，《新語》只在五處提到，而且有的只是一語帶過，未作詳細深入的探討：

1. 齊桓公尙德以霸，秦二世尙刑而亡〔註8〕。

2. 秦以刑罰爲巢，故有覆巢破卵之患；以趙高李斯爲杖，故有傾仆跌傷之禍。何哉？所任非也。〔註9〕

3. 秦始皇帝設爲車裂之誅，以斂姦邪；築長城於戎境，以備胡越。征大吞小，威震天下，將帥橫行，以服外國。蒙恬討亂於外，李斯法治於內。事逾煩，天下逾亂，法逾滋，而己逾熾，兵馬益設而敵人逾多。秦非不欲爲治，然失之者，乃舉措暴众，而用刑太極故也。〔註10〕

4. 秦始皇驕奢靡麗，好作高臺榭、廣宮室，則天下豪富制屋宅者，莫不

〔註 4〕《史記》，卷九七，〈陸賈傳〉，頁 15～16。
〔註 5〕同上卷，頁 16。
〔註 6〕同上卷，頁 17。
〔註 7〕據四部叢刊本。
〔註 8〕《新語》，卷上，〈道基第一〉，頁 4 下。
〔註 9〕同上卷，〈輔政第三〉，頁 6 下。
〔註10〕同上卷，〈無爲第四〉，頁 7 上～下。

仰之。設房闥、備厩庫，繕雕琢刻畫之好，博玄黃琦瑋之色，以亂制度。〔註11〕

5. 秦二世之時，趙高駕鹿而从行。王曰：『丞相何爲駕鹿？』高曰：『馬也。』王曰：『丞相誤也，以鹿爲馬。』高曰：『陛下以臣言不然，願問群臣。』臣半言鹿，半言馬。當此之時，秦王不能自信，其自而從邪臣之說。夫馬鹿之異形，众人所知也；然不能分別是非也，況於闇昧之事乎。《易》曰：『二人同心，其義斷金；群黨合意，以傾一君。』孰不移哉！〔註12〕

（二）關於漢所以得天下之因，則全書無隻字片語及之。當然我們未嘗不可以說秦所以失天下之因，卽是漢所以得天下之理，因此無須再特別申述；但是陸賈是否卽持此意，從《新語》裡是無法得知的。

（三）關於古成敗之國，《新語》的確舉了古史上成敗之例，作爲具體的歷史教訓。綜觀《新語》，我們可以確定二點：

1. 也許因爲是隨時之論奏，所以無法如後世之著述，次第成一家之言，內容往往零亂重複。

2. 全書之要旨，大約包括了行義（道基篇、輔政篇、懷慮篇、本行篇）、任賢（輔政篇、資質篇）、反災異迷信之說（懷慮篇、慎微篇、明誠篇）、愼閨門（眞微篇）及道家尚靜無爲之思想（道基篇、輔政篇、至德篇、本行篇）。或爲治國之普遍義，如行仁義、任賢、愼閨門；或反對逐漸形成的災異迷信之說；或表現陸賈自己的思想特色。總而言之，並不完全針對高祖施政之弊而發。

至於陸賈所認爲秦滅亡之因，資料（1）所顯示的是「尚刑」，資料（2）所顯示的是任用姦邪，資料（3）所顯示的是苛暴尚刑苦役，資料（4）所顯示的是驕奢苦役，資料（5）所顯示的是秦二世蔽於奸邪。可見得陸賈把重點放在秦的尚刑、用人不當與苦役上，而補救的方法便是行仁義、法先聖、任賢：

聖人懷仁仗義，分明纖微，忖度天地。危而不傾，佚而不亂者，仁義之所治也。〔註13〕

謀事不並仁義者，後必敗……。故聖人防亂以經藝，工正曲以準

〔註11〕同上篇，頁 7 下。
〔註12〕同上卷，〈辨惑第五〉，頁 8 下。
〔註13〕同上卷，〈道基第一〉，頁 4 上。

繩。〔註14〕

> 聖人居高處上，則以仁義爲巢；乘危覆傾，則以聖賢爲杖，故高而
> 不墜，危而不仆者。
>
> 堯以仁義爲巢，舜以禹、稷、契爲杖，故高而益安，動而益固。〔註15〕
>
> 夫酒池可以泛舟，糟丘可以望遠，豈貪於財哉？統四海之權、主九
> 州之眾，豈弱於力哉？然功不能自存、威不能自守、非爲貪弱，乃
> 道德不存乎身，仁義不加於天下也。〔註16〕

陸賈的理論雖然不深，但他提醒高祖「仁義」是成敗興亡之關鍵，對高祖來說，已是醍醐灌頂，居功厥偉；至於其他的影響，則從現有的史料上，很難斷定卽是陸賈的功勞，〔註17〕反而高祖所要求的「秦所以失天下」及「古成敗之國」，無意中爲日後西漢的知識份子開了一條諫路，乃爲始料所不及之事。

　　繼陸賈之聲者爲賈山。賈山學有淵源，「但不能爲醇儒」。〔註18〕於文帝時，借秦爲喻，言治亂之道，名曰「至言」。今觀「至言」所云秦失天下之國，其重點集中在驕奢苦役及斷絕諫路上：

1. （秦）貴爲天子，富有天下，賦歛重數，百姓任罷，赭衣半道，群盜
   滿山。〔註19〕
2. 起咸陽而西至雍，離宮三百里，鐘鼓帷帳，不移而具。又爲阿房之殿，

〔註14〕同上篇，頁 4 下。

〔註15〕同上卷，〈輔政第三〉，頁 6 上～下。

〔註16〕同上書，卷下，〈本行第十〉，頁 15 下。

〔註17〕徐復觀先生於《兩漢思想史》，卷二，頁 104，列舉高祖四項「儒行」的舉措，推測都是受到陸賈的感發而行，此說或不無可能。但頁 102，徐先生謂「以道家的態度立身處世，以儒家的用心言政治言社會，更是由陸賈開其端的兩漢知識份子的特色。」微諸史實，則徐先生此說似乎未確，尤其是對西漢的知識份子而言，「道家」立身處世的態度沒有帶給他們深刻的影響，雖然漢初所行的是「黃老之治」。從《漢書》裡觀知識份子的行徑，整體說來，「道家」之風並不顯著，著名的唯陸賈、曹參、汲黯、鄭子眞、嚴君平（鄭、嚴二人見《漢書》，卷七二敘）、揚雄等數位。一般說來，西漢的知識份子大體還是以「儒」自命、自視的，尤其是武帝、公孫弘提倡儒術、誘以利祿之後，西漢知識份子更是求用心切，頗以經術仕進，更無道家立身處世的態度，這在本論文第六章「結論」第二節將有討論；至於武帝提倡儒術前，卽如賈誼、董仲舒都缺乏道家的態度，更何況晁錯、爰盎及策士鄒陽、伍被、主父偃……之輩更無道家之風。徐先生似乎太看重陸賈對漢朝政治界和學術界的影響。

〔註18〕《漢書》，卷五一，〈賈山傳〉，頁 1 上。

〔註19〕同上卷，頁 1 下。

　　殿高數十仞，東西五里，南北千步，从車羅騎，四馬馳騖，旌旗不橈。
　　　〔註20〕

3. 為馳道於天下，東窮燕齊，南極吳楚，江湖之上，瀕海之觀畢至。道
　　廣五十步，三丈而樹，厚築其外，隱以金椎，樹以青松。〔註21〕

4. 死葬乎驪山，吏徒數十萬人，曠日十年。下徹三泉，合采金石，冶銅錮
　　其館，漆塗其外，被以珠玉，飾以翡翠，中成觀游，上成山林。〔註22〕

5. 秦地之固，大小之勢，輕重之權，其與一家之富，一夫之彊，胡可勝
　　計也！然而兵破於陳涉，地奪於劉氏者，何也？秦王貪狼暴虐，殘賊
　　天下，窮困萬民，以適其欲也。〔註23〕

6. 秦皇帝計其功德，度其後嗣，世世無窮，然身死纔數月耳，天下四面
　　而攻之，宗廟滅絕矣！秦皇帝居滅絕之中而不自知者何也？天下莫敢
　　告也。其所以莫敢告者何也？亡養老之義，亡輔弼之臣，亡進諫之士，
　　縱恣行誅，退毀謗之人，殺直諫之士；是以道諛媮合苟容，比其德則
　　賢於堯舜，課其功則賢於湯武，天下已潰而莫之告也。〔註24〕

　　與陸賈比起來，賈山所見較窄，例如他就沒看到秦之任刑、黷武；但所
言較深，而且鋪陳整齊，歷歷在目，應該是可以給文帝帶來極顯明的警惕的。
司馬遷稱文帝：

　　從代來，卽位廿三年，宮室苑囿狗馬服御無所增益，有不便，輒弛
　　以利民。嘗欲作露台，召匠計之，直百金。上曰：「百金，中民十家
　　之產，吾奉先帝宮室，常恐羞之，何以臺為！」……治霸陵皆以瓦
　　器，不得以金銀銅錫為飾；不治墳，欲為省，毋煩民。〔註25〕

文帝這樣節用不擾民，可不是針對秦的弊病前引資料（1）、（4）而來？當然
文帝本身有好「黃老」、崇尚節儉無為的主因，我們絕不可忽視；但文帝的確
也是有心要矯除秦弊的，我們可以再由賈山所指出秦的第二個大缺點——閉
諫路、殺直士——來看文帝日後之舉措：

　　其後文帝除鑄錢令（按：据《漢書》〈文帝紀〉，文帝除盜鑄錢令是

〔註20〕同上卷，頁 1 下～2 上。
〔註21〕同上卷，頁 2 上～下。
〔註22〕同上卷，頁 2 下。
〔註23〕同上卷，頁 4 上～下。
〔註24〕同上卷，頁 5 下～6 上。
〔註25〕《史記》，卷一〇，〈孝文本紀〉，頁 38～39。

在「五年，夏四月」，可見賈山「至言」上書之時間很早。）山復上
書諫，以爲變先帝法，非是。又訟淮南王無大罪，宜急令反國。又
言柴唐子爲不善，足以戒，章下詰責，對以爲「錢者，亡用器也，
而可以易富貴。富貴者，人主之操柄也，令民爲之，是與人主共操
柄，不可長也。」其言多激切，善指事意，然終不加罰，所以廣諫
爭之路也。〔註26〕

賈山借秦爲諭，所指陳的兩條治亂之道，文帝都接受而且實行了，可見在「愛
民」與「廣開諫路」這兩件事上，文帝是位「有爲」的君王。

賈山還開了「藉古諫今」的風氣。此處所謂「古」並不一定曾經在歷史
上存在過，只是諫者自已之理想，藉「古」托出，以加重其權威性與說服力。
例如賈山見文帝舉賢良方正之士畢集朝廷，卻「選其耆任爲常侍諸史，與之
馳毆射獵，一日再三出」，〔註27〕恐朝廷懈弛、百官墮爭、諸侯怠政，遂諫
之以：

古者不臣不媟，故君子不常見其齊嚴之色、肅敬之容；大臣不得與
宴游，方正修潔之士不得從射獵，使皆務其方以高其節，則群臣莫
敢不正身修行，盡心以稱大禮。如此，則陛下之道尊，功業施於四
海，垂於萬世子孫矣；誠不如此，則行日壞而榮日滅矣。〔註28〕

此「古者」出自何處很明顯的不是重點，重要的是諫者藉此而達到進言的目
的，收到進言的效果。這個風氣一開，言者紛紛倣效，動輒稱古，以與現實
政治對抗，成爲西漢奏議的一項特徵。

論秦之所以失天下，則必不能忽略賈誼〈過秦論〉。賈誼以天縱之英才，
完成此一千古文章，備受史家推贊。〔註29〕而這篇文章所以在思想史上有地
位，是因爲賈誼用「勢」來解釋秦從稱雄到敗亡的過程：

（一）藉地勢之利以搹諸侯——

秦地披山帶河以爲固，四塞之國也。自繆公以來，至於秦王，二十

〔註26〕《漢書》，卷五一，〈賈山傳〉，頁 8 下～9 上。
〔註27〕同上卷，頁 7 上。
〔註28〕同上卷，頁 8 上。
〔註29〕司馬遷《史記》殊少記錄列傳人物之書文，賈誼之〈過秦論〉則大量採錄，
　　　　且列於〈秦始皇本紀〉中以爲警惕，並曰：「善哉！賈生之推言之也！……」
　　　　（頁 87）；司馬光亦借賈生之言以論秦之失天下，見《資治通鑑》，卷九，〈漢
　　　　紀一〉，〈漢高元年〉，頁 296。

餘君，常爲諸侯雄。豈世世賢哉？其勢居然也。且天下嘗同心并力而攻秦矣。當此之世，賢智並列，良將行其師，賢相通其謀，然困於阻險而不能進，秦乃延入戰而爲之開關，百萬之徒逃北而遂壞。豈勇力智慧不足哉？形不利，勢不便也。〔註30〕

（二）應時勢需要而為天下主——

秦并海內，兼諸侯，南面稱帝，以養四海，天下之士斐然鄉風，若是者何也？曰：近古之無王者久矣。周室卑微，五霸既歿，令不行於天下，是以諸侯力政，彊侵弱，眾暴寡，兵革不休，士民罷敝。今秦南面而王天下，是上有天子也。既元元之民冀得安其性命，莫不虛心而仰上。當此之時，守威定功，安危之本在於此矣。〔註31〕

（三）以不應時勢之異而亡天下——

秦王懷貪鄙之心，行自奮之智，不信功臣，不親士民，廢王道、立私權，禁文書而酷刑法，先詐力而後仁義，以暴虐爲天下始。夫兼并者高詐力，安定者貴順權，言取與守不同術也。秦離戰國而王天下，其道不易，其政不改，是其所以取之守之者無異也。孤獨而有之，故其亡可立而待。〔註32〕

今秦二世立，天下莫不引領而觀其政。夫寒者利短褐，而飢者甘糟穗，天下之嗷嗷，新主之資也。此言勞民之易爲仁也。……二世不行此術，而重之以無道，壞宗廟，與民更始。作阿房宮，嚴刑繁誅，吏治刻深，賞罰不當，賦斂無度，天下多事，吏弗能紀，百姓困窮而主弗收恤。然後姦僞並起，而上下相遁，蒙罪者眾，刑戮相望於道，而天下苦之。自君卿以下至于眾庶，人懷自危之心，親處窮苦之實，咸不安其位，故易動也。是以陳涉不用湯武之賢，不藉公侯之尊，奮臂於大澤而天下響應者，其民危也。〔註33〕

秦以區區之地，千乘之權，招八州而朝同列，百有餘年矣。然后以六合爲家，殽函爲宮，一夫作難而七廟墮，身死人手，爲天下笑者，

〔註30〕《史記》，卷六，〈秦始皇本紀〉，頁88～89。
〔註31〕同上卷，頁99～100。
〔註32〕同上卷，頁100。
〔註33〕同上卷，頁101～102。

何也？仁義不施而攻守之勢異也。〔註34〕

賈誼雖非史家，亦非歷史哲學家，但他論「勢」則表現出中國傳統史學重視人文的精神。〔註35〕根据上面所引資料，我們看到賈誼認爲秦之稱雄與王天下乃順而起，而其失天下乃逆勢而亡。秦非世世賢主，只因居地利之便，而二十餘君常爲諸侯雄；非秦王政特爲英仁，只因天賜予良機：「近古之無王者久矣」、「元元之民冀得安其性命，莫不虛心而仰上」，而得以南面稱帝。天時與地利，固自然之勢，人力求之且不得；然「勢」非一成不變者，得勢者其勢已異，必須改易其術，繼之以人爲努力，方能乘時趨勢，否則卽爲違時逆勢，其不敗亡亦幾希矣。始皇既得天下而不知易攻爲守，仍行兼併之方，固已逆其勢；二世復酷刑繁役，不知行仁施義，更是親手易優勢爲劣勢，將天下拱手讓人。則其身死人手，非天意使之亡，而是自取滅亡。因此「貴爲天下，富有天下，身不免戮殺者，正傾非也。是二世之過也。」〔註36〕賈誼指出二世之失天下乃人爲之失勢，卽是肯定歷史人物有其自由意志，人要對自己的行爲、對歷史負責。時勢與形勢雖非人力所能控制，但人卻能因勢利導，以人本身的努力來順應時勢、轉化形勢。因此，人仍是歷史演變的中心。這種人文史觀將人從歷史的被動地位中提出來，放在歷史的主動地位上，則人類的悲劇並非命運之必然，亦非時勢之不得不然，而是人的行爲使然，因此必須對自己及歷史負起責任。而避免悲劇重演的首要條件便是記取教訓，前車之覆，後車之師。所以賈誼主張「君子爲國，觀之上古，驗之當世，參以人事，察盛衰之理，審權勢之宜，去就有序，變化有時，故曠日長久而社稷安矣。」〔註37〕這種強調主體自由意志的說法與孔孟顯揚道德心的精神是深相契合的，十足表現了中國傳統文化裡人文主義的傾向。〔註38〕

賈誼論秦之亡特別重視二世之過，因此連想到「天下之命，懸於太子；……太子正而天下定矣。」〔註39〕二世本質如何，史未明文；但其一生行事受趙高左右，在《史記》〈秦始皇本紀〉與〈李斯傳〉中隨處可見。所以賈誼又將秦滅

〔註34〕同上卷，頁 99。
〔註35〕黃俊傑，〈歷史教育中歷史意識的培育〉一文曾提到此項傳統，收入：氏著《儒學傳統與文化創新》，頁 159～170。其中頁 159～164 尤詳。
〔註36〕《史記》，卷六，〈秦始皇本紀〉，頁 103。
〔註37〕同上卷，頁 91。
〔註38〕有關中國傳統文化富於人文主義色彩，可參考黃俊傑，〈儒學傳統中道德政治觀念的形成與發展〉，前引書，頁 1～38。其中頁 2～6 尤詳。
〔註39〕《漢書》，卷四八，〈賈誼傳〉，頁 25 下～26 上。

亡責任往上推到始皇不注重太子教育上。經過比較的結果，他發現三代，尤其
是周代之所以國祚長，正是因爲重視太子教育之故：成王還在襁抱之中，便以
召公爲太保、周公爲太傅、太公爲太師。用以保其身體、傅之德義、道之教訓。
又置三少卽少保、少傅、少師，與太子宴居。而三公、三少都選自天下之端士，
具備孝悌博聞各方面之學術德行，讓他們和太子一齊居處出入。使太子生而見
正事、聞正言、行正道，左右前後都是正人，使其少成如天性，習慣成自然。
及其長，知妃色，則入于學，以期「德智長而治道得」。〔註40〕因此他說：

> 夫三代所以長久者，以其輔翼太子有此具也。及秦而不然。其俗固
> 非貴辭讓也，所上者告訐也；固非貴禮義也，所上者刑罰也。使趙
> 高傅亥而教之獄，所習者非斬劓人，則夷人之三族也。故胡亥今日
> 卽位而明日射人，忠諫者謂之誹謗，深計者謂之妖言，其視殺人若
> 艾草菅然。豈惟胡亥之性惡哉？彼其所以道之者非其理故也。〔註41〕

賈誼鑑於教習使胡亥爲惡，〔註42〕終至喪天下，因此特別注重太子身邊的人
物，《新書》〈傅職〉、〈保傅〉兩篇對三公、三少的人選與職責有明確的要求
與期望。簡言之，不外乎「左右前後莫非賢人以輔相之」，用以教太子「聖人
之德」。〔註43〕除此之外，還注重「胎教」，〔註44〕旨在愼始。賈誼主張以儒
家漸摩感化之教來教育太子，在西漢知識份子中是空前絕後的言論。〔註45〕
這個主張受到西漢君王的採納，武帝提倡儒術之後，儒者輩出，而君主亦能
引儒者爲太傅、爲少傅。舉其著者，王臧從申公受詩，曾爲武帝少傅；〔註46〕
戾太子據「少壯，詔受公羊春秋，又從瑕丘公受穀梁」；〔註47〕元帝爲太子時，
歷任之太傅有丙吉、疏廣、黃霸、蕭望之、韋玄成，少傅有疏受、周堪，因
此，年十二時，便「通論語、孝經」。〔註48〕此輩皆　時大儒，元帝早歲受到

〔註40〕同上卷，頁 22 上～23 下。

〔註41〕同上卷，頁 25 上～下。

〔註42〕《史記》，卷六，〈秦始皇本紀〉：「趙高故嘗教胡亥書及獄律令法事，胡亥私
　　　　幸之。」頁 67。

〔註43〕《新書》，卷五，頁 1 上～7 上。

〔註44〕同上書，卷一○，〈胎教雜事〉，頁 4 上～8 下。

〔註45〕晁錯雖亦重視太子教育，卻是教太子以人君統治之術，與賈誼的主張迥然不
　　　　同，詳第三章第二節，註98。

〔註46〕《漢書》，卷八八，〈儒林傳〉，頁 15 下～16 上。

〔註47〕同上書，卷六三，〈武五子傳〉，頁 1 下。

〔註48〕據《漢書》，卷一九下，〈百官公卿表下〉；及卷七一，〈疏廣傳〉，頁 4 上。

浸染，眞心好儒，才會建議宣帝「宜用儒生」〔註49〕。賈誼從秦亡的教訓裡，引發出王室對太子教育的重視，對漢朝王室知識及道德水準的提高貢獻不小。

從秦亡天下記取施政之失，自陸賈始，經賈山，至賈誼，已檢討殆盡；賈誼之後，晁錯也在對策中特別舉出秦之吏政不明、法煩刑苛，令天下寒心：

> ……姦邪之吏，乘其亂法，以成其威，獄官主斷，生殺自恣。上下瓦解，各自爲制。秦始亂之時，吏之所先侵者，貧人賤民也；至其中節，所侵者富人吏家也；及其末塗，所侵者宗室大臣也。是故親疏皆危，外內咸怨，離散甫逃，人有走心。陳勝先倡，天下大潰，絕祀亡世，爲異姓福。此吏不平、政不宣、民不寧之禍也。〔註50〕

晁錯所以會特別強調吏政，與他的法家思想傾向〔註51〕有密切關係，因此他從此處著眼來論秦之失，算是漢初檢討前代失政的尾音。

第二節　武帝以後知識份子繼續對亡秦的檢討

司馬談論法家曰：「可以行一時之計，而不可長用也。」〔註52〕秦代之失政，綜言之，卽在於將非常時期的齊民之術施於平日，致令人相猜疑、道德敗壞，君臣朋友之間，一日百戰有若敵國；〔註53〕又驕奢苦役，擾亂百姓生活，致令民生困苦；法繁刑重，民不知所措手足；任用姦邪，吏政大壞，上下分崩離析；忠諫不進，天下危如累卵而不知。凡此五者，陸賈、賈山、賈誼、晁錯四人論之已詳，後人難有更精闢的見解；而且武帝以後，時代愈遠，「秦」對他們來說已是「所聞之世」，甚至是「所傳聞之世」，不再有直接衝擊，代之而起的，應該是對當前施政的批評。然而我們卻在史冊中看到終西漢之世，知識份子仍孜孜此言；因此很顯然的，並不是秦的餘震達二百年之久，而是繼秦而起的漢朝，仍在重演前朝的弊病，因此同樣的叮囑，會不斷重複的出現。此時知識份子所指出的秦弊，其實正是當前之弊。在下面的兩章裡，我們將會看到「漢接秦弊」——尤其是「刑」、「法」方面——的實際情形，更能了解西漢知識份子終久以秦爲儆鑑的用心，這番用心透露了他們

〔註49〕同上書，卷九，〈元帝紀〉，頁1下。
〔註50〕同上書，卷四九，〈晁錯傳〉，頁20下。
〔註51〕詳第三章第二節，註98與101。
〔註52〕《史記》，卷一三〇，〈太史公自序〉，頁12。
〔註53〕觀李斯殺韓非，趙高矯始皇遺詔，趙高陷李斯事可知。

對漢政權期待的落空──他們也是像秦二世統治下的元元之民一樣，期望新君王會除舊佈新；可是他們所等到的卻是外貌雖易、骨子裡仍在重蹈覆轍的新政權，因此不厭其煩，重複同樣的提醒。

　　另一方面，知識份子在以秦亡爲儆鑑之同時，也常常提出「古史」上的例子與秦相對照，來給漢政權做治正的典範。這是一種「歷史意識」〔註54〕的表現，而且根据德國史學家 John Rusen 的分類，這是一種「例證式的歷史意識」。〔註55〕這種歷史意識著重鑑戒與榜樣，通常是藉著一定的行爲規則，把不同時間內的兩種行爲（或相同或相反）貫穿起來作類比，以達到儆戒或示範的目的。西漢知識份子未必深知「歷史意識」，但在（1）、儒家「好古」傾向；〔註56〕（2）、高祖要求陸賈爲他言「秦所以失天下」及「古成敗之國」；（3）、賈山開「藉古諫今」的風氣，三者交相影響之下，他們不知不覺地表現著「例證式的歷史意識」。

　　因此，武帝以後這一種性質的奏議，大概可分爲兩類：一類是純粹以秦爲儆戒、以古爲典範者；另一類除了這個作用之外，其目的著重在指出漢蹈秦迹，而期盼統治者能早日革除弊病。後者可說意在言外，多痛切之辭。

　　前一類奏議中有的只舉秦亡爲戒，有的只舉古史爲範，有的兩者并舉。前面已說過這一階段的知識份子論秦之亡，很難超越前期的說法，原因在他們無切身感受，只能複述前期言論。尤其景帝時之鄒陽及武帝時之伍被、主父偃等，俱爲辯士者流，〔註57〕更是卑之無甚高論。〔註58〕元帝時翼奉論秦任刑而不悅詩書，故亡；〔註59〕成帝時劉向指出秦之奢，「天下苦其役而反

〔註54〕所謂「歷史意識」是指以時間的角度來察看人類行爲及人事、制度、器物……等的一種意識。胡昌智，〈什麼是歷史意識〉一文有很詳細的說明與分析。文刊《思與言》第二一卷第一期，頁2～12。

〔註55〕同上文，頁5與頁6。

〔註56〕孔子自述「好古敏以求之者」。見：《論語》，卷四，〈述而第七〉，頁5上。

〔註57〕《漢書》，卷五一，〈鄒陽傳〉：「吳王濞招致四方游士，陽與吳嚴忌、枚乘等俱仕吳，皆以文辯著名。」頁9上；卷四五，〈伍被傳〉：「是時淮南王安好術學，折節下士，招致英俊以百數，被爲冠首。」頁6上；卷六四上，〈主父偃傳〉：「學長短縱橫術，晚乃學易、春秋百家之言。」頁16下。

〔註58〕鄒陽以秦廢封建，一旦有事無諸侯相救論秦亡，見《漢書》，卷五一，〈鄒陽傳〉，頁9上～下；伍被以黷武、苦役、任刑、政苛論秦亡，同上書，卷四五，頁8下～9下；主父偃以窮兵黷武論秦之亡，同上書，卷六四上，頁17下～18上。

〔註59〕《漢書》，卷七五，〈翼奉傳〉：「……至秦乃不悅，傷之以法，是以大道不通，至於減亡。」頁16上。

之」，〔註60〕「二世委任趙高，專權自恣，壅蔽大臣，終有閻樂望夷之禍，秦遂以亡。」〔註61〕梅福謂秦「壅人以自塞」，「是以身危子孫，厥孫不嗣」；〔註62〕谷永謂秦「刑罰深酷，吏行殘賊」，是以雖「居平士」而「一夫大呼而海內崩析」。〔註63〕以上皆純粹舉秦爲鑑之議論，我們可以看出並沒有什麼突破性的說法。

另一方面，以古史的例子作爲朝政典範的風氣則盛，我們可以看到很豐富的資料。其中鄒陽上書梁孝王，舉許多古史以明己忠；〔註64〕杜鄴舉古史以勸王音與王商兄弟合歡，〔註65〕兩者皆與朝政無直接關係，故本文不錄。除此之外這純藉古史爲榜樣的奏議以宣帝以後爲多，亦可見宣帝之後這種歷史意識更加發達。今舉其著者觀之。宣帝時，王褒舉周公、齊桓公知任賢臣，「勤於求賢而逸於得人」；及伊尹、太公、寧戚等見用，「世必有聖知之君，而後有賢明之臣」，來說明「聖主必待賢臣而弘功業，俊士亦俟明主以顯其德」。〔註66〕蕭望之舉「堯、桀之分，在於義利而已，道民不可不慎也。」反對民量粟以贖罪之議。〔註67〕元帝時，匡衡舉「鄭伯好勇，而國人暴虎；秦穆貴信，而士多徒死；陳夫人好巫，而民淫祀；晉侯好儉，而民畜聚；太王躬仁，邠國貴恕。由此觀之，治天下者，審所上而已。」〔註68〕說明「君子之德風，小人之德草」的道理。翼奉舉周成王時「有司各敬其事，在位莫非其人」知所任皆得賢材。〔註69〕

劉向以當代大儒，又得入秘府校經傳諸子詩賦，〔註70〕於古史知之甚詳，因此每舉古史以諫諍。如見元帝寵中書宦官弘恭、石顯，又見外戚許氏、史氏在位放縱，特上封事言進賢誅佞。劉向先舉舜、文、武、周公時，賢才畢集，四方來和；再舉幽厲之際，不肖當朝，四時不調；其後周室更是卑微、

〔註60〕 同上書，卷三六，〈劉向傳〉，頁 23 上。
〔註61〕 同上卷，頁 26 下。
〔註62〕 同上書，卷六七，〈梅福傳〉：「昔者秦滅二周、夷六國，隱士不顯，佚民不舉，絕三統、滅天道，是以身危子孫，厥孫不嗣，所謂壅人以自塞者也。」頁 11 下。
〔註63〕 同上書，卷八五，〈谷永傳〉，頁 4 上。
〔註64〕 同上書，卷五一，〈鄒陽傳〉，頁 13 上～20 下。
〔註65〕 同上書，卷八五，〈谷永傳〉，頁 19 上～下。
〔註66〕 俱見《漢書》，卷六四下，〈王褒傳〉，頁 12 上～下。
〔註67〕 同上書，卷七八，〈蕭望之傳〉，頁 4 上～5 上。
〔註68〕 同上書，卷八一，〈匡衡傳〉，頁 4 上～下。
〔註69〕 同上書，卷七五，〈翼奉傳〉，頁 20 上。
〔註70〕 同上書，卷三○上，〈藝文志〉敘，頁 1 下。

多禍，終至陵夷不可復興，「原其所以然者，讒邪並進。……讒邪進則眾賢退，群枉盛則正士消。……帝堯、成王能賢舜、禹、周公而消共工、管、蔡，故以大治，榮華至今；孔子與季、孟皆仕於魯，李斯與叔孫俱宦於秦，定公、始皇賢季、孟、李斯而消孔子、叔孫，故以大亂，汙辱至今。故治亂榮辱之端，在所信任；信任既賢，在於堅固不移。」〔註71〕成帝時，營昌陵，數年不成，復還歸延陵，制度奢泰，劉向又上疏進諫，舉「黃帝葬於橋山，堯葬濟陰，丘壟皆小，葬具甚微。舜葬蒼梧，二妃不從。禹葬會稽，不改其列。殷湯無葬處。文、武、周公葬於畢，秦穆公葬於雍橐泉宮祈年館下，樗里子葬於武庫，皆無丘壟之處。」以明聖帝明王賢君智士皆薄葬；而闔閭、秦惠文、武、昭、嚴襄，皆大作丘壟、多瘞臧，然不數年，咸盡發掘暴露；始皇更甚，驪山之阿，極盡侈麗，然而「天下苦其役而反之，驪山之作未成，而周章百萬之師至其下矣。……是故德彌厚者葬彌薄，知愈深者葬愈微。無德寡知，丘壟彌高；宮廟甚麗，發掘必速。由是觀之，明暗之效，葬之吉凶，昭然可見矣。」劉向言者諄諄，可惜「上甚感向言，而不能從其計。」〔註72〕及成帝無嗣，舅家王氏弄權，劉向又上封事，舉「田氏取齊；六卿分晉；崔杼弒其君光；孫林父、寧殖出其君衎，弒其君剽；季氏八佾舞於庭，三家者以雍徹，並專國政，卒逐昭。」來說明「大夫操權柄、持國政，未有不害者」。何況「春秋舉成敗、錄禍福，如此類甚眾，皆陰盛而陽微，下失臣道之所致也。」成帝被這個宗室攪得雞犬不寧，遂命他：「君且休矣，吾將思之。」〔註73〕

　　除了劉向之外，谷永也是孜孜不倦向成帝進言的。他以舜飭正二女、楚莊忍絕丹姬為正例，以幽王惑於褒姒、魯桓脅於齊女為反例，諫成帝修後宮之政；〔註74〕又舉「堯遭洪水大災，天下分絕為十二州，制遠之道微，而無乖畔之離者；德厚恩深，無怨於下也。」來建議成帝「放退殘賤酷暴之吏」以施恩德於天下，則「雖有唐堯之大災，民無離上之心。」〔註75〕元成兩帝時，儒者陰陽災異之說最為興盛，〔註76〕而成帝時，天災浸多，儒者多持陰氣過盛之說，以

〔註71〕同上書，卷三六，〈劉向傳〉，頁8下～15下。
〔註72〕同上卷，頁19下～24上。
〔註73〕同上卷，頁25上～28上。
〔註74〕同上書，卷八五，〈谷永傳〉，頁2下～3下。
〔註75〕同上卷，頁4上～下。
〔註76〕詳第五章第二節。

諫成帝寵愛趙氏姊妹、委政舅家；成帝時並開始有流寇，〔註77〕大漢之衰象已無可掩飾。

以古史爲範例的進言，其內容大部份在「任賢」上面，由此可見西漢知識份子求用心切；其次是提醒君王「教化」功能，這是實質上施行法家治術的西漢政權所忽略的；還有就是「愼後宮之政」防外戚弄權，這是元帝以後，朝廷裡最嚴重的問題。我們可以總結的說，以古史爲例證的奏議，完全是針對時政而發的，因此少有虛言。

剩下最重要的是藉秦亡與古史來批評「漢接秦弊」的議論。這類奏議集中在武帝至宣帝之間，因爲漢之用刑，以這個時期最爲酷烈，〔註78〕易言之，這段期間最有秦的遺風，而又以武帝時代爲最，五個諫諍者就佔了四個，由此可見武帝的治術之一斑。

（一）方武帝正忙於削藩之際，徐樂提出「天下之患，在於土崩，不在瓦解」之說。所謂「土崩」是指秦之末世「民困而主不恤，下怨而上不知，俗已亂而政不修」，提供了陳涉作難的有利背景；所謂「瓦解」是指「吳、楚、齊、趙之兵」。七國之亂所以不能得逞，以「先帝之德未衰，而安土樂俗之民衆，故諸侯無竟外之助」，因此只要能安民，天下之患實不在瓦解，「天下雖未治，誠能無土崩之勢，雖有彊國勁兵，不得還踵而身爲禽，吳楚是也，況群臣百姓，能爲亂乎？」徐樂所以會提出此說，是因爲他看到：

> 間者，關東五穀數不登，年歲未復，民多窮困，重以邊境之事，推數循理而觀之，民宜有不安其處者矣。不安故易動，易動者，土崩之勢也。

這種情形顯然有重蹈秦之覆轍的可能，因此提醒武帝宜盡速銷未形之患，以安民爲要務，「安則陛下何求而不得？何威而不成？奚征而不服哉？」〔註79〕

（二）嚴安則以武帝好誅四夷爲諫。他在點明了「秦貴爲天子、富有天下，滅世絕祀，窮兵之禍也」之後，馬上掉轉矛頭，指向武帝，「今徇南夷、朝夜郎、

〔註77〕《漢書》，卷一〇，〈成帝紀〉：「陽朔三年夏六月，潁川鐵官徒申屠聖等百八十人殺長吏，盜庫兵，自稱將軍。」頁 7 上；「鴻嘉三年秋十一月，廣漢男子鄭躬等六十餘人攻官寺，篡囚徒，盜庫兵，自稱山君。」頁 10 上；「永始三年十一月，尉氏男子樊並等十三人謀反，殺陳留太守，劫略吏民，自稱將軍。……十二月，山陽鐵官徒蘇令等二二八人攻殺長吏，盜庫兵，自稱將軍，經歷郡國十九。」頁 12 下。
〔註78〕詳第四章第五節。
〔註79〕俱見《漢書》，卷六四上，〈徐樂傳〉，頁 21 下～23 上。

降羌僰、略薉州，建城邑，深入匈奴，燔其龍城」，可知武帝之窮兵黷絕不亞於始皇。嚴安還看出武帝所以如此東西結怨、南北構禍，是由於「行無窮之欲，甘心快意」！而且兵久變起，恐郡守据形勢、擁兵權；危及宗室。「上觀齊晉所以亡，公室卑削，六卿大盛也；下覽秦之所以滅，刑嚴文刻，欲大無窮也。」今漢皆有之，得無儆戒乎。〔註80〕

（三）董仲舒指出秦亡之速，乃由於廢詩書禮義，「以亂濟亂」：

> 周之末世，大爲亡道，以失天下。秦繼其後，獨不能改，又益甚之，重禁文學，不得挾書，捐棄禮誼而惡聞之，其心欲盡滅先王之道，而顓爲自恣苟簡之治，故立爲天子十四歲而國破亡矣。自古以來，未嘗有以亂濟亂，大敗天下之民如秦者也。

董仲舒這個說法，是以他的「繼治世其道同，繼亂世者其道變」爲根據的，主張秦應改變周末之亂，然而秦不僅不圖掃除周末之道，還濟之以暴虐酷刑。除了自己享祚短之外，還貽害不淺：

> 其遺毒餘烈，至今未滅，使習俗薄惡，人民嚚頑，抵冒殊扞，孰爛如此之甚者也。

此即指，漢所承繼的，是比周末更亂的亂世，因此更需要及早更化，改變民情，否則便會像秦一般，迅速滅亡。然而「漢得天下以來，常欲善治而至今不可善治者，失之於當更化而不更化也。」他認爲必須以「仁誼禮智信」來更化人民，建立良好習俗，則善治可期；若再濟之以法令，則「如以湯止沸、抱薪救火，愈甚亡益也。」〔註81〕董仲舒這項「更化」的主張係針對武帝任刑而發；終武帝之世則絲毫沒有接受董仲舒的建議，仍然繼續任用酷吏。

（四）吾丘壽王是董仲舒弟子，〔註82〕故其言論以「教化」、「法古」爲上。初，丞相公孫弘主張禁止人民挾弓弩，因爲「十賊彍弩，百吏不敢前，盜賊不軱伏辜，免脫者眾，害寡而利多，此盜賊所以蓄也」，如果禁止人民挾弓弩，那麼盜賊只能短兵，易爲吏所捕。吾丘壽王反對此說，他認爲兵器「非以相害，以禁暴討邪也。安居則以制猛獸而備非常，有事則以設守衛而施行陣。」周室衰微之後，社會不安，才有老百姓以兵器相賊害的情形。若

〔註80〕俱見《漢書》，卷六四下，〈嚴安傳〉，頁3上～4上。
〔註81〕俱見《漢書》，卷五六，〈董仲舒傳〉，〈賢良對策一〉，頁7上～下。
〔註82〕同上書，卷六四上，〈吾丘壽王傳〉：「年少，以善格五召待詔。詔使從中大夫董仲舒受春秋。」頁14上。

說禁兵器可以止盜賊，那麼，何以秦「銷甲兵、折鋒刃」，民卻「犯法滋眾，盜賊不勝，至於赭衣塞路，卒以亂亡」？聖王知弊病在此不在彼，故「務教化而省禁防」民風善良淳樸，何患弓弩在握？他又舉古禮以反駁公孫弘：「愚聞聖王合射以明教矣，未聞弓矢之爲禁也」；一旦禁民挾弓弩，則「邪人挾之而吏不能止，良民以自備而抵法禁，是擅賊威而奪民救也。竊以爲無益於禁姦，而廢先王之典，使學者不得行習其禮，大不便。」公孫弘講不過他，終於「詘服」。〔註83〕

（五）宣帝初卽位，路溫舒上「尙德緩刑疏」以期望於新主（霍光輔昭帝，用法亦重）〔註84〕：「宜改前世之失，正始受命之統，滌煩文、除民疾，存亡繼絕，以應天意。」他指出：

> 秦有十失，其一尙存，治獄之吏是也。

忠諫不進，獄吏殘刻，此秦所以亡；而今之治獄吏則仍秉秦之失：

> 上下相敺，以刻爲明，深者獲公名，平者多後患。故治獄之吏皆欲人死，非憎人也，自安之道在人之死。是以死人之血流離於市，被刑之徒比肩而立，大辟之數歲以萬計，此仁聖之所以傷也。

路溫舒對酷法之下的人情，有最深的觀察：

> 夫人情安則樂生，痛則思死，棰楚之下，何求而不得？故囚人不勝痛，則飾辭以視之；吏治者利其然，則指道以明之；上奏畏卻，則鍛鍊而周內之。

武帝以來之獄吏爲求便利、爲求自安而演成深文周納，羅織百罪，專爲深刻，殘賊無極。「故俗語曰：『畫地爲獄，議不入；刻木爲吏，期不對。』此皆疾吏之風，悲痛之辭也。」治民果如此，則民何以贍生？因此他強調：

> 故天下之患，莫深於獄；敗法亂獄，離親塞道，莫甚乎治獄之吏。
> 此所謂一尙存者也。

秦滅亡之因，尙有忠諫不進，所以路溫舒在此疏中，附帶一提：

> 唯陛下除誹謗以招切言，開天下之口，廣箴諫之路，掃亡秦之失，尊文武之德。省法制、寬刑罰，以廢治獄，則太平之風可興於世，永履和樂，與天亡極。

最後還是殷切的期待宣帝能寬刑，則天下幸甚。宣帝雖「善其言，遷廣

〔註83〕同上卷，頁 14 下～16 上。
〔註84〕同上書，卷六○，〈杜延年傳〉：「光持刑罰嚴，延年輔之以寬。」頁 3 下。

陽私府長」，〔註85〕並沒有接受路溫舒此議，而省刑罰、廢治獄。他自己雖稱「霸王道雜之」，其實卻是「所用多文法吏，以刑名繩下」，〔註86〕而且「不甚從儒術，任用法律」。〔註87〕西漢帝王任刑的傳統，要到深有儒家學養的元帝之後，才得寬紓，而請求省刑的秦議也才相對地減少；只是代之而起的卻是外戚專權、母后亂政等問題，這仍是秦帝國所沒有的，因此知識份子無法再假秦爲借鏡，以規戒帝王。

　　本章的討論顯示秦帝國的速霸速亡，帶給漢初知識份子極大的震撼。所以帝國一底定，有心的知識份子便立即攷慮到「帝國如何維持長治久安」的問題──我們只要看西京名曰「長安」就可知道西漢人士的用心了。由於「秦鑑不遠」，最具說服力，因此知識份子不斷地以秦之酷刑、秦之奢侈、秦之苦役、秦之黷武、秦之苛政爲歷史的教訓，來儆戒漢政權勿蹈秦失，並舉古史爲佐証，欲君王易之以儒家教化。我們也看到愈接近秦的漢初諸帝愈能接受這種說法，是故高祖聞陸賈之言仁義，會如大夢初醒，而文帝亦能納賈山之激論；然而距秦愈遠，這種方式的勸諫也愈失效，儒者儘管悃悃款款，一代雄主之武帝與宣帝，不論在觀念上或在作爲上都絲毫未受影響而有所改變，依然任刑、用兵、營宮室、好神仙，不以秦亡之因爲意。元帝之後，時代愈遙，說服力益弱，而且又有秦所未有的問題產生，秦亡之鑑已無效力，儒者只好紛紛轉以董仲舒後更興盛的「陰陽災異」之說來繼爲儆戒之論。

〔註85〕以上俱見《漢書》，卷五一，〈路溫舒傳〉，頁 31 下～33 上。
〔註86〕同上書，卷九，〈元帝紀〉，頁 1 上。
〔註87〕同上書，卷七八，〈蕭望之傳〉，頁 9 下。

第三章　長期戰亂後的統治哲學——漢初的「黃老之治」

第一節　「黃老之學」溯源

在深入本章政治思潮的討論之前，我們有必要對「黃老之治」一詞作一番考察。就字面上，我們發現「黃帝」與「老子」被相提並論；就內容上，我們要研究它真是道家之治嗎？

古史渺茫難尋，而傳說中中華民族的共同祖先黃帝，更是夐乎遠矣。姑以《史記》為據，觀其治國安邦，原來是極其辛苦勞頓的：先修習兵事、安撫萬民，再分別戰勝炎帝、蚩尤，然後繼續征服所有不順從的諸侯；又披荊斬棘，四開通道，未曾安居；舉用賢能輔佐治民，教民構屋製衣、節用材物，而不得休息。〔註1〕正是黃宗羲（梨州，1610～1695）所云「以千萬倍之勤勞，而己又不享其利」的「古之人君」，而為許由、務光逃之唯恐不及者。〔註2〕與老子「處無為之事，行不言之教」、「常使民無知無欲」、「不尚賢，使民不爭」〔註3〕等主張可謂背道而馳，因此「黃帝」與「老子」本不應相提並論的；但是戰國中晚期以降，卻有不少學者漸漸神化黃帝，紛紛著書假託黃帝遺文。〔註4〕「道家」一派更有推尊黃帝之「無為」尚在堯舜之前，〔註5〕而為道家

〔註1〕　見《史記》，卷一〈五帝本紀〉，頁3～13。
〔註2〕　黃宗羲，《明夷待訪錄》，〈原君〉，頁1下。
〔註3〕　《老子》，第二章、第三章，上篇，頁2上～下。
〔註4〕　《漢書》〈藝文志〉道家、陰陽家、小說家、兵家、天文家、歷譜家、五行家、

鼻祖者。其書至漢初猶盛行，〔註6〕「黃老」並稱亦卽始於漢初，〔註7〕而最先出現「黃老」一詞或「黃帝、老子」之記載的，便是《史記》，〔註8〕班固《漢書》則沿用這種稱呼。

　　接著我們要探討漢初「黃老之治」的本質。漢初、高祖、惠帝、呂后，都能盡量給勞民以休養生息，文帝復加之以恭儉愛民，景帝亦能紹承父業，因此，六、七十年間，達成西漢治世，班固並且舉文景之治與周之成康相侔。〔註9〕由於膠西蓋公教曹參以黃老治術，曹參行之，齊國果然安集；後來曹參爲漢相，又以無爲著稱；〔註10〕而史載文帝「好道家之學」，〔註11〕竇后好黃老言，〔註12〕於是漢初這一段時間，遂成爲國史上獨一無二的「黃老之治」。《史記》這樣強調它「無爲而治」的一面，因此給後世造成一種錯覺，讓人誤以爲漢初的「黃老之治」可以簡單地用一個等號把它和「清靜無爲、與民休息」連接起來。然而我們卻又看到「本好黃帝老子之術」的陳平足智多謀：於傾側擾攘之間，卒歸劉邦；於國家患難之際，常出奇計；於呂后多事之秋，不但自脫，還能定宗廟、以榮名終。〔註13〕如此看來，顯然「黃帝老子之行」涉及權謀作術；而司馬遷既讚嘆文帝「豈不仁哉！」，〔註14〕卻又說他「本好

雜占家、經方家、房中家、神仙家，皆有黃帝書，可見當時假託黃帝著書風氣之盛。

〔註5〕　《論語》，卷八，〈衛靈公第十五〉，孔子曰：「無爲而治者，其舜乎！」，頁1下。

〔註6〕　《史記》，卷四九，〈外戚世家〉：「竇太后好黃帝老子言，帝及太子諸竇，不得不讀黃帝老子，尊其術。」頁14。可見在景帝時，黃帝書還未佚失。

〔註7〕　王叔岷師，〈黃老考〉一文對「黃老」之稱有頗詳細之考證。文刊《東方文化》，第一三卷第二期，頁146～153。

〔註8〕　《史記》一書中，「黃老」或「黃帝老子」並稱的頗多，舉例言之：卷一二，〈孝武本紀〉：「會竇太后治黃老言，不好儒術」；卷五六，〈陳丞相世家〉贊曰：「陳丞相平少時，本好黃帝老子之術」；卷五四，〈曹相國世家〉：「聞膠西有蓋公，善治黃老言」；卷六三，〈申韓列傳〉：「申子之常學，本於黃老刑名。……韓非者，……而其歸本於黃老」；卷八〇，〈樂毅列傳〉贊曰：「樂臣公學黃帝老子」。

〔註9〕　《漢書》，卷五，〈景帝紀〉贊：「周云成康，漢言文景，美矣！」，頁10下。

〔註10〕　《史記》，卷五四，〈曹相國世家〉，頁13～17。

〔註11〕　同上書，卷二三，〈禮書〉：「孝文卽位，有司欲定儀禮，孝文好道家之學，以爲繁體飾貌，無益於治，躬化謂何耳？故罷去之。」頁6。

〔註12〕　見註6、註8。

〔註13〕　《史記》，卷五六，〈陳丞相世家〉贊，頁23～24。

〔註14〕　同上書，卷一〇，〈孝文本紀〉贊，頁47。

刑名之言」〔註15〕──「刑名」者，據顏師古（籀，581～645）引劉向《別錄》云：「申子學號刑名，刑名者，以名責實，尊君卑臣，崇上抑下。宣帝好觀其君臣篇。」〔註16〕這分明是法家馭下之術。據此，很顯然的，漢初的黃老之治並不是單純的老子之治，而是在清靜無為的道家之治外，另摻有其他成份，例如權謀詐術、法家治術等。但是，道家之治與法家治術是如何在漢初達到並行不悖的呢？

道家與法家似有許多極端相反的主張，〔註17〕但是它們卻從發展之初，就一直具有密切關係。這不僅由於司馬遷將老、莊、申、韓列於一傳，並意謂法家出於道家：「申子之學，本於黃老，而主刑名。……韓非者，韓之諸公子也，喜刑名法術之學，而歸其本於黃老。」〔註18〕而且《韓非子》除了有〈解老〉、〈喻老〉兩篇之外，其他諸篇亦屢引《老子》，韓非本人就足以證明道、法兩家的密切關係；除此之外，我們還可上溯到平日受到忽略的齊國稷下學派。在這裡我們特別提出他們，是因為稷下學派的一些學者表現了道法轉折的可能。〔註19〕

《史記》〈田敬仲完世家〉云：「齊宣王喜文學游說之士，自如騶衍、淳于髡、田駢、接予、慎到、環淵之徒七十六人，皆賜列第為上大夫，不治而議論，是以齊稷下學士復盛，且數百千人。」〔註20〕可知當時之稷下儼然是一個龐大的學術中心；但諸學士留名的卻不超過十人，除上列的騶衍、淳于髡、田駢、慎到、接予、環淵之外，還有騶奭〔註21〕、彭蒙、宋鈃、尹文。〔註22〕就現存的記載看來，這十位學士所呈現的學說思想，大約包括了陰陽、道、法、墨、名等五家：

〔註15〕同上書，卷一二一，〈儒林列傳〉，頁6～7。
〔註16〕《漢書》，卷九，〈元帝紀〉顏師古注，頁1上～1下。
〔註17〕例如法家重法、重術，老子反對刑法最力。
〔註18〕《史記》，卷六三，〈老子韓非列傳〉，頁13～14。
〔註19〕《四庫全書簡明目錄》，《慎子》下云：「……黃老之為申韓，此其轉關矣。」，頁466。
〔註20〕卷四六，頁31。
〔註21〕《史記》，卷七四，〈孟荀列傳〉：「自騶衍與齊之稷下先生，如淳于髡、慎到、環淵、接子、田駢、騶奭之徒，各著書，言治亂之事，以干世主，豈可勝道哉！」，頁10。
〔註22〕《莊子》〈天下篇〉列彭蒙、田駢、慎到為一派；宋鈃、尹文為一派。成玄英疏：「姓宋名鈃，姓尹名文，並齊宣王時人，同遊稷下。……姓彭名蒙，並齊之隱士，俱游稷下。」見：郭慶藩輯，《莊子集釋》，頁1082及1087。

1. 陰陽家：騶衍、騶奭〔同前註〕。
2. 道家：彭蒙、田駢、慎到、接予、環淵、宋鈃、尹文。〔註23〕
3. 法家：彭蒙、田駢、慎到〔註24〕、尹文。〔註25〕
4. 墨家：宋鈃、尹文。〔註26〕
5. 名家：宋鈃、尹文。〔註27〕

可以說除了儒家之外，〔註28〕戰國時代幾個重要的學派，都在稷下獲得「議論」的機會了。

值得我們特別重視的是慎到與尹文兩人。慎子與尹子雖各有書，《漢書》〈藝文志〉分別列於法家與名家；〔註29〕然現行本《慎子》乃爲輯佚，且有後人僞託，而現行《尹文子》，學者咸謂爲僞書，〔註30〕都已失其原貌，不足

〔註23〕　（一）《史記》，〈孟荀列傳〉：「慎到、趙人；田駢、接子，齊人；環淵，楚人。皆學黃老之術。」頁 11。
　　　　（二）《莊子》〈天下篇〉云彭蒙、田駢、慎到「以齊物爲首，……」並批評他們說：「不知道，雖然，慨乎嘗有所聞。」頁 17 上～18 下。宋鈃、尹文亦道家者流，《莊子》〈天下篇〉云：「不累於俗，不飾於物，不苟於人，不忮於眾。願天下之安寧，以活民命。人我之養，畢足而止，以此白心，古之道術有在於是者──宋鈃、尹文聞其風而悅之。」卷一〇，頁 16 上～下。
　　　　（三）《漢書》〈藝文志〉列《宋子》於小說家，其下班固又自注：「孫卿道宋子其言黃老意。」頁 50 下。
〔註24〕　《莊子》〈天下篇〉：「公而不當，易而無私，決然無主，趣物而不兩，不顧於慮，不謀於知，於物無擇，與之俱注，古之道術有在於是者──彭蒙、田駢、慎到聞其風而悅之。」頁 17 上。
〔註25〕　《韓非子》，卷九，〈內儲說上・七術第三十〉：「齊王問於文子曰：治國何如？對曰：夫賞罰之爲道利器也。君固握之，不可以示人。若如臣者，猶獸鹿也，唯薦草而就。」頁 10 下。
〔註26〕　《莊子》〈天下篇〉又載宋鈃、尹文：「見侮不辱，救民之鬥，禁攻寢兵，救世之戰。」頁 16 下。《荀子》，卷三，〈非十二子篇第六〉，將宋鈃與墨子並舉，並批評他們：「上功用，大儉約而慢差等。」頁 30 上。
〔註27〕　《莊子》〈天下篇〉：「宋鈃、尹文……作爲華山之冠以自表，接萬物以別宥爲始。」頁 16 下。「別宥」之作用即在於堅白異同，觀《呂氏春秋》〈去宥篇〉可知：「夫人有所宥者，因以晝爲昏，以白爲黑，以堯爲桀──宥之爲敗亦大矣。亡國之主，其甚有宥邪！故凡人必別宥然後知，別宥則能全其天矣。」（卷一六，〈先識覽第四〉，頁 18 下）
〔註28〕　《史記》〈孟荀列傳〉只說孟子「游事齊宣王，宣王不能用」，荀子「年五十始來游學於齊」，其後雖三爲齊祭酒，然終未言孟荀游於稷下，見頁 3 及頁 14；「田敬仲完世家」提到稷下學士時，亦未及孟荀，見註20。
〔註29〕　《漢書》〈藝文志〉，頁 41 上：「慎子四二篇」；頁 42 上：「尹文子一篇」。
〔註30〕　參看張心澂，《僞書通考》，頁 771～773；頁 785～789。

爲憑；因此，此處僅就當時他書之評論，及後世類書所輯，求其學說之一鱗片爪。《莊子》〈天下篇〉云：

> 是故慎到棄知去己，而緣不已。泠汰於物，爲道理。曰：知不知，將薄知，而後鄰傷之者也。謑髁無任，而笑天下之尚賢也；縱脫無行，而非天下之大聖。椎拍輐斷，與物宛轉，舍是與非，苟可以免。不師知慮，不知前後，魏然而已矣。推而後行，曳而後往，若飄風之還，若羽之旋，若磨石之隧，全而無非，動靜無過，未嘗有罪。是何故？夫無知之物，無建己之患，無用知之累，動靜不離於理，是以終身無譽。故曰：至於若無知之物而已，無用聖賢，夫塊不失道。〔註31〕

這種「道家」思想，與老莊思想有一根本上之不同，那就是老莊，尤其是莊子非常重視萬物的個別價值，這是他「齊物」的立足點；而慎到則主張「去己」，泯滅自我，「舍是與非」，以隨物宛轉，而求苟免。這已經有著把人「物化」、「齊一」的傾向，因此一轉便會導出以「法」齊民的理論來：

> 君人者，舍法而以身治，則誅賞奪與從君心出矣。……君舍法而以心裁輕重，則是同功而殊罰也，怨之所由生也。是以分馬者之用策，分田者之用鈎，非以鈎策爲過人智也，所以去私塞怨也。故曰：大君任法而弗躬爲，則事斷於法矣。各以其分，蒙其賞罰，而無望於君也。是以怨不生，而上下和矣。〔註32〕

慎到認爲唯有「法」才是絕對客觀的標準，明君治下，一切要以「法」爲依據：

> 爲人君者，不多聽。據法倚數，以觀得失。無法之言，不聽於耳；無法之勞，不圖於功；無勞之親，不任於官。官不私親，法不遺愛，上下無事，唯法所在。〔註33〕

依賴「法」的效用至這種程度，難怪會有：

> 法雖不善，猶愈於無法。〔註34〕

的千古名言。因此莊子會笑他不合至道：

> 慎到之道，非生人之行，而至死人之理，適得怪焉。〔註35〕

〔註31〕《莊子》，卷一○，〈天下篇〉，頁17下～18上。
〔註32〕《群書治要》，卷三七，引《慎子》〈君人〉篇，頁13上～下。
〔註33〕同上卷，〈君臣〉篇，頁13下～14上。
〔註34〕同上卷，頁8下。
〔註35〕《莊子》〈天下篇〉，頁18上。

蓋人與物同，性靈全無，已與死亡無異，則齊之以法，實亦未見其高明，故荀子亦批評他無以治國：

> 尚法而無法，下修而好作，上則聽取於上，下則取從於俗。終日言成文典，及紃察之，則倜然無所歸宿，不可以經國定分。然而其持之有故，其言之成理，足以欺惑愚眾，是慎到、田駢也。〔註36〕

除了唯「法」是賴之外，慎到也主張明君應重「勢」，才能掌握權力地位，控馭臣民：

> 慎子曰：飛龍乘雲，騰蛇遊霧，雲罷霧霽，而龍蛇與蚯蚓同矣，則失其所乘也。賢人而詘於不肖者，則權輕位卑也；不肖而能服於賢者，則權重位尊也。堯爲匹夫，不能治三人；而桀爲天子，能亂天下，吾以此知勢位之足恃，而賢智之不足慕也。夫弩弱而矢高者，激於風也；身不肖而令行者，得助於眾也。堯教於隸屬而民不聽；至於南面而王天下，令則行，禁則止。由此觀之，賢智未足以服眾，而勢位足以缶賢者也。〔註37〕

口口聲聲強調「勢」才是權位之基，賢者不足取，因此荀子又批評他「蔽於法而不知賢」、「有見於後，無見於先」。〔註38〕慎到又有「主逸臣勞」、「臣有過自予」之主張，對韓非子的學說、對秦漢帝國的專制統治，都有極大的影響：

> 君臣之道：臣事事，而君無事；君逸樂而臣任勞；臣盡智力以善其事，而君無與焉。仰成而已，故事無不治。……皆私其所知，以自覆掩，有過則臣反責君，逆亂之道。〔註39〕

從以上這些引文，可以很清楚地看到慎到的法家學說已經具備多方面的理論了。集法家大成的韓非子雖然批評他的重「勢」主張，〔註40〕然而韓非的許多主張還是承自慎到之說的。

在慎到的學說裡，道法兩家的結合猶未見十分緊密；〔註41〕至於尹文之說，則熔道、法、名三家於一爐：

〔註36〕《荀子》〈非十二子篇〉，頁 31 上～下。
〔註37〕《韓非子》，卷一七，〈難勢第四十〉引，頁 1 上。
〔註38〕《荀子》，卷一五，〈解蔽第二一〉，頁 154 上；卷一一，〈天論第十七〉，頁 123 上。
〔註39〕《群書治要》，卷三七，〈民雜〉篇，頁 10 上～下。
〔註40〕見《韓非子》〈難勢篇〉。
〔註41〕關於慎到結合道法兩家思想的研究，可參閱徐復觀：《中國人性論史》，第十三章，〈道家支派及其末流的心性思想〉，頁 430～440。

> 古人……以名稽虛實，以法定治亂，以簡制煩惑，以易御險難。萬
> 事皆歸於一，百度皆準於法。歸一者簡之至，準法者易之極。如此
> 則頑囂聾瞽，可與察惠聰明同治矣。……全治而無闕者，大小多少，
> 各當其分，農商工仕，不易其業，則處上有何事哉？……所言者不
> 出於名法權術；所為者不出於農稼軍陣，周務而已，故明主任之。……
> 聖人任道以其通其嶮，立法以理其差，使賢愚不相弃，能鄙不相遺。
> 能鄙不相遺，則能鄙齊功；賢愚不相弃，則賢愚等慮，此至治之術
> 也。名定則物不競，分明則私不行。物不競，非無心，由名定，故
> 無所厝其心；私不行，非無欲，由分明，故無所厝其欲。然則心欲
> 人人有之，而得同於無心無欲者，制之有道也。……〔註42〕

這一段文字包含了法家「歸一」、「準法」、「農戰」、絕對秩序的要求、定名分
以名責實……等主張，可以看出尹文對「法」有更進一步的見解。慎到蒙「尚
法而無法」之譏，至尹文已能提出具體的主張，注重刑賞：

> 仁義禮樂名法刑賞，凡此八者，五帝三王，治世之術也。故仁以導
> 之，義以宜之，禮以行之，樂以和之，名以正之，法以齊之，刑以
> 威之，賞以勸之。……凡此八術，無隱於人，而常存於世，非自顯
> 於堯湯之時，非故逃於桀紂之朝。用得其道，則天下治；用失其道，
> 則天下亂。……老子曰：民不畏死，如之何以死懼之？凡人之不畏
> 死，由刑罰過；刑罰過，則民不賴其生；生無所賴，視君之威未如
> 也。刑罰中，則民畏死，畏死由生之可樂，故可以死懼之。此人君
> 之所宜執，臣下之所宜懼之。〔註43〕

這裡甚至雜有儒家的仁義禮樂之說，但我們知道尹文的學說還是以道法兩家
為主的，儒家思想不過居於點綴地位，無足輕重。而他道法思想的明顯結合，
則表現在富權術的「無為」上。劉向《說苑》錄有一則：

> 齊宣王問尹文：人君之事何如？尹文對曰：無為而能容下，事寡易
> 從，法省易因。大道容眾，大德容下，聖人寡為而天下理。〔註44〕

夫簡易寡為之根據為何？「賞罰」也：

> 齊王問於文子曰：治國何如？對曰：夫賞罰之為道利器也，君固握之，

〔註42〕《群書治要》，卷三七，引《尹文子》〈大道篇〉，頁 14 上～16 上。
〔註43〕同上卷，〈聖人〉篇，頁 17 上～19 下。
〔註44〕劉向，《說苑》，卷一，〈君道〉，頁 1 上。

不可以示人。若如臣者，猶獸鹿也，唯薦草而就。〔註45〕

人君自居於神秘不可測的地位，掌握賞罰利器來牢寵、控馭臣下，自可「無爲而無不爲」。這是老子政治思想的權謀化，一轉而爲法家重「術」的主張。愼到與尹文這兩位身兼道法的學者活躍於齊宣王時代；在這之前，已經有申不害學「術」而相韓昭侯〔註46〕，韓國大治。〔註47〕由此可知，重術的法家思想在周顯王時代（於前 368～前 320 在位）已經十分盛行，而爲圖謀強國的諸侯所喜聞樂用。

申子之書今亦不存，但我們仍可從類書的輯引中，窺見他的「刑名之學」，也是優游於道、名、法三家之間。對於將道家之行轉爲法家之術，則有頗爲深切的掌握：

明君治國，三寸之機運，而天下定；方寸之謀正，而天下治。一言正而天下定，一言倚而天下靡。〔註48〕

這段話很可能就是漢宣帝所重視的〈臣君篇〉的一小部份，〔註49〕提供的是以少握多的馭下之術。而這馭下之術大概是要借助「陰」謀來完成的：

明君治國而晦，晦而行，行而止。〔註50〕

申子的〈大禮篇〉則更完整地表現了他靈活地運用道定與名家思想，來爲法家治術效勞的主張：

夫一婦擅夫，眾婦皆亂；一臣專君，群臣皆蔽。故妬妻不難破家也，亂臣不難破國也。是以明君使其臣並進輻輳，莫得專君。……今夫弒君而取國者，非必踰城郭之險，而犯門閭之閉也，蔽君之明、塞君之聽，奪之政而專其令，有其民而取國矣。……明君如身，臣如手；君若號，臣如響。君設其本，臣操其末；君治其要，臣行其詳；君操其

〔註45〕《韓非子》，卷九，〈內儲說上〉，頁 10 下。

〔註46〕據《史記》〈六國年表〉，申不害相韓於周顯王十八年，而齊宣王即位於周顯王二七年。見卷一五，頁 66 及 69。

〔註47〕《史記》，卷六三，〈老子韓非列傳〉：「申不害，……學術干韓昭侯，昭侯用爲相，內脩政教，外應諸侯，十五年。終申子之身，國治兵彊，無侵韓者。」，頁 12～13。

〔註48〕《太平御覽》，卷三九○，頁 6 上，引〈申子曰〉。另外，《藝文類聚》，卷一九亦引，惟無〈而〉字：「一言正，天下定；一言倚，天下靡。」，頁 1 下。

〔註49〕宣帝好觀其〈君臣篇〉，已見註 16；而《漢書補注》〈藝文志〉《申子》書下，王先謙補注引葉德輝曰：「《藝文類聚》、《太平御覽》並引〈君臣篇〉」。頁 40 下～41 上。

〔註50〕《太平御覽》，卷六二四，頁 30 上～下。

柄，臣事其常。爲人臣者，操契以責其名，名者天地之綱、聖人之符，張天地之綱，用聖人之符，則萬物之情，無所逃之矣。故善爲主者，倚於愚，立於不盈，設於不敢，藏於無事，竄端匿疏（「疏」疑爲「迹」）示天下無爲，是以近者親之，遠者懷之。示人有餘者，人奪之；示人不足者，人與之。剛者折、危者覆、動者搖、靜者安。名自正也，事自定也。是以有道者，自名而正之，隨事而定之也。……昔者堯之治天下也以名，其名正則天下治；桀之治天下也亦以名，其名倚而天下亂，是以聖人貴名之正也。主處其大，臣處其細，以其名聽之，以其名視之，以其名命之。鏡設精無爲，而美惡自備；衡設平無爲，而輕重自得。凡因之道，身與公無事，無事而天下自極也。〔註51〕

從這長篇大論中，我們可以看出申子主張：爲人君者要握有全權，不可絲毫假手於臣，以防臣之專擅覆國；然掌權並非事必躬親，而是嚴君臣之別，自居於不可測之地位，控其樞要，事則交與群臣去完成，而以名督責之。則君盡可安逸無爲，臣則奔走效勞，而天下自治。申子是看不起像禹那樣不懂治術、不得休息的君王的：「有天下而不恣睢，命之曰以天下爲桎梏者。」〔註52〕因此我們可以說，申子刑名之學，是一套操道家無爲之術、嚴上下之位、定名分之別，而達到法家「主逸臣勞」之主張的學說。

申不害、愼到、尹文等人的道法思想，在韓非手中，光大其陰暗面，而且更講究齊民、馭臣效率，因此發展成激烈的慘烈統治；而漢初的「黃老」學派，則保留他們溫和的一面，而且益以陰陽學說來加強君的地位，提供一套摻雜道、法、陰陽，甚至還有一些儒、墨思想的帝王之術，〔註53〕而爲漢初諸帝所深喜。民國62年長沙馬王堆三號漢墓所出土的一些古佚文，其中〈經法〉、〈十大經〉、〈稱〉、〈道原〉四篇，學者咸認卽是《漢書》〈藝文志〉「道家」裡的《黃帝四經》，另一篇〈伊尹·九主〉也是屬於同類性質之著作，亦卽是漢初盛極一時的《黃帝老子書》中的重要遺產之一。〔註54〕這五篇佚文提供我們許多直接資料，

〔註51〕 《群書治要》，卷三六，引《申子》〈大體篇〉，頁25下～27上。
〔註52〕 《史記》，卷八七，〈李斯列傳〉，李斯引申子曰，頁28。
〔註53〕 本論文第四章第三節將深入比較「黃老」學說與董仲舒的「黃老」思想，屆時對「黃老」學說的內容亦有多方面的分析。爲避免重複，此處僅簡單述及內容概要。
〔註54〕 關於《黃帝四經》及〈伊尹·九主〉的考證，請參閱《帛書老子》之附錄：〈黃帝四經初探〉，頁239～251，及〈九主研究〉，頁175～184。另〈經法〉、〈十大經〉、〈道原〉、〈稱〉及〈伊尹·九主〉，五篇佚文亦附於《帛書老子》中，

幫助我們瞭解漢初「黃老」學說和漢初「黃老之治」的眞相。

「黃老」學說起於何時，今已不可考，但一定不會早於申不害。易言之，不但不是司馬遷所謂的「申不害之學本於黃老」、「韓非⋯⋯喜刑名法術之學，而歸其本於黃老」，相反的，正是「黃老」學派吸收了申韓刑名法術之學──而他們原來打著的是「道家」的旗幟，他們的形上學、宇宙論，也是以老子之說爲底本的。〔註55〕因此他們以「道家」的外貌流行於漢初，遍及中央與郡國。只是，被帝王樂用之後，也許更加重了法家思想的比例，但仍披著「道家」的外衣，或竟至仍以「道家」自居──司馬談父子的說法，正足以代表漢初學者心目中的「道家」。我們看到司馬談所謂的「道家」，不折不扣正是「黃老」學派。他論道家要旨說：「道家使人精神專一，動合無形，贍足萬物。其爲術也，因陰陽之大順，采儒墨之善，撮名法之要；與時遷移，應物變化，立俗施事，無所不宜。指約而易操，事少而功多。」〔註56〕可見在漢初，「黃老」學派已喧賓奪主，被視爲正宗道家。而司馬遷承其父之學，不察其別，逕自以「黃老」稱呼「老子之學」，遂將歷史眞相蒙上一層煙霧。我們說「黃老」學派晚起，有兩個重要的根據：一是其中的陰陽家思想，一是其中的大一統思想。〔註57〕法天地、應四時的陰陽家思想，是「黃老」學說的主題之一，而爲先秦法家所缺，因此應該是在騶衍的學說大爲流行之後，才有這一派學說的興盛，他們汲取陰陽家之說，做爲君王施政的一項依據。如果申、韓學的是「黃老」，照理不會絲毫不具此說，因爲我們從漢儒普徧具有法天地、應四時的觀念，知道這項學說是很容易造成影響的〔註58〕──起碼，韓非如果反對或嫌其理論不足的話，應該會有所批評。至於大一統的思想，或醞釀於大一統前夕，而爲時代的先驅之說；或順應於大一統的局勢，而爲時代的附和之說，總之不會產生於申不害之前、列強方正酣戰競勝之時，卻又爲注意統治效果的申、韓所未嘗提及。因此

頁187～236，及頁159～171。本論文卽據此版本以論《黃帝四經》及〈伊尹・九主〉。

〔註55〕見本章第二節註103至註110。

〔註56〕《史記》，卷一三○，〈太史公自序〉，頁9。

〔註57〕均詳第四章第三節「儒學黃老化──董仲舒思想的再發現」。

〔註58〕連西漢最具法家色彩的晁錯也都不能免除陰陽家法天、應四時的思想之影響。《漢書》，卷七四，〈魏相傳〉魏相曰：「孝文皇帝時以二月施恩惠於天下，賜孝弟力田及罷軍卒祠死事者，頗非其節。御史大夫晁錯時爲太子家令，奏言其狀。」詳細內容雖未錄，但亦可知晁錯也具有皇帝詔令應合時節之要求，頁6上。

我們推測「黃老」學派大約興起於戰國末年至秦漢之際，此時「黃帝」已被推為「無為」之遠祖，〔註59〕而與老子並稱。

　　「黃老」學派原屬道家是毋庸置疑的；但是戰國中晚期的老子信徒已無法肆應晚周衰亂之世的政治需求。在那列強競勝、急功近利的時代，縱橫之士奔走列國，諸侯且汲汲於富國強兵、兼并鄰國、擴張王權、加強統治諸事，連孟子的「不嗜殺人者能一之」都嫌不切實際，何況是老子的謙退、守柔、虛靜、知足、絕聖棄智……等高妙的哲理，更與現實需求背道而馳。因此「黃老」學派這一支道家末裔，為了在百家爭鳴的時代裡爭一席之地，於是在外表上，他們託始黃帝，以求超越其他學派；在內容上，則主要係擷取了法家治術以彌補原來老學所缺的用世之說，又借助陰陽家法天地、應四時的說法，一方面提高君位，一方面又做為君王施政之準則，並將「陰陽」這種符號轉化為所有相對觀念的依據，舉凡大小、高低、尊卑、美惡、貴賤、長短、長幼、先後、上下……都可以和「陰陽」配對，再擴大到人倫社會上，則君臣、父子、夫婦、兄弟……亦可歸為「陰陽」之說，由此來達到法家絕對秩序的要求。〔註60〕我們幾乎可以說「黃老」學說是扭曲了道家和陰陽家學說來助長法家治術的一種理論。他們還著書立說，假託黃帝、假託力牧、假託伊尹。〔註61〕他們舉的是「道家」旗幟，貢獻的是君人南面之術，因此大受統治者的歡迎，得以在長期亂戰後的漢初大行其道。

第二節　漢初的「黃老之治」

　　「黃老之治」的涵義既豐，則其面貌可因各人不同的個性與需要而有不同的表現，例如陳平表現為權謀智術，全身而又榮終；漢初的統治者操黃老之術，也各有不同表現。只因曹參相惠帝，以無為著稱；而文帝又恭儉愛民，

〔註59〕較申不害稍後的莊子書中的黃帝都還未達到這個境界。可參閱王叔岷師，前引文，頁147～148。

〔註60〕《黃帝四經》〈經法〉云：「天地有恒常，萬民有恒事，貴賤有恒立（位），畜臣有恒道，使民有恒度。天地之恒常：四時、晦明、生殺、輮（柔）剛；萬民之恒事：男農、女工；貴賤之恒立（位）：賢不宵（肖）不相放（妨）；畜臣之恒道：使能毋過其所長；使民之恒度：去私而立公。」頁194。

〔註61〕《漢書》〈藝文志〉「道家類」有《黃帝四經四篇》、《黃帝銘六篇》、《黃帝君臣十篇》、《雜黃帝五十八篇》、《力牧二十二篇》，頁36下～37上；《伊尹五十一篇》，頁33。

爲史家所讚，於是漢初朝廷的黃老之治，遂給人一種純粹是道家之治的錯覺。我們現在要試著撥開史書記載不詳的雲霧，來察看漢初黃老之治的眞實情形。

　　許多學者以爲文帝之後，朝廷方重「黃老」；〔註62〕其實，「黃老」學說在漢帝國初立時，已侵入朝廷，獲得朝廷大臣的普遍認同。我們試看一則佚文便可略見端倪。宣帝時丞相魏相引高祖所述書《天子所服第八》曰：

> 大謁者臣章受詔長樂宮，曰：「令群臣議天子所服，以安天下。」相國臣何、御史大夫臣昌，謹與將軍臣陵、太子太傅臣通等議：「春夏秋冬天子所服，當法天地之數，中得人和。故自天子王侯有土之君，下及兆民，能法天地、順四時，以治國家，身亡禍殃，年壽永究，是奉宗廟安天下之大禮也。臣請法之。中謁者趙堯舉春、李舜舉夏、兒湯舉秋、貢禹舉冬，四人各職一時。」大謁者襄章奏，制曰：「可。」〔註63〕

按高祖五年春卽帝位，七年長樂宮成，御史大夫周昌於九年徙爲趙丞相，〔註64〕因此令群臣議天子所服這件事，當發生於高祖七年到九年之間，最早可能在長樂宮初成時，最晚當在周昌徙爲趙丞相之前。從這段記載可以看到丞相蕭何、御史大夫周昌、將軍王陵、太子太傅叔孫通等朝廷最重要的大臣都一致通過遵守「黃老」學派的主張而建議高祖法天地、應四時以治天下；而春夏秋冬四時亦各置一官以奉宗廟大禮。如何知道這是「黃老」學說呢？〈伊尹·九主〉中，伊尹對商湯說：

> 法君者，法天地之則者。志曰：天日□□四時，復（覆）生萬物，神聖是則，以肥（配）天地。禮數四則，曰天綸。唯天不失企，四綸成則，古今四綸，道數不代（忒）。聖王是法，法則明分。……主法天，佐法地，輔臣法四時，民法萬物，此胃（謂）法則。天復（覆）地載，生長收臧（藏），分四時，故曰事分在職臣，是故受職……分也。……〔註65〕

蕭何等人便是根據這一類的學說來決定他們的奏議；而高祖也立卽批准，於此可知君臣都已接受「黃老」之說，開始黃老之治。

〔註62〕例如勞思光先生謂：「文帝以後，則朝中重《黃老》，似宗道家之言，……」，見：勞思光，《中國哲學史》，卷二，頁8。
〔註63〕《漢書》，卷七四，〈魏相傳〉，頁6上。
〔註64〕《史記》，卷二二，〈漢興以來將相名臣年表〉，頁3～4。
〔註65〕《帛書老子》，〈伊尹·九主〉，頁164～165。

　　前文已述及，「黃老」學派是假借道家及陰陽家之說來助成法家治術的一支道家末裔。他們之所以受漢王室歡迎，正是其中鮮明的法家理論大合統治者的脾胃。史書雖未明載「高祖好黃老之言」或「高祖好刑名」；但高祖接受黃老學說已經不成問題，而且高祖曾經力行了三件事情，表現出他「好法」的傾向，爲西漢法家之治的本質奠定長遠而深厚的基礎：一是殺丁公，以名責實，刑罰隨後；二是叔孫通制朝儀，尊君卑臣，高祖大喜；三是高祖下蕭何械繫，不欲臣有美政。

　　丁公者，季布母弟也，爲楚將時曾逐窘高祖，至短兵相接，高祖急顧丁公曰：「兩賢豈相戹哉？」於是丁公引還，高祖遂得解。簡言之，丁公對高祖有一命之恩。等到項王滅，丁公來謁見高祖，高祖卻謂丁公不忠而使項王失天下，卽斬之軍中，使後世爲人臣者知所儆效。〔註66〕這件事情，司馬溫公爲統治者講話，因此極力贊成高祖之曉天下以大義：

> 臣光曰：高祖起豐、沛以來，周羅豪傑，招亡納叛，亦已多矣。及卽帝位，而丁公獨以不忠受戮，何哉？夫進取之與守成，其勢不同。當群雄角逐之際，民無定主；來者受之，固其宜也。及貴爲天子，四海之內，無不爲臣；苟不明禮義以示之，使爲臣者，人懷貳心以徼大利，則國家其能久安乎！是故斷以大義，使天下曉然皆知爲臣不忠者無所自容；而懷私結恩者，雖至於活己，猶以義不與也。戮一人而千人懼，其慮事豈不深且遠哉！子孫享有天祿四百餘年，宜矣！〔註67〕

王夫之（船山，1619～1692）一眼看穿這不過是刑戮之實，假忠義之名以行之耳。因此極力抨擊溫公之論，並痛責高祖之不義：

> 以大義服天下者，以誠而已矣，未聞其以術也。奉義爲術而義始賊。義者，心之制也，非天下之名也。心所勿安，而忍爲之以標其名，天下乃以義爲拂人之心，而不和順於理。……欲懲人臣之叛其主而先叛其生我之恩，且囂然曰：「是天下之公義也。」則借義以爲利，而吾心之惻隱亡矣！……使天下知爲臣不忠者之誅，而畏卽於刑，乃使吾心違其恩怨之本懷，矯焉自誣以收其利，然其義爲賊仁之斧，而利之圅也乎。故赦季布而用之善矣，足以勸臣子之忠矣；若丁公

〔註66〕　《史記》，卷一〇〇，〈季布傳〉，頁8。
〔註67〕　《資治通鑑》，卷一一，〈漢紀・高帝五年〉，頁360～361。

　　者，廢而勿用可也，斬之則導天下以忘恩矣！恩可忘矣，苟非刑戮
　　以隨其後，則君父罔極之恩，孰不可忘也。嗚呼！此三代以下，以
　　義爲名爲利，而悖其天良之大愿也。〔註68〕

我們回顧史實，可以確定高祖的確是藉「不忠」爲名，而斬丁公以示眾的。丁公是高祖循名以責實、法家作風之下的犧牲品；而且丁公又曾是高祖恩人，這就更加深了高祖的殘忍。朱子曾指責唐太宗「假仁借義以行其私」，〔註69〕在這裡我們不妨借用朱子的話，來說漢高祖是「假忠借義以行其私」。人君向臣下責求一個羅織出來的名義——這與後世帝王之「以理殺人」同樣殘酷——則臣下已退無所據；何況人君是用背恩來責求臣下之不忠不義，則臣下將何所逃於天地之間？高祖這一曉天下以大義，豈止爲子孫慮事深遠，實堪爲二千年專制君王立下無比威權的楷模。

　　高祖與唯一的相國蕭何，有著深厚長久的交情。始自高祖微時，蕭何便常護助高祖，此後一生追隨高祖，未曾有貳心，可謂忠矣，然仍未得高祖之信任，須時時提防高祖之疑忌。最後高祖乃藉蕭何多受賈人財物，卻爲民請上林苑一事而震怒，下蕭何廷尉械繫之。高祖的理由是「李斯相秦皇帝，有善歸主，有惡自與。今相國……自媚於民，故繫治之。」高祖雖受王衛尉提醒李斯之法不足法，而釋放蕭何，事實上並沒有改變他對臣下的要求，因此年事已高的蕭相國仍然必須誠惶誠恐地「徒跣」謝罪。〔註70〕

　　這兩件事再加上叔孫通定朝儀，群臣竦懼乎下，〔註71〕西漢君王的威權大致已確立。我們可以從文帝時，賈山所上的「至言」中，側面得知漢初人主之威勢：

　　雷霆之所擊，無不摧折者；萬鈞之所壓，無不糜滅者。今人主之威，
　　非特雷霆也；勢重，非特萬鈞也。……震之以威，壓之以重，則雖
　　有堯舜之智、孟賁之勇，豈有不摧折者哉？〔註72〕

卽如「恭儉」的文帝在位，統治者的威勢都已是雷霆兼萬鈞，則武帝宣帝時代的威勢，就更可「摧折」人臣了。這樣君尊臣懼的事，後世君王如何肯變？

〔註68〕《讀通鑑論》，卷二，〈漢高帝〉，頁7上～下。
〔註69〕《朱子語類》，卷一三五，頁1下。
〔註70〕事見《史記》，卷五三，〈蕭相國世家〉，頁2～13，可與第四章第三節註123參看。
〔註71〕已詳第一章第三節註102至104。
〔註72〕《漢書》，卷五一，〈賈山傳〉，頁3上～下。

　　以上是漢帝國初立時，統治者心態上很明顯的法家取向。此外，帝國法令的制作，亦循秦之故迹而稍作改易：「相國蕭何據摭秦法，取其宜於時者，作律九章。」〔註73〕則蕭何所作之九律，不過爲秦法而宜於漢者，名爲漢律，仍以秦法爲本。秦法雖非盡爲惡法，但總以嚴刑峻法爲多；而且蕭何作律並未潛心去其酷，這項事實我們從後來惠帝、呂后、文帝、景帝陸陸續續廢除部分秦之苛法可以得到充分的證明。因此，漢初的法律還是秦法之縮影；繼蕭何爲相的曹參，是舉世聞名的「無爲」之相國，行事一遵蕭何約束，無所變更。他所憑藉以無爲，並開導惠帝垂拱而治的，就是「法令既明」，因此君臣只要垂拱守職，便可相安無事，惠帝嘉善其言。〔註74〕從這裡，我們知道蕭所規、曹所隨者，還是不離秦法之律則；只是朝廷對老百姓盡量做到不擾民罷了。

　　惠帝仁弱，曹參復佐以寬和寧一之政；惠帝卒後，呂后臨朝，忙於翦除劉姓、佈置呂氏政權，未暇外顧，臣民反得休養。因此，惠帝呂后這段期間，表現出來的是不擾民的道家之治：「孝惠皇帝、高后之時，黎民得離戰國之苦，君臣俱欲休息乎無爲。故惠帝垂拱，高后女主稱制，政不出房戶，天下晏然，刑罰罕用，罪人是希，民務稼穡，衣食滋殖。」〔註75〕且於惠帝四年春正月，舉孝弟力田，三月省法令妨吏民者，除挾書律；呂后元年春正月，詔除三族罪、妖言令。〔註76〕這些措施，讓臣民從誅罰刻深的秦法中稍得解脫，得到言論、行動、讀書及免於恐懼等之自由，對於文化的紹承和民族生機的恢復，都有很大的貢獻，這是「黃老之治」的正面效果。

　　文帝以外藩入主朝廷，先天上居於劣勢，一則不敢得罪迎他入主的高祖遺老，二則不能收服專橫的幼弟淮南王長。文帝大約有識於此，再加上他本人個性之偏好，於是充分發揮道家守柔之術，以靜制動：於個人生活，自奉儉樸；〔註77〕於元元百姓，表現慈愛；〔註78〕於諸侯驕恣，表現寬容；於

〔註73〕同上書，卷二三，〈刑法志〉，頁12上。
〔註74〕《史記》，卷五四，〈曹相國世家〉，頁14～17。
〔註75〕同上書，卷九，〈呂后本紀〉贊，頁37～38。
〔註76〕《漢書》，卷二，〈惠帝紀〉，頁5上，卷三，〈高后紀〉，頁2上。
〔註77〕《史記》，卷一〇，〈文帝本紀〉：「孝文帝從代來，即位廿三年，宮室苑囿、狗馬服御，無所增益。……嘗欲作露臺，召匠計，直百金，上曰：百金，中民十家之產，吾奉先帝宮室，常恐羞之。何以臺爲？上常衣綈衣，所幸愼夫人，令衣不得曳地，幃帳不得文繡，以示敦朴，爲天下先。治霸陵皆以瓦器，不得以金銀銅錫爲飾，不治墳，欲爲省毋煩民。」頁38～39。

賈山激切指陳，表現廣納諫諍；〔註79〕於賈誼、晁錯奏請改革，表現不敢
爲天下先。〔註80〕偶而再稍微表現專制帝王之本色，如好射獵；〔註81〕如
寵宦官；〔註82〕如令親舅自殺；如藉新垣平事件，不著痕迹地恢復三族罪；
如強令中行說傅公主與匈奴和親，種下百年禍端；如奉事太子的是治刑名的
晁錯與張歐。今舉其影響大者以觀文帝之治。

　　首先是寬容諸侯。文帝卽位時，高祖僅存二子，卽文帝與淮南王長，因
此淮南王自以爲與天子最親而驕蹇，屢次不奉漢法，文帝皆寬恕之；入朝，
與文帝同輦，逕呼文帝爲「大兄」，文帝亦不治，薄太后及諸大臣皆憚之；
歸國後益驕恣，自制法令，不聽命朝廷，文帝只是遣將軍薄昭前往數以八大
罪狀；淮南王聞之，不悅，謀反，大臣皆論棄市，文帝不忍加誅，只是廢徙
蜀道；淮南王死道中，文帝悲哭，後以王之三子分封淮南故地，仍不能免除
淮南王安對朝廷之宿怨。〔註83〕這是文帝對乃弟的作風，養其坐大，有點接
近「鄭伯克段于鄢」之行迹。對堂兄弟吳王濞，則時張時弛，卒以容忍釋之。
吳王濞於惠帝呂后時，已因採豫章銅、自鑄錢，並煑海水爲鹽，而國用饒足，
民無賦；文帝時，吳國復年年選舉茂材、賞賜鄉里，招致郡國亡命，其賢其
富皆可敵漢室。後吳太子與皇太子爭博，吳太子死，文帝亦不治皇太子，吳
王因此佯病不朝，文帝則賜以几杖。〔註84〕淮南與吳的強大、驕橫，賈誼和
晁錯都引爲大患，〔註85〕屢諫文帝正視，早日制裁，而文帝皆「寬，不忍罰」。

〔註78〕元年（按：〈刑法志〉作二年）詔除收孥相坐律；二年春正月親耕籍田，夏除
　　　　誹謗妖言法；十三年因緹縈書，除肉刑，六月詔除田租稅。見《漢書》，卷四，
　　　　〈文帝紀〉，頁5下、10上、10下、14下。
〔註79〕已見第一章第三節註120。
〔註80〕例如賈誼建議「改定制度，以漢爲土德色上黃，數用五」；晁錯言宜削諸侯、
　　　　更定法令，文帝俱未採納。見《漢書》，卷四八，〈賈誼傳〉贊，頁36上；卷
　　　　四九，〈晁錯傳〉，頁22上。
〔註81〕賈山〈至言〉云：「……今方正之士皆在朝廷矣，又選其賢者使爲常侍諸史，
　　　　與之馳敺馳獵，一日再三出」；賈誼〈治安策〉亦曰：「夫射獵之娛，與安危
　　　　之機孰急？……今不獵猛敵而獵田彘，不博反寇而博畜菟，翫細娛而不圖大
　　　　患，非所以爲安也。」見《漢書》，卷四九，〈賈山傳〉，頁7上；卷四八，〈賈
　　　　誼傳〉，頁9下及17下。
〔註82〕《漢書》，卷四九，〈爰盎傳〉：「宦者趙談以數幸」，與文帝共車，爰盎辱之。
　　　　頁3上。
〔註83〕《漢書》，卷四四，〈淮南王傳〉，頁1下～8上。
〔註84〕同上書，卷三五，〈吳王劉濞傳〉，頁4下～5下。
〔註85〕賈誼視諸侯之日益壯大爲當今國家最大問題：「可謂哭者此病是也」。見《漢

〔註 86〕留待七國反於景帝，淮南王安反於武帝，予其子孫收拾局面，而己身不預焉。〔註 87〕

　　其次是匈奴事件。漢之初興，匈奴雖已滋事犯邊、侮慢呂后，〔註 88〕猶爲北方粗放的游牧民族，對漢帝國之虛實並無瞭解。文帝六年，與匈奴和親，使宦者中行說隨公主同去；中行說不肯，漢強迫行之，中行說乃曰：「必我行之，爲漢患者。」後中行說果降匈奴，「教單于左右疏記，以計課其人眾畜物。」更重要的是，「教單于候秋孰，以騎馳蹂而稼穡耳」！從此匈奴寇邊變得狡猾，知算計、知候利害處；而文帝發兵往往出塞卽還，不能有所殺，因此「匈奴日益驕，歲入邊，殺掠人民畜產甚多。」〔註 89〕又留給武帝一項艱難的工作，傾天下之力，才勉強克服。

　　將軍薄昭是文帝親舅，曾爲漢使數淮南王長之罪狀，後「自殺」。《漢書》〈文帝紀〉，顏師古引鄭氏注此事曰：「昭殺漢使者，帝不忍加誅，使公卿從之飲酒，欲令自引分；昭不肯，使群臣喪服往哭之，乃自殺。」〔註 90〕而班固「外戚恩澤表」只云：「坐殺漢使者自殺」。〔註 91〕這件事如果依照班固之說，則文帝對親舅仍行相坐之法；如果根據鄭氏之注，則文帝強使親舅自殺的手段，可謂絕招，很靈活地運用了老子「無爲而無不爲」的原則，高明地處決了薄昭。新垣平事見於《史記》〈封禪書〉，簡單地說，就是新垣平阿上，使文帝立祠廟，行禮如儀；又令人獻玉杯，上刻「人主延壽」，於是文帝改元，令天下大酺；後有人告新垣平所言之事皆詐，因此誅夷新垣平。〔註 92〕《漢書》〈刑法志〉載爲「新垣平謀爲逆，復行三族之誅。」〔註 93〕薄昭事在文帝十年，新垣平事在後元元年；方文帝二年時，曾與丞相、太尉、御史

書》，卷四八，〈貫誼傳〉，頁 16 上。
〔註 86〕《漢書》，卷三五，〈吳王劉濞傳〉，頁 6 上。
〔註 87〕文帝其實是頗留意此事的，而且也預見諸侯終將有事，因此臨崩前交代景帝：「卽有緩急，周亞夫眞可任將兵。」見《史記》，卷五七，〈絳侯周勃世家〉，頁 17。而七國反時，景帝果然依文帝之囑，徵用周亞夫以平亂。
〔註 88〕惠帝三年，冒頓單于書高后曰：「孤償之君，生於沮澤之中，長於平野牛馬之域，數至邊境，願游中國。陛下孤償獨居。兩主不樂，無以自虞，願以所有易其所無。」見《漢書》，卷九四上，〈匈奴傳〉，頁 9 上～下。
〔註 89〕《史記》，卷一一〇，〈匈奴傳〉，頁 34～37。
〔註 90〕《漢書》，卷四，頁 13 下。
〔註 91〕同上書，卷一八，頁 6 上。
〔註 92〕《史記》，卷二八，〈封禪書〉，頁 41～44。
〔註 93〕《漢書》，卷二三，〈刑法志〉，頁 18 上。

議收孥之律及相坐之法,當時的結果是「盡除收律、相坐法」;〔註94〕卻在數年後,文帝便藉薄昭復行相坐之法、藉新垣平復三族之誅。〔註95〕在正史上我們找不到薄昭有大過錯;新垣平逢迎文帝而使詐,亦非大逆不道,何至於前者強令自殺、後者夷其三族?不論司馬溫公怎樣爲文帝維持漢法尊嚴辯解,〔註96〕這兩個個案,文帝都不能免「刑重」之名。且文帝於淮南王不孝、不賢、不誼、不順、無禮、不仁、不知、不祥,〔註97〕都能寬容,對薄昭、新垣平兩人並不危及國家之過失,反而施以重刑,此誠掌握掌罰利器,深不可測之仁君。

　　文帝之好刑名,從太子教育的安排上,最可以獲得有力旁證。賈誼苦口建議文帝循周初之法教太子,文帝未採,反而嘉善晁錯教太子以術數之議。晁錯曰:

> 人主所以尊顯功名、揚名於萬世之後者,以知術數也。故人主知所以臨制臣下而治其眾,則群臣畏服矣;知所以聽言受事,則不欺蔽矣;知所以安利萬民,則海內必從矣;知所以忠孝事上,則臣子之行備矣。此四者,臣竊爲皇太子急之。……竊觀上世之君,不能奉其宗廟而劫殺其臣者,皆不知術數者也。皇太子所讀書多矣,而未深知術數者,不問書說也。夫多誦而不知其說,所謂勞苦而不爲功。臣竊觀皇太子材智高奇,馳射伎藝,過人絕遠,然於術數未有所守者,以陛下爲心也。竊願陛下幸擇聖人之術可用今世者,以賜皇太子,因時使太子陳明於前,唯陛下裁察。〔註98〕

晁錯此議之內容,完全是法家之言,文帝不但善之,還「拜錯爲太子家令」,晁錯並以善辯得幸於太子,號爲「智囊」。〔註99〕此外,景帝時的御史大夫張歐,於文帝時,亦「以治刑名言,事太子」。〔註100〕在這兩位專攻刑名之學的

〔註94〕同上卷,頁 17 下～18 上。
〔註95〕廢於呂后元年,見註 76。
〔註96〕《資治通鑑》,卷一四,〈漢紀六·文帝前十年〉,臣光曰:「……臣愚以爲法者天下之公器,惟善持法者,親疏如一,無所不行,則人莫敢有所恃而犯之也。夫薄昭雖素稱長者,文帝不爲置賢師傅而用之典兵;驕而犯上,至於殺漢使者,非有恃而然乎!若又從而赦之,則與成、哀之世何異哉?」,頁482。
〔註97〕《漢書》,卷四四,〈淮南王傳〉,頁 3 上～下。
〔註98〕同上書,卷四九,〈晁錯傳〉,頁 8 下～9 上。
〔註99〕同上卷,頁 9 上。
〔註100〕《史記》卷一○三,〈張叔列傳〉,頁 17。

大師〔註 101〕影響下，終於調教出殘刻的景帝來。

　　此處我們有必要對漢初如此盛行的「刑名」之學先作一番考察。前面我們已經提到劉向《別錄》把「刑名」之學釋爲：「申子之學號刑名。刑名者，以名責實，尊君卑臣，崇上抑下」；並據《群書治要》所輯引《申子》〈大體篇〉，說明申子「刑名」之學乃游於道、名、法三家之間，提供人主馭下之「術」。但是《史記會注考證》瀧川龜太郎引清朝王鳴盛曰：「刑非刑罰之刑，與形同，古字通用，形名猶言名實。故其論曰：申子卑卑，施之於名實。」〔註 102〕若就「刑」與「形」字通而言，則「刑名」之學僅爲「名實」之學；只是一種形上學的思辨，猶如公孫龍、惠施之辨堅白同異，殊不涉及統治技術。王鳴盛此說亦非妄言，我們可以找到證據他的說法，第一是「刑」與「形」兩字古用法確實可通；第二是「刑名」之學可以只是形上的理論。試觀《黃帝四經》中，「刑」與「形」通者俯拾皆是，其中更有許多「刑名」之言，是在討論「名」之源始的：

1. 有物始□，建於地而涹（溢）於天，莫見其刑（形），太盈冬（終）天地之間而莫知其名。〔註 103〕
2. 陰陽未定，吾未有以名，今始判爲兩，分爲陰陽，離爲四〔時〕。〔註 104〕
3. 人皆以之，莫知其名；人皆用之，莫見其形。〔註 105〕
4. 顯明弗能爲名，廣大弗能爲形。〔註 106〕
5. 昔天地旣成，正若有名，合若有刑（形）□，以守一名。〔註 107〕
6. 天地立名，□□自生，以隋（隨）天刑。〔註 108〕
7. 有物將來，其刑（形）先之；建以其刑（形），名以其名。〔註 109〕
8. 授之以其名，而萬物自定。〔註 110〕

以上討論天地萬物之定名過程，其旨趣與《老子》「名，可名，非常名。

〔註 101〕《漢書》，卷四九，〈晁錯傳〉：「學申商刑名於軹張恢生所。」，頁 8 上。
〔註 102〕《史記》，卷六三，〈老子韓非列傳〉，頁 13。
〔註 103〕〈經法〉，頁 207。
〔註 104〕〈十大經〉，頁 212。
〔註 105〕〈道原〉，頁 235。
〔註 106〕同上註。
〔註 107〕〈十大經〉，頁 219。
〔註 108〕同上篇，頁 216。
〔註 109〕〈稱〉，頁 227。
〔註 110〕〈道原〉，頁 236。

無，名天地之始；有，名萬物之母。」〔註111〕頗為相近，因此王鳴盛指出司馬遷述及申子之學有這樣的說法：「申子卑卑，施之於名實；韓子引繩墨，……皆原於道德之意，而老子深遠矣。」〔註112〕

可是「黃老之學」其旨趣並不止於形上之思辨，它的目的還是要提供人君南面之術——否則「黃老之學」如何在漢初稱霸政壇，風靡六、七十年之久？文帝之好「刑名」之言，豈是因為這種哲學思考？何況玄理並不能直接作為政治之用，因此不論是「刑名」或「形名」，落到現實政治來，都會變成統治技術之一種，輕者循名責實，察其情偽，如前引《申子》〈大體篇〉所言；重者賞罰隨其後，如韓非所主張：

> 人主將欲禁姦，則審合形名。形名者，言與事也。為人臣者陳而言，君以其言授之事，專以其事責其功。功當其事、事當其言，則賞；功不當其事，事不當其言，則罰。故群臣言大而功小者，則罰，非罰小功也，罰功不當名也；群臣其言小而功大者，亦罰，非不悅於大功也，以為不當名也，害甚於有大功者，故罰。〔註113〕

換句話說，即是用賞罰，尤其是罰，來嚴厲要求名實之相符，使群臣不得逾分越職，令人人刻板遵守，而達到完全統一的效果。我們再檢視《黃帝四經》的內容，發現它的「名實」要求，不像韓非那樣慘刻，〔註114〕而與申不害之說十分接近：

9. 刑（形）名立，則黑白之分已。故執道者之觀於天下殹（也），无執殹（也）、无處也、无為殹（也）、无私殹（也）。是故天下有事，无自為刑（形）名聲號矣。刑（形）名已立，聲號已建，則无所逃迹匿正矣。〔註115〕

10. 美亞（惡）有名，逆順有刑（形），請（情）偽有實，王公執□以為天下正。〔註116〕

〔註111〕《老子》，第一章，上篇，頁1上。

〔註112〕同註102。

〔註113〕《韓非子》，卷二，〈二柄第七〉，頁6下～7上。

〔註114〕韓非也有不激烈的刑名之學，如〈主道第五〉言：「故虛靜以待令，令名自命，令事自定也。虛則知實之情，靜則知動之正。有言者自為名，有事者自為形。形名參同，君乃無事焉，歸之其情。」頁10上。此與下引《黃帝四經》〈經法〉篇之說頗多相似之處。

〔註115〕〈經法〉，頁193。

〔註116〕同上篇，頁201。

11. 審三名以爲萬事□，察逆順以觀於朝（霸）王危亡之理，知虛實動靜之
　　所爲，達於名實□應，盡知請（情）僞而不惑，然後帝王之道成。〔註117〕

12. 欲知得失，請必審名察刑（形）。刑（形）恒自定；是我俞（愈）靜；
　　事恒自㐀（施），是我无爲。〔註118〕

　　這些主張才是形名之學的最後目的，可以說都是在爲「王公」、「帝王之道」設想，而歸於無爲，很明顯地是在向統治者提供統治技術，而以審察形名情僞作爲統治之初機。因此王鳴盛將「刑名」解爲「形名」固然正確，但並不能包括形名之學的全部內容，尤其是帝王所好的形名之學當以劉向的說法爲勝。

　　景帝於元年復收民田半租三十而稅一，中六年減笞法、定箠法，〔註119〕這兩項措施，算是景帝在位時的德政，其餘則無可敘述。他施政最傑出的表現是處置晁錯。晁錯建議文帝削藩，文帝不聽；景帝時，晁錯爲御史大夫，貴幸。景帝因其言而藉機削楚東海郡、趙常山郡、及膠西六縣，諸侯震恐，多怨晁錯；及削吳會稽、豫章群之書至，吳王便起兵反，膠西、膠東、菑川、濟南、楚、趙亦皆反，而以誅錯爲名。〔註120〕當是時，晁錯彷彿人神共憤，唯景帝得庇護之；而景帝卻聽從爰盎斬錯以止反之計，批准廷尉張歐等人誅錯三族之奏，於是晁錯「衣朝衣斬東市」。〔註121〕未知晁錯臨刑前是否後悔教太子以術數？法家所謂的君臣之道，是君無爲而臨制群下，臣有爲而忠孝事上，因此一旦有事，則主恒無辜而臣恒有罪。韓非不云乎：

> 明君之道，使智者盡其慮，而君因以斷事，故君不窮於智；賢者敕其
> 材，君因而任之，故君不窮於能；有功則君有其賢，有過則臣任其罪，
> 故君子不窮於名。是故不賢而爲賢者師，不智而爲上智者正。臣有其
> 勞，君有其成功，此之謂賢主之經也。〔註122〕

可見晁錯只是一味激進，他教景帝以申商刑名之學，景帝卻拿韓非之學來治理他。以法家之術得仕進者，終不免要敗亡在法家之術中，李斯、晁錯都是最好的例證。

〔註117〕同上篇，頁203。
〔註118〕〈十大經〉，頁224。
〔註119〕《漢書》，卷五，〈景帝紀〉，頁3上及8下。
〔註120〕同上書，卷三五，〈吳王劉濞傳〉，頁6上～8下。
〔註121〕同上書，卷四九，〈晁錯傳〉，頁24上。
〔註122〕《韓非子》，卷一，〈主道第五〉，頁10下～11上。

　　景帝另一個法家傾向的表現，是對轅固生與黃生論辯湯武革命的處理方式。史載轅固生與黃生辯於景帝前：

> 黃生曰：「湯武非受命，乃弒也。」轅固生曰：「不然。夫桀紂虐亂，天下之心皆歸湯武。湯武與天下之心而誅桀紂，桀紂之民不爲之使，而歸湯武。湯武不得已而立，非受命爲何？」黃生曰：「冠雖敝，必加於首；履雖新，必關於足。何者？上下之分也。今桀紂雖失道，然君上也；湯武雖聖，臣下也。夫主有失行，臣不能正言匡過以尊天子，反因過而誅之，代立踐南面，非弒而何也？」轅固生曰：「必若所云，是高帝代秦，卽天子之位，非邪？」〔註123〕

轅固生是清河王太傅，治《詩》，景帝時爲博士，他所持的是先秦儒家的說法，桀紂旣已失道，民心旣已歸向湯武，則桀紂不復爲君，而湯武亦已受命；因此湯武之革命，是誅殺一夫，而非弒君。這個理論乃立基於孟子以民爲本、君臣以義相待的主張。法家則主張絕對的君尊臣卑，他們最常見的是以冠與履做爲比喻，來說明上下之絕對不可易位。〔註124〕黃生似乎持之有故，言之成理，統治者爲己身計、爲日後子孫計，必定支持這種說法。是以當轅固生提出高帝代秦卽帝位來反駁黃生時，不啻動搖國本，打擊漢政權的合法性，景帝因此趕快出面調停，說：「食肉不食馬肝，不爲不知味；言學者無言湯武受命，不爲愚。」而且立刻結束這次的論辯。〔註125〕景帝護衛法家的態度，從這件事可以很明顯的看出來。

　　以上我們所見到的是漢初朝廷的黃老之治，簡單地說，是以清靜無爲養民，以刑名法術馭臣，〔註126〕而達成西漢治世。當時「黃老」之風所以盛行，一則完全符合社會休養生息的需要；二則投合君王所好，易於顯達，〔註127〕

〔註123〕《史記》，卷一二一，〈儒林列傳〉，頁16～17。

〔註124〕《韓非子》，卷一二，〈外儲說左第三三〉：「簡主謂：冠雖賤，頭必戴之；履雖貴，足必履之。」頁6下；「貴仲曰：冠雖穿敝，必戴於頭；履雖五采，必踐之地。」同上頁。賈誼亦有所聞：「臣聞之，履雖鮮，不加於枕；冠雖敝，不以苴履。」見《漢書》，卷四八，〈賈誼傳・治安策〉，頁28下。

〔註125〕同註123。

〔註126〕往日的學者提到漢初的黃老之治，多著重其道家一面，如《史記》司馬貞索隱引劉氏曰：「黃老之治不尚繁華，清簡無爲，君臣自正。」見《史記》，卷六三，〈韓非列傳〉索隱，頁14。

〔註127〕《漢書》，卷四九，〈鼂錯傳〉：「鄧公，成固人也，多奇計。…其子章，以脩黃老言，顯於諸公間。」頁24下。

因此漢初諸臣趨之若鶩。當是時，唯有賈誼反對無為之治：「……然而獻計者類曰無動為大耳。夫無動而可以振天下之敗者何等也？曰為大夫治可也；若為大亂豈若其小。悲夫！俗至不敬也，至無等也，至冒其上也，進計者猶曰無為。可為長太息者此也。」〔註128〕賈誼這段話，顯示當社會風氣之二端：法度敗壞及無為之普遍喜好。同時也指出，無為之治只適用於小地方，不能施於大國。小地方可以施行道家的無為之治，大國則不免要運用法家的無為之治。因為小地方不必涉及君臣之間名分、權力的緊張關係，所以毋需施以刑名之術，只要不擾民，輕易便能達成美政，尤其是在長期大亂之後，百姓急欲休養生息之時。西漢時，除了曹參相齊國九年，用黃老術，齊國安東，名噪一時之外；武帝時，汲黯為東海太守，治官理民，好清靜，歲餘，東海大治〔註129〕亦頗負盛名。從這個實例，我們可以說老子的政治理想還是比較適合他自己所嚮往的小國寡民。〔註130〕

第三節　漢初「黃老之治」的影響

　　根據以上的敘述與分析，我們可以很清楚地看到漢初政治發展的一條明顯線索：自高祖斬丁公曉天下以效忠之義以降，西漢政權一直在政簡刑寬的表相下，朝著法家尊君之治邁進。「知時變」的叔孫通除了制定朝儀，令群臣莫不振恐，以達尊君之效外，並教導惠帝以「人主無過舉」，〔註131〕蓋夸飾人主完美，亦是尊君之一途。文帝是最典型的黃老之治的君王：他的道家作風達到了老子的要求：「一曰慈，二曰儉，三曰不敢為天下先」；〔註132〕他的法家作風，則表現出賞罰利器不示人的神明之術。〔註133〕如此恭儉而不可測，更提高了臣民對他的敬畏。甚至朱子還讚美他：「文帝學申韓刑名黃老清靜亦

〔註128〕賈誼，《新書》，卷三，〈孽產子〉，頁7上。

〔註129〕《史記》，卷一二〇，〈汲黯傳〉，頁3。

〔註130〕另外，許倬雲先生從社會史及地方制度史的眼光分析漢初郡守及諸侯王相之職責乃在軍事（監督諸侯），不在治民（掌管庶務），因此郡守及諸侯王相的「臥治」是有可能的。見：許倬雲，〈西漢政權與社會勢力的交互作用〉，前引書，頁461～462。許先生這種說法提供我們做另一個角度的省察。

〔註131〕《史記》，〈叔孫通傳〉，頁20～21。

〔註132〕《老子》，第六七章，下篇，頁18下。

〔註133〕《韓非子》，卷一六，〈難三第三十八〉：「術者，藏之於胸中，以偶眾端，而潛御群臣者也。故法莫如顯，而術不欲見。……用術，則親愛近習莫之得聞也。」頁7上。

甚雜；但是天資高，故所為多近厚；至景帝以刻薄之資，又輔以慘刻之學，故所為不如文帝。」〔註134〕在當時，賈誼還有一套禮遇大臣的主張，落到文帝手中，卻造成反效果。賈誼的理論，簡而言之，就是「禮臣即尊君」，他說：

> 人主之尊譬如堂，群臣如陛，眾庶如地。故陛九級上，廉遠地，則堂高；陛亡級、廉近地，則堂卑。高者難攀，卑者易陵，理勢然也。……廉恥節禮以治君子，故有賜死而亡戮辱，是以黥劓之罪不及大夫，以其離主上不遠也。……君之寵臣雖或有過，刑戮之罪不加其身者，尊君之故也。此所以為主上豫遠不敬也，所以禮貌大臣而屬其節也。……今而有過，帝令廢之可也，退之可也，賜之死可也，滅之可也；若令束縛之，係緤之，輸之司寇、編之徒官，司寇小吏詈罵而榜笞之，殆非所以令眾庶見也。……〔註135〕

下面還有一大篇君上以廉恥禮義善遇臣下之理，此處不一一備錄。賈誼的學術淵源十分駁雜，提拔他的吳廷尉說他「頗通諸家之書」，而其持論大部分也以儒家思想為主；但他又有很濃厚的法家思想傳承，因此形成他儒法兼具的主張。他眼見絳侯周勃被告謀反，繫長安獄治，受到獄卒小吏的屈辱，〔註136〕因此「為文譏上」，〔註137〕提倡刑不上大夫以屬其志節的儒家之說；但他又有冠履不得倒置的絕對尊君觀念，於是綜合儒法兩家，形成既要尊君、又要禮臣，而且是「禮遇大臣即是尊隆人主」的主張。文帝固然「深納其言，養臣下有節」；〔註138〕另一方面也持賈誼「帝令廢之可也，退之可也，賜之死可也，滅之可也」之論甚緊，因此「是後大臣有罪，皆自殺」。〔註139〕文帝既是「無為」而又好刑名之君，則臣下「有罪」的機會就太多了。大臣「有罪」，或賜死，或自殺之風氣，自此之後彌漫整個西漢朝廷。在這個「名為屬節，內實殺人」的要求下，正不知有多少知識份子犧牲生命來成就漢朝為後世所稱美的「氣節」。

　　而景帝斬晁錯的效果是：

〔註134〕《朱子語類》，卷一三五，頁4下。
〔註135〕《漢書》，卷四八，〈賈誼傳·治安策〉，頁27下～28上。
〔註136〕周勃無罪釋獄時，曾慨然曰：「吾嘗將百萬軍，安知獄吏之貴也。」見《史記》，卷五七，〈絳侯周勃世家〉，頁14。
〔註137〕《漢書》，卷四八，〈賈誼傳〉，頁31下。
〔註138〕同上註。
〔註139〕同上註。

　　　　是後官者養安交祿而已，莫敢復議。〔註140〕

罷轅固生與黃生爭論湯武革命，也有異曲同工之效：

　　　　最後學者莫敢明受命放殺者。〔註141〕

可以想見經過這兩次事件，「官者」與「學者」爲求自保，都收斂了他們的議論：學者不敢持儒家之道來對抗法家主張，官者也要時刻提防景帝以法家之術加諸其身。三代燕享群臣的氣象，至此消滅殆盡。君臣之間差距愈大，君位自然愈加提高。自高祖定天下之來，尊君卑臣之勢，到了景帝已是情況大明，爲武帝陰行法家治術奠定堅實基礎。可以說武帝的法家之治，實際上是紹承先祖之業，只是漢初緣飾以道家之術，而武帝緣飾以儒家之術耳。

　　漢初盛極一時的黃老之學，在武帝獨尊儒術之下，道家部分遂在朝廷隱去，從此不再在中國帝王專制的政治史上扮演重要角色，而以其清靜無爲遠離政壇，成爲知識份子「顯達則儒，窮厄則道」的退守之據；法家與陰陽家部分則透過董仲舒之「爲儒者宗」的地位，深入地滲透到漢儒以及後代學者的思想中，牢牢地鞏固了二千年的專制政體。

〔註140〕《史記》，卷二三，〈禮書〉，頁7。

〔註141〕同註125。

第四章　基本國策的擬定與實施——陽儒陰法

第一節　「黃老之治」的結束

　　根據上章的分析，我們可以說「黃老之治」在漢初得勢是客觀環境所促成：秦以酷法繁役，二世而絕；漢初記取民怨之鑑，盡量寬待百姓，以博取向心力。斯時「以百姓心爲心」〔註1〕的老子主張深合時代之需，因此道家治術應運而起，自惠帝至武帝初立，盛行了六十年。可是到了武帝時期，它不得不功成身退，卻也有其客觀因素。因爲與民休息的黃老之治固然使老百姓得到充分休養生息，府庫賴以充盈，一副盛世景象：「至今上卽位數歲，漢興七十餘年之間，國家無事，非遇水旱之災，民則人給家足，都鄙廩庾皆滿，而府庫餘貨財。京師之錢累巨萬，貫朽而不可校；太倉之粟陳陳相因，充溢露積於外，至腐敗不可食。眾庶街巷有馬，阡陌之間成群，而乘字牝者儐而不得聚會。守閭閻者食粱肉，爲吏者長子孫，居官者以爲姓號。」〔註2〕然其中亦隱藏許多社會問題：「當此之時，網疏而民富，役財驕溢，或至兼幷豪黨之徒，以武斷於鄉曲。宗室有土公卿大夫以下，爭于奢侈、室廬輿服，僭于上、無限度。物盛而衰，固其變也。」〔註3〕以及自文帝便開始嚴重的匈奴入侵、諸侯王坐大等棘手的外交、內政問題。這些潛藏的伏流，非但不是「無

〔註1〕　同第一章註190。
〔註2〕　《史記》，卷三〇，〈平準書〉，頁6～7。
〔註3〕　同上卷，頁7～8。

爲」便能「無所不爲」，而且有待英明的人君來大刀闊斧才能稍得解決，再不是清靜無爲的「黃老之治」所能勝任。

我們再從實際政治及學術理論兩方面的缺陷，來看黃老之治到了武帝時不再適用的原因。在學術理論上，（1）道家之主張本非用來「治事」：老子多次強調「無爲」，〔註4〕本在撤除一切政治制度，聽民自爲，因此他的政治主張缺乏處理庶事的具體對策，易言之，老子政治思想欠缺解決實際政治問題的能力，一旦國家有事，便不免要束手無策。我們可以說道家政治思想在學理上最高妙，但在實際政治上卻最無能，這也是爲什麼戰國末年到秦漢之際，「黃老」一派援法入道的一個原因。（2）道家思想本不適用於「治世」：先秦諸子的思想固皆因東周世亂而起，然大部分都爲積極的救世觀，唯老莊主張遜退寧靜、全性保眞，爲消極的遁世。這種悲觀的個人自保自得的態度，與經濟繁榮、百姓生活安定、國家有公平合理的擢才制度之治世格格不入，蓋此時知識份子莫不積極求進，一展抱負，因此「無爲」、「退隱」、「返本歸眞」……等思想，在治世只好告退。在實際政治上，我們可以說清靜無爲的黃老之治頗受時空限制：就空間而言，它僅適用於小國寡民，「治大國若烹小鮮」〔註5〕只是一種高妙的藝術精神，和老子其他許多主張一樣，一旦「入世」或「用世」，就不免要流於權謀詐術，或陰佐以權謀詐術，尤其是大國人事紛繁，問題叢生，非有一套完整的人事制度不能統治得當。就時間而言，它亦不能長久使用，前面我們已經看到六十年來，它表面承平，實際上卻累積了外交、內政、社會、經濟各方面的問題；而且道家思想本與專制政治不相侔，其所以能在漢初得行其道，只是合乎大亂之後，君民俱欲乎無爲的時勢需要，而短暫性地與西漢的君主專制政治並行不悖，一旦專制政體壯大、確立，無爲之治便無法再並立下去。

六、七十年的不擾民政治，給西漢帶來了空前的富庶；國力充沛之餘，君民亟思奮發興起，表現了靜極思動、物極必反的道理；何況清靜無爲又給西漢佈下種種問題，如芒之在背、如鯁之在喉，必欲除之而後安。因此西漢政治到了武帝即位時，可說已如待發之箭了，而登基的又正好是「雄才大略」

〔註4〕《老子》，第二章：「聖人處無爲之事，行不言之教。」上篇，頁2上；第三章：「爲無爲則無不治。」上篇，頁2下；第三十七章：「道常無爲而無不爲。」上篇，頁21上；第四十八章：「爲道日損，損之又損，以至於無爲，無爲而無不爲。」下篇，頁7下；第五十七章：「我無爲而民自化。」下篇，頁13上。
〔註5〕同上書，第六十章，下篇，頁14下。

〔註6〕的武帝，於是憑藉富厚的經濟基礎，大肆作為：興太學、尊儒術、舉俊茂、征四夷、拓疆土、弱諸侯、強內廷、設平準、置均輸、修郊祀、改正朔、定服色、制曆數、協音律、作詩樂、建封禪、禮百神、……集文治武功於一身，而為中國專制帝王的典型，〔註7〕黃老之治遂在武帝這些大有作為之下悄然告退：「道家思想」的部分從此逍遙於政壇之外，提供了中國知識份子政治失意時，退守之據點；而其君人南面之術的學說則大量流入董仲舒的《春秋繁露》繼續發展，〔註8〕使武帝的「陽儒陰法」政策獲得堅強的學術理論根據。

第二節　「陽儒陰法」政策的形成與確立

　　法家所關心的是統治者的便利，不論重勢、重術或重法，所講究的都是君王如何控馭臣民的技巧，以達富國強兵的目的，因此法家學說最易為統治者所樂用；何況法家又主張隆君抑臣、內求集權、外爭霸業，這些更受統治者的歡迎。秦始皇與李斯由此而開創出「海內為郡縣，法令由一統」〔註9〕的帝國規模，集權力、財富、名聲於一身，令有志者深加覬覦。〔註10〕漢初六十年，制度、朝儀、律令大部分一襲秦故；只是懲秦之弊，上下不敢言法，而以道家清靜無為之治，強而有力地掩飾著法家本質。在這段期間，肯以法家面目見世人的，唯有張釋之和晁錯，張釋之表現法家公正的一面，晁錯表現法家求變、任術的一面，但最後也都臣服在緣飾以道家的黃老治術之下。張釋之於文帝時曾為廷尉，以執法公正聞名，文帝兩次服他「法者，天子所與天下公共也。今法如此而更重之，是法不信於民也」之持議；〔註11〕但張釋之為廷尉前，曾任公

〔註6〕《漢書》，卷六，「武帝紀」，班固贊，頁39下。
〔註7〕夏曾佑（穗卿，清文宗咸豐穆宗同治間～1924年）曾謂：「有為漢一朝之皇帝者，高祖是也：有為中國二十四朝之皇帝者，秦皇漢武是也。」接著略述中國專制帝王之治，始於漢武者十二事，決定中國形勢，功過均大，與秦皇並為中國雄主。見：夏曾祐，《中國古代史》，頁255～256。
〔註8〕詳本章第三節「儒學黃老化——董仲舒思想的再發現」。
〔註9〕《史記》，卷六，〈秦始皇本紀〉，頁21。
〔註10〕同上書，卷七，〈項羽本紀〉：「秦始皇游會稽，渡浙江，梁與籍俱觀，籍曰：『彼可取而代也。』」頁4；卷八，〈高祖本紀〉：「高祖常繇咸陽，縱觀秦皇帝，喟然太息曰：『嗟乎！大丈夫當如此也！』」頁6～7。
〔註11〕一次是縣人犯蹕，依法當罰金；一次是有人盜高廟坐前玉環，依法當棄市。前者文帝欲誅，後者欲族，張釋之皆案律處刑。不畏文帝之怒，據法力爭，二者皆令文帝思考良久後，「乃許廷尉當。」事見《史記》，卷一○二，〈張釋之傳〉，頁8～10。

車令，便以執法嚴，得罪時爲太子的景帝，〔註12〕因此文帝崩，景帝卽位，張釋之不免於「恐，稱病。欲免去，懼大誅至；欲見謝，則未知何如」，最後還是用了「善爲黃老言」的王生之計，「卒見謝，景帝不過也」。〔註13〕晁錯是西漢唯一著法家之書的知識份子，〔註14〕上章已論述他因削藩操之過切，而以身謝國人。從張釋之和晁錯身上，我們可以窺見文景兩帝好法之實及表面上道家治術獨尊之勢。到了武帝，黃老之治已不適合時代之需，必須去除——但這一去除，西漢政治的法家本質便要暴露於外，以武帝的聰明，馬上知道選擇儒家來重新加以緣飾。這一新瓶裝舊酒的工作，在竇太后死後，馬上轟轟烈烈展開。

　　從上一章的敘述，可以很清楚地看到漢初諸帝的許多作爲，已爲武帝大行法家治術鋪好了道路，打好了基礎。但武帝不愧爲史上雄主，深知法家之積進，只能創業而不能守成，「可以行一時之計，而不可長用」，〔註15〕必須靠儒家保守的作風才能圖謀長治久安；何況法家之治已成，正好藉俗儒的「不知時變」來鞏固現有情況。就這點而言，武帝以儒術來緣飾法家治術，可謂一舉兩得，不僅外表輝煌璀璨，炫人眼目，對政治的實質內容亦有莫大幫助。而儒法兩家的主張，亦頗有些可以相濟並用之處，以達到更完美的政治，例如：若純用法家之治，則「不別親疏，不殊貴賤，一斷於法，則親親尊尊之恩絕矣。」〔註16〕將人「物化」，固有助於統一，但是失去「仁君」之美名，武帝不爲也，此時親親尊尊仁民愛物的儒家人道之治，正足以補法家之不足。反之，法家主張循名責實，量材授職，很容易建立新的官僚制度，給知識份子公平競爭的機會，這點確能幫助儒家「尚賢」主張的達成。以上這些固然是武帝採儒術來緣飾法家治術的原因，但是最重要的應該是儒家學說關於君臣關係之部分，在當時已有很重的法家傾向了；甚至於在學術思想中也帶著濃厚的法家精神而不自知。這又給武帝表面上獨尊儒術，實際上施行法家之治，帶來了許多便利。

〔註12〕同上卷，頁 6：「太子與梁王共朝，不下司馬門，於是釋之追止太子、梁王，無得入殿門，遂劾不下公門，不敬，奏之。……文帝免冠謝曰：『教兒子不謹。』薄太后乃使使承詔赦太子、梁王，然后得入。」

〔註13〕同上卷，頁 10。

〔註14〕《漢書》，卷四九，〈晁錯傳〉：「錯又言宜削諸侯事，及法令可更定者，書凡三十篇。」頁 22 上；卷三〇，〈藝文志〉「法家」類有《晁錯三十一篇》，頁 41 下。其書今不傳。

〔註15〕《史記》，卷一三〇，〈太史公自序〉，司馬談論法家要旨，頁 12。

〔註16〕同上註。

儒家學說自荀子起，已有部分貌似法家的傾向。荀子除了「尊君」思想偏離孔孟、接近法家外，〔註 17〕我們還可以很輕易地找到他重勢、重法、重刑、主逸臣勞……等主張，開韓非、李斯之先河。〈正論篇〉云：「凡刑人之本，禁暴惡惡，且懲其未也。殺人者不死，而傷人者不刑，是謂惠暴而寬賊也，非惡惡也。……夫征暴誅悍，治之盛也，殺人者死，傷人者刑，是百王之所同也，……刑稱罪則治，不稱罪則亂。故治則刑重，亂則刑輕；犯治之罪固重，犯亂之罪固輕也。」〔註 18〕根據荀子這個說法，則古之治世竟是行重刑之治！〈正論篇〉又云：「天子者，勢至重而形至佚，心至愉而志無所詘，而形不爲勞，尊無上矣。」〔註 19〕完全是「法家先進」的說法。〈正名篇〉云：「明君臨之以勢，道之以道，申之以命，章之以論，禁之以刑，故其民之化道也如神，辨埶惡用矣哉？今聖人沒，天下亂，姦言起，君子無埶以臨之，無刑以禁之，故辨說也。」〔註 20〕直強調「勢」與「利」之重要，去孔子「聽訟，君猶人也；必也，無訟乎。」〔註 21〕不知多遠！論性惡時，更是勢、刑、法，無一不重：「古者聖人以人之性惡，以爲偏險而不正，悖亂而不治，故爲之立君上之勢以臨之，明禮義以化之，起法正以治之，重刑罰以禁之，使天下皆出於治，合於善也。是聖王之治而禮義之化也。今當試去君上之勢，無禮義之化，去法正之治，無刑罰之禁，倚而觀天下民人之相與也，若是則夫彊者害弱而奪之，眾者暴寡而譁之，天下之悖亂而相亡不待頃矣。用此觀之，然則人之性惡明矣，其善者僞也。」〔註 22〕性惡之說既立，則尊君以制下、明法以禁民，乃勢所必然。儒家學說至此也隨著戰國時勢而發展出順應統治者需要的理論來了。

因此，西漢儒者在精神上雖然尊孔，但在實際上，尤其是實際政治理論上，卻是繼承荀子帶有法家色彩的儒學。此外，西漢自立國之初，便走上法家途徑，幾十年政治氣氛影響的結果，許多知識份子帶有法家精神，而且已接受「君尊臣卑」的既成事實，視爲自然現象，而將孟子「君之視臣如手足，則臣之視君如腹心；君之視臣如犬馬，則臣之視君如國人；君之視臣如土芥，

〔註 17〕見第一章第四節，註 191。
〔註 18〕《荀子》，卷一二，〈正論〉，頁 127 上～下。
〔註 19〕同上篇，頁 129 下。
〔註 20〕同上書，卷一六，〈正名〉，頁 165 下。
〔註 21〕《論語》，卷六，〈顏淵第十二〉，頁 13 上。
〔註 22〕《荀子》，卷一七，〈性惡〉，頁 175 上。

則臣之視君如寇讎」〔註23〕的君臣平等相待論遺忘殆盡。賈誼學術本有法家淵源，因此他有「履雖不加枕，冠敝不苴履」的說法，〔註24〕固不足疑；若公孫弘、董仲舒一輩治《春秋》的學者，〔註25〕也都大發法家之論（詳後），就可見西漢「儒學法家化」〔註26〕情況的嚴重了。何況公孫弘與董仲舒，是助成武帝提倡儒術的二大功臣，一位以丞相封侯且終於丞相位，影響於實際政治；一位是群儒首，影響於學術理論——至此，西漢在政治前途上已找到了「陽儒陰法」的路線：以「儒」的學術來緣飾「法」的治術。法家治術在儒家學術的掩飾下，得以大逞其威，表現在地方上的是酷吏的殘殺百姓，表現在中央的是春秋決事的戕害知識份子。舉措皆出諸經義，則武帝的統治技術實較始皇更爲高明與駭人，而臣民所受的驅迫更無可挽矣。

　　觀公孫弘所主張的治道，時儒時法，時法時儒，是典型的「霸王雜用」的說法：

　　……因能任官，則分職治；去無用之言，則事情得；不作無用之器，即賦斂省；不奪民時，不妨民力，則百姓富；有德者進，無德者退，則朝廷尊；有功者上，無功者下，則群臣逡；罰當罪，則姦邪止；賞當賢，則臣下勸；凡此八者，治之本也。故民者，業之即不爭，理得則不怨，有禮則不暴，愛之則親上，此有天下之急者也。故法不遠義，則民服而不離；和不遠禮，則民親而不暴。故法之所罰，義之所去也；和之所賞，禮之所取也。禮義者，民之所服也，而賞罰順之，則民不犯禁矣。……仁者愛也，義者宜也，禮者所履也，智者術之原也。致利除害、兼愛無私，謂之仁；明是非、立可否，謂之義；進退有度、尊卑有分，謂之禮；擅殺生之柄、通壅塞之塗、權輕重之數、論得失之道，使遠近情僞必見於上，謂之術。凡此四

〔註23〕《孟子》，卷四下，〈離婁下〉，頁 14 下。

〔註24〕見第三章第二節，註 124。

〔註25〕《史記》，卷一一二，〈平津侯列傳〉：「年四十餘，乃學春秋雜說。」頁 3；卷一二一，〈儒林列傳〉：「董仲舒，……以治春秋，孝景時爲博士。」頁 26。

〔註26〕此處借用余英時先生的用詞。見：余英時，〈反智論與中國政治傳統〉，收在氏著，《歷史與思想》，頁 1～46。在頁 32，余先生把漢儒政治性格中「拋棄孟子『君輕』論、荀子『從道不從君』論，而代之以法家『尊君卑臣』論的一面稱爲『儒學法家化』。」我們發現，漢儒不僅在「尊君卑臣」這一方面法家化，於任刑、重術、中央集權等精神，亦有相當程度的法家化。詳本章第三、四、五節。

者，治之本、道之用也，皆當設施，不可廢也。得其要，則天下安
樂，法設而不用；不得其術、則主蔽於上、官亂於下。此事之情、
屬統垂業之本也。〔註27〕

我們仔細考察他的對策，雖云儒法兼用，但最後總是歸結到法家治術上，而
以儒家之言繪聲繪影佈於其間，這點真是深得朕意，無怪乎「天子擢弘對為
第一」。〔註28〕公孫弘拜為博士之後，復上疏奏請武帝改變吏政、敦厚民俗，
這個主張本意甚佳，而且確為儒家作風，但是他居然以禽獸之受馴服至可牽
持，來比喻臣民可受改造，供人主駕服：

夫虎豹馬牛，禽獸之不可制者也，及其教馴服習之，至可牽持駕服，
唯人之從。臣聞揉曲木者不累日，銷金石者不累月，夫人之利害好
惡，豈比禽獸木石之類哉？〔註29〕

周公治天下，朞年而變、三年而化、五年而定，公孫弘猶嫌其遲〔註30〕，而
敦請武帝速施教化；可是卻拿虎豹馬牛、曲木金石來比吏民，無異自降地位，
抬高君勢。這種不含蓄的教化之請，連武帝看了都要「異其言」。〔註31〕公孫
弘這種知時變，「逢君之欲而長其惡」〔註32〕的個性，大約無法自掩，在他與
轅固生同受賢良徵舉時，轅固生以九十耄耋仍能一眼看穿他：

公孫子，務正學以言，無曲學以阿世！〔註33〕

公孫弘以儒儒之行來張大人主之威，在第一章第三節已曾論及，於此又認識
了他的確是曲學阿上，言行合一。漢儒「陽儒陰法」的實踐，應以公孫弘為
第一，難怪武帝引為知己，願意和他長期共治：

朕宿昔庶幾獲承尊位，懼不能寧，惟所與共為治者，君宜知之。蓋
君子善善惡惡，君宜知之。君若謹行，常在朕躬。君不幸罹霜露之
病，何恙不已？迺上書歸侯，乞骸骨，是章朕之不德也。君其省思
慮，一精神，輔以醫藥。〔註34〕

〔註27〕 《漢書》，卷五八，〈公孫弘傳〉，頁 2 下～4 上。
〔註28〕 同上卷，頁 4 上。
〔註29〕 同上卷，頁 4 下。
〔註30〕 同上註。
〔註31〕 同上註。
〔註32〕 余英時先生語，見余英時，前引文，頁 44。
〔註33〕 《史記》，卷一二一，〈儒林列傳〉，頁 19。
〔註34〕 同上書，卷一一二，〈平津侯列傳〉。公孫弘於淮南、衡山王反時，懼武帝責
以宰相不稱職，請辭；獲武帝慰留。頁 8～10。

公孫弘得武帝之幸，不但令武帝繼景帝之後，再次打破祖宗「無功不封侯」之法，〔註35〕而且還是武帝一朝「有爲」而得「善終」的唯一丞相，〔註36〕良有以也。

　　提倡儒術固是武帝本有的打算，而且也經過衛綰、竇嬰、田蚡、公孫弘諸丞相的推波助瀾、鼓動風潮；但是論到「罷黜百家，獨尊儒術」，卻有待董仲舒來完成最後一筆，並提供堅強的學術根據：

　　　春秋大一統者，天地之常經，古今之通誼也。今師異道、人異論，
　　　百家殊方、指意不同，是以上亡以持一統，法制數變，下不知所守。
　　　臣愚以爲諸不在六藝之科、孔子之術者，皆絕其道，勿使並進。邪
　　　僻之說滅息，然後統紀可一，而法度可明，民知所從矣。〔註37〕

董仲舒此論，是賢良對策第三策後面的附言，溢出武帝的策問之外，我們此時亦完全無法推測他的動機何在，或許他真是「欲令後學者有所統壹」；〔註38〕但是其結果卻是很明顯的：武帝把它拿來做爲政治宣傳與政治掩護之用。我們試著分析並不真心好儒的武帝所以會採納這項奏請，而且還立了五經博士的原因，大約三方面的可能都有：（1）「諸不在六藝之科、孔子之術者，皆絕其道，勿使並進」這種強烈的「定於一尊」的精神，又是頗合朕意；（2）武帝欲推行「定於一尊」的專制政治，苦無學術理論做爲後盾，〔註39〕董仲舒卻自動獻上

〔註35〕景帝欲封皇后兄王信爲侯，丞相周亞夫爭之曰：「高皇帝約：『非劉氏不得王，非有功不得侯；不如約，天下共擊之。』」景帝乃止。後匈奴王徐盧等五人來降，景帝欲侯之以勸後，周亞夫又諫：「彼背其主降陛下，陛下侯之，則何以責人臣不守節者乎？」景帝不聽，乃封徐盧爲侯。見：《史記》，卷五七，〈絳侯周勃世家〉，頁20～21。

〔註36〕武帝的丞相前後計十三人，其中衛綰、竇嬰、許昌、薛澤，皆「免」；李蔡、嚴青翟「有罪自殺」；趙周、公孫賀、劉屈氂「下獄死」；終於丞相位的有四人：公孫弘之外，田蚡是得勢的外戚，石慶「悼謹」（《漢書》，卷五八，〈公孫弘傳〉，頁8上），田千秋以訟戾太子冤干丞相位，「無他材能術學」（《漢書》，卷六六，〈車千秋傳〉，頁5下），卒於昭帝時。我們從《漢書》〈百官公卿表〉可以很清楚地看到武帝在公孫弘之後，對丞相益殘刻，以上「有罪自殺」、「下獄死」的五位丞相都在公孫弘之後，此或與「陽儒陰法」政策的施行，繩下愈緊不無關係。

〔註37〕《漢書》，卷五六，〈董仲舒傳〉，「賢良對策三」，頁19上。

〔註38〕同上卷，班固贊引劉歆語，頁21下。

〔註39〕竇嬰、田蚡之輩所好之儒術，只是立明堂、定制度、易服色，以夸飾太平之一面而已。觀《史記》，卷一○七，〈魏其武安侯列傳〉：「魏其武安俱好儒術，推轂趙綰爲御史大夫，王臧爲郎中令，迎魯申公，欲立明堂，令列侯就國，除關，以禮爲服制，以興太平。」（頁8）可知他們談不上推尊儒學，更無

這個與專制政治精神相一致的理論根據，武帝眞是得來全不費功夫；（3）董仲舒是德高望重的群儒之首，武帝採納其議，可以塑造「好儒」的形象，便於儒術的推尊及政策的施行。從此，儒術的確是取得了獨尊的、正統的地位，獲得政權的支持與保障；但另一面也受到權勢的把持與操縱，成爲利祿之途，失去純粹學術的意義。〔註40〕武帝藉提倡學術之名，行專制政治之實，在罷黜百家獨尊儒術的煙幕下，同時進行中央極權與統一思想，〔註41〕使西漢政治又向法家治術推進一大步，而「陽儒陰法」的政治型態亦由此益加確立與鞏固。

第三節 「儒學黃老化」──董仲舒思想的再發現

無可置疑的，董仲舒是西漢最重要的思想家，並且也是西漢最重要的儒者。他「爲人廉直」、「進退容止，非禮不行」，〔註42〕「所著皆明經術之意」；〔註43〕而「賢良三策」中「禮義教化」、「更化」、「不與民爭利」之請，在在都是儒家之言，以及「興太學、設庠序」、「推明孔氏、抑黜百家」之儒家學術貢獻，再加上《春秋繁露》整本的陰陽之說、仁義之法，終令歷代研究董仲舒思想的學者，大部分都把焦點集中在董仲舒想中儒家與陰陽家的成分上，而忽略了他的

法提供學術根據。

〔註40〕 清代古文家桐城派大師方苞（望溪，1668～1749）云：「弘之興儒術也，則誘以利祿，……由是儒道污、禮義亡，而所號爲文學者，亦與古異矣。」又說：「由弘以前，儒之道雖鬱滯而未嘗亡；由弘以後，儒之途通而道亡。」見《方望溪先生全集》，卷二，〈書儒林傳後〉，頁15上；〈又書儒林傳後〉，頁16上。方望溪說興儒術之後的漢代儒學與古者大異是對的，先秦儒道之菁華由此淪亡也是對的；但他把責任完全推給公孫弘，而不識董仲舒在學術思想上引起的改變，則是文學家之方氏不察思想內部的複雜演變，而作簡單的歸咎之說。

〔註41〕 這種政策不斷地施行下去，最後還會造成中央集權與統一思想達到不可分的地步。觀東平王求書被拒之事件可知一二。《漢書》卷八十，〈東平王宇傳〉記載東平王來朝，「上疏求諸子及太史公書，上（按，成帝）以問大將軍王鳳，對曰：『臣聞諸侯朝聘，考文章、正法度，非禮不言。今東王幸得來朝，不思制節謹度，以防危失，而求諸書，非朝聘之義也。諸子書或反經術、非聖人，或明鬼神、信物怪；太史公書有戰國縱橫權譎之謀，漢興之初謀臣奇策，天官災異，地形阨塞，皆不宜在諸侯王。不可予。不許之辭宜曰：「五經聖人所制，萬事靡不畢載。王審樂道，傅相皆儒者，旦夕講誦，足以正身虞意。夫小辯破義，小道不通，致遠恐泥，皆不足以留意。諸益於經術者，不愛於王。」』對奏，天子如鳳言，遂不與。」（頁上8～8下）考王鳳之言，則中央集權與統一思想不但是相輔相成，而且已經一而二，二而一了。

〔註42〕 《史記》，卷一二一，〈儒林列傳〉，頁27及26。

〔註43〕 《漢書》，卷五六，〈董仲舒傳〉，頁21上。

道家與法家之說。晚近學者，漸漸有人注意到董仲舒思想中法家與道家的層面，例如周輔成先生從《春秋繁露》中挑出四條資料，明白指出董仲舒有「尊君太過」的說法；〔註44〕余英時先生復徵引更多資料，證明董仲舒在思想的形式與內容上，與法家的確有相近之處，進一步爲後學打開了「漢代儒學法家化，董仲舒曾在理論上提供了重要的基礎」的思想視野。〔註45〕儘管現代的學者，已經指點我們認識董仲舒的法家思想成分，然而我們總還是無法瞭解董仲舒的法家之說究竟是從哪裡傳承來的？〔註46〕徐復觀先生精研兩漢思想史，雖然也看出了董仲舒思想中道家和法家的成分：「因爲董氏把君權提得這樣高，於是他不知不覺的，接受了一部分戰國末期的道家思想及法家思想，將人君加以神秘化。」〔註47〕但問題仍然存在：董仲舒「爲什麼」會把君權提得這樣高？純粹只是「大一統專制下的君權反映」〔註48〕呢？還是他「不僅綜貫了儒家思想，並且也制貫了當時各家」，〔註49〕所以有法家那樣強烈的尊君思想呢？如果不是馬王堆漢墓的出土，這個問題大概仍不得解決。馬王堆出土的「黃老」派著作，除了帛書《老子》之外，《黃帝四經》及〈伊尹‧九主〉不但幫助我們釐清漢初黃老之治的眞相，同時也幫助我們瞭解董仲舒道、法思想的來龍去脈。此後我們不必再把董仲舒思想中不合先秦儒家之處，辛苦地解釋爲「神秘的外衣」；〔註50〕也

〔註44〕 見余英時，前引文，頁38～39所引。但周先生以爲這些思想來源，仍在先秦儒家。這個說法，余先生已指出其錯誤，見頁39。

〔註45〕 余英時，前引文，頁31～43是在評述漢代「儒學法家化」的情形；其中頁37～43專論董仲舒。

〔註46〕 黃錦鋐先生雖曰：「董生之思想，根源於孔子，發展於陰陽，左右於黃老刑名之術，而終又歸本於儒也。……蓋西漢之初，儒學雖萌芽於世，九流之說猶未盡淪。」又說：「董生承初漢之學風，其說亦多原於黃老刑名之術。」董仲舒的確有可能因爲時代背景的緣故，而具有黃老刑名的學說根源，但這只是「可能」而已，並非「必然」如此，因此黃先生這樣的說法似嫌籠統。而黃先生又舉《春秋繁露》中〈離合根〉、〈立元神〉、〈保立權〉等三篇文字，以證明「其稱揚仁義之意，亦必兼述無爲之旨。」然黃先生此說只解決了「道家」思想的部分；對於董仲舒「法家」思想的內容與根源，都未作詳細分析。見：黃錦鋐，《秦漢思想研究》，頁133～134。

〔註47〕 徐復觀，《兩漢思想史》卷二，頁414。

〔註48〕 同上註。

〔註49〕 徐復觀，〈儒家對中國歷史命運掙扎之一例〉，頁381。

〔註50〕 徐復觀先生注意到董仲舒「把陰降到陽的下面去」，是不合《易繫辭》：「一陰一陽之謂道」，陰陽平等的說法的，因此徐先生說：「這是陰陽意義的演變。我們把董生這種神秘的外衣，丟掉不管，只看他……，這正說明了儒法在政治上的對決。」見：註49，徐復觀，前引文，頁373。

不必再把董仲舒思想中儒法衝突矛盾之處，多方迴護為：「先迎合統治者的心理，再進而說出自己的真正主張」，〔註51〕或「這是與董氏的初心完全相反的」。〔註52〕當我們清楚了原來董仲舒的道、法二家思想都是來自「黃老」學派之後，《春秋繁露》一書也就好懂多了，不再有「辭意奇特」〔註53〕之感。

　　現在我們把《黃帝四經》拿來和《春秋繁露》一比對，幾乎立時便可發現董仲舒的道、法二家思想，正是漢初風行一時的「黃老」學派的嫡傳。不但法家思想傳承有很顯而易見的脈絡可尋；最重要的證據，是一些特殊的思想與用詞，為韓非一派之法家所無、黃老一派所獨有，而董仲舒大加闡揚者，如「法天」、「配天」之說，如「神」、「神明」、「陽德陰刑」之觀念與用語，如「情偽」即是「真偽」之意，如對「一」的重視，如主張「興利除害」、「待民慈惠」等，凡此，皆可證明董仲舒深深接受了「黃老」思想。我們若從時代背景來觀察，仍然可以發現董仲舒會深深受到「黃老」學說的浸染，並不是不可能之事。因為董仲舒在景帝時已經是博士了，〔註54〕當時「黃老」之風依然極盛，尤其文帝雖崩，竇太后仍在世，而且強迫景帝、太子及諸竇不得不讀《黃帝》、《老子》，尊其術，〔註55〕在這個風氣影響下，董仲舒吸收了「黃老」學說，也是自然而然之事。基於這層瞭解，我們便可知道董仲舒在「賢良三策」的附語中提出「諸不在六藝之科、孔子之術者，皆絕其道，勿使並進。」的建議，只是他「黃老」思想中「定於一尊」之精神的自然表現，其動機既沒有偉大到「是為了保證大一統的完整與效率，要求作為政治指針的學術思想，有一個統一的內容與方向。」〔註56〕更沒有「既聰明亦刻毒」到「以此方式，藉帝王之手，而扼殺異己，刃不見血，即可消滅敵對之說。」〔註57〕而且立言者的心意與統治者的運用效果

〔註51〕《春秋繁露》〈玉杯第二〉云：「春秋之法，以人隨君，以君隨天。……故屈民而伸君，屈君而伸天，春秋之大義也。」徐復觀先生費了許多資料，說明董仲舒「在他所承認的大一統專制皇帝之下，為了要使他的『屈君而伸天』的主張得到皇帝的承認，更先說出『屈民而伸君』一句；……所以站在仲舒的立場，『屈民而伸君』一句是虛，是陪襯；而『屈君而伸天』一句才是實，是主體。」，徐先生並謂：「對於仲舒整個思想，都應從這一角度去了解。」見：徐復觀，《兩漢思想史》，卷二，頁 343～344。

〔註52〕徐復觀，《兩漢思想史》，卷二，頁 409。

〔註53〕同上書，頁 312。

〔註54〕見本章註 25。

〔註55〕見第三章第一節，註 6。

〔註56〕徐復觀，《兩漢思想史》，卷二，頁 427。

〔註57〕劉光義，《漢武帝之用儒及漢儒之說詩》，頁 44。

之間，本來就容易有很大的差距，甚至被統治者所歪曲利用，產生完全相反的效果。〔註 58〕因此，對董仲舒的過譽或詆譭，不但對董仲舒不公平，更會混淆學術思想發展的眞相。因此我們既已獲得寶貴的資料，實應對董仲舒的思想淵源作一番徹底探討，試著把董仲舒的朦朧面目洗清，將他還原到應得的地位上。董仲舒有儒家思想是毋庸置疑的，因此我們不作討論；下面我們將不憚其煩一一並舉《黃帝四經》與《春秋繁露》，互相比照，爲的是證明董仲舒道、法二家思想，與「黃老」派的學說，有十分密切的傳承關係。

首先是法家思想最基本的要求——「尊君卑臣」之說。董仲舒把君定在極其崇高的地位的方法，是用他那著名的造字之說：

古之造字者，三畫而貫其中，謂之王。三畫者，天、地與人也；而連貫其中者，通其道也。取天地與人之中以爲貫而參通之，非王者孰能當之？……人主立於生殺之位，與天共持其變化之勢。……人主以好惡喜怒變習俗，而天以煖清寒暑化草木。……天地、人主，一也。〔註 59〕

並以陰陽來定貴賤尊卑：

陽者歲之主也。……天下之尊卑隨陽而序位，……貴者居陽之所盛，賤者當陽之所衰，藏者言其不得當陽。不當陽者臣子也，當陽者君父是也。故人主南面以陽爲位也，陽貴而陰賤，天之制也。〔註 60〕

上列這兩個說法都含有君王絕對崇高的意思，其中將天、地、人三者並舉而配以稱王天下，以及陰賤陽貴、法天、應四時等觀念，都可以在《黃帝四經》及同時出土、同屬黃老派作品的〈伊尹‧九主〉篇中找到淵源：

1. 天下大（太）平，正以明德，參之於天地，而兼復（覆）載而无私也，故王天下。王天〔下〕者之道，有天焉、有人焉、又（有）地焉。叄（三）者參用之，□□而有天下矣。〔註 61〕
2. 吾受命於天，定立（位）於地，成名於人。唯余一人□乃肥（配）天，乃立王三公，立國置君三卿。……吾畏天愛地親〔民〕，□无命，執虛

〔註 58〕例如儒家所提倡的「內聖外王」之德治，到了統治者手中，可以變成「凡外王者皆內聖」，而爲專制帝王之絕佳外衣。
〔註 59〕《春秋繁露》，〈王道通三第四十四〉，頁 262。
〔註 60〕同上書，〈天辨在人第四十六〉，頁 269～270。
〔註 61〕《黃帝四經》，〈經法〉（以下簡稱〈經法〉），頁 198。

信；吾畏天愛〔地〕親民，立有命，執虛信。〔註62〕

3. 天制寒暑，地制高下，人制取予。取予當，立爲□王；取予不當，流
   之死亡。〔註63〕

於是董仲舒用「一」把天、人、地貫穿起來，順理成章地成爲「王」字。因此，爲「王」者，總攬天、地、人。這種造字之說，是否合乎先民本義，自然大有問題；但是合乎大一統的統治者的脾胃，卻是不成問題的。

4. 凡論必以陰陽□大義：天陽地陰；春陽秋陰；夏陽冬陰；晝陽夜陰；
   大國陽，小國陰；重國陽，輕國陰；有事陽而無爲陰；信（神）者陰
   （「陽」）者（「而」）屈者陰；主陽臣陰；上陽下陰；男陽〔女陰〕；〔父〕
   陽〔子〕陰；兄陽弟陰；長陽少〔陰〕；貴〔陽〕賤陰；達陽窮陰；……。
   諸陽者法天，天貴正，過正曰□□□□□祭乃反；諸陰者法地，地〔之〕
   德安徐正靜，柔節先定，善予不爭。此地之度而雌之節也。〔註64〕

5. 「法君者，法天地之則者。志曰：天，曰□□四時，復（覆）生萬物，
   神聖是則，以肥（配）天地。禮數四則，曰天綸。唯天不失企，四綸
   成則，古今四綸，道教不代（忒）。聖王是法，法則明分。」……伊尹
   對曰：「主法天，佐法地，輔臣法四時，民法萬物，此胃（謂）法則。」
   〔註65〕

6. 順天者昌，逆天者亡；毋逆天道，則不失所宗。〔註66〕

7. 因天時，與之皆斷；當斷不斷，反受其亂。〔註67〕

這些都指示出聖王之治天下，唯天是則。這種說法，當在陰陽家興起之後，黃老一派吸收了陰陽家的主張而形成的。董仲舒承襲此說，反覆申述其義：

一、人生於天，而取化於天：喜氣取諸春，樂氣取諸夏，怒氣取諸秋，
   哀氣取諸冬，四氣之心也。……寒暑移易其處謂之敗歲，喜怒移易
   其處謂之亂世。明王正喜以當春，正怒以當秋，正樂以當夏，正哀
   以當冬。上下法此，以取天之道。……然則人主之好惡喜怒乃天之
   煖清寒暑也，不可不審其處而出也。……是故人主之大守在謹藏而

〔註62〕《黃帝四經》，〈十大經〉（以下簡稱〈十大經〉），頁211。
〔註63〕《黃帝四經》，〈稱〉（以下簡稱〈稱〉），頁228。
〔註64〕同上篇，頁231～232。
〔註65〕〈伊尹・九主〉，頁164～165。
〔註66〕〈十大經〉，頁217。
〔註67〕同上篇，頁219。

　　　　禁內，使好惡喜怒必當義乃出，若煖清寒暑之必當其時乃發也。人
　　　　主掌此而無失，使乃好惡喜怒未嘗差也，如春夏秋冬之未嘗過也，
　　　　可謂參天矣；深藏此四者而勿使妄發，可謂大矣。〔註68〕

二、聖人視天而行，是故其禁而審好惡喜怒之處也，欲合諸天之非其不
　　　出煖清寒暑也；其告之以政令而化風之清微也，欲合諸天之顛倒其
　　　一而以成歲也；其羞淺末華虛而貴敦厚也，欲合諸天之默然不言而
　　　功德積成也；其不阿黨偏私而美汎愛兼利也，欲合諸天之所以成物
　　　者少霜而多露也。其內自省以是而外顯，不可以不時。〔註69〕

三、天志仁，其道也義。爲人主者，予奪生殺各當其義若四時；列官置
　　　吏必以其能若五行；好仁惡戾、任德遠刑若陰陽，此之謂能配天。
　　　天者其道長萬物，而王者長人。人主之大，天地之參也。〔註70〕

四、爲人主者居至德之位，操殺生之勢，以變化民；民之從主也，如草
　　　木之應四時也：喜怒當寒暑，威德當冬夏。……喜怒威德之不可以
　　　不直處而發也，如寒暑冬夏之不可不當其時而出也。〔註71〕

　　由於 1. 尊卑貴賤，2. 君的地位的絕對崇高，這兩個觀念的強烈，董仲舒
經常拿天高地卑來取譬君臣關係，而且臣之事君，要一如地之事天：

　　　天高其位而下其施，……高其位所以爲尊也，……爲人君者其法取
　　　象于天也。……地卑其位而上其氣，……卑其位所以事天也，爲人
　　　臣者其法取象於地。故朝夕進退，奉職應對，所以事貴也；……委
　　　身致命，事無專制，所以爲忠也；竭愚寫情，不飾其過，所以爲信
　　　也；伏節死義，難不惜其命，所以救窮也；……功成事就歸德於上，
　　　所以致義也。……故爲地者務暴其形，爲臣者務著其情。〔註72〕

在這裡，我們赫然發現董仲舒的君臣之義，都是爲臣者單方面的效命，而且
到最後還要「功成事就歸德於上」，這很顯然的是法家的主張，與孔孟注重君
臣相與的觀念，〔註73〕已經相去迢遠。

　　臣既委身致命、忠事其上，則君自然可以無爲而治：

〔註68〕《春秋繁露》，〈王道通三第四十四〉，頁 264～266。
〔註69〕同上書，〈天容第四十五〉，頁 266～267。
〔註70〕同上書，〈天地陰陽第八十一〉，頁 394。
〔註71〕同上書，〈威德所生第七十九〉，頁 388。
〔註72〕同上書，〈天地之行第七十八〉，頁 383～385。
〔註73〕《論語》，卷二，〈八佾第三〉：「子曰：君使臣以禮，臣事君以忠。」頁 5 下。

天高其位而下其施，藏其形而見其光。高其位所以爲尊也，下其施所以爲仁也，藏其形所以爲神也，見其光所以爲明。故位尊而施仁，藏神而見光者，天之行也。故爲人主者法天之行，是故內深藏所以爲神；外博觀所以爲明也；任群賢所以爲受；成乃不自勞於事，所以爲尊也；汎愛群生，不以喜怒賞罰，所以爲仁也；故爲人主者，以無爲爲道，以不私爲寶。立無爲之位，而乘備具之官，足不自動而相者導進，口不自言而擯者贊辭，心不自慮而群臣效當，故莫見其爲之而功成矣。此人主所以法天之行也。爲人臣者法地之道，暴其形、出其情，以示人，……爲人臣者比地貴信而悉見其情於主，主亦得而財之。故王道咸而不失。爲人臣常竭情悉力，而見其短長，使主上得而器使之，而猶地之竭竟其情也，故其形宜可得而財也。〔註74〕

這一段話充分顯露董仲舒的「黃老」色彩，因爲其中有些用語是黃老一派所特有的，除了法天、法地思想外，「神」、「明」、「神明」、「情」等字眼都可以很輕易在《黃帝四經》中找到，而「仁」的主張，更是韓非一派所無：

8. 道者，神明之原也。神明者，處於度之內而見於度之外者也。處於度之〔內〕者，不言而信；見於度之外者，言而不可易也。處於度之內者，靜而不可移也；見於度之外者，動而□不可化也。動而靜而不移，動而不化，故曰神。神明者，見知之稽也。〔註75〕

9. ……高〔下〕不敝（蔽）其刑（形），美亞（惡）不匿見請（情），地之稽也。……美亞（惡）有名，逆順有刑（形），請（情）僞有實，王公執□以爲天下正。〔註76〕

10. 逆順有理，則請（情）僞密矣。〔註77〕

董仲舒在使用某些字詞時，其用法與黃老一派的用法是相同的：「情」訓爲「眞」；「神明」意指人君居於不測之位而明察臣下、器使臣下，由此而達到外表如槁木死灰的無爲之治。關於這點，我們還可以找到一條更明確、更完整的證據：

爲人君者，謹本詳始，敬小愼微，志如死灰，形如委衣，安精養神，

〔註74〕《春秋繁露》，〈離合根第十八〉，頁 132～133。
〔註75〕〈經法〉，頁 207。
〔註76〕同上篇，頁 201。
〔註77〕同上篇，頁 204。

寂寞無爲。休形無見影，捪聲無出響。慮心下士，觀來察往，謀於
眾賢，考求眾人，得其心，徧見其情，……據位治人，用何爲名？
累日積久，何功不成？可以內參外，可以小占大。……爲人君者，
其要貴神，神者不可得而見也，不可得而聽也。……能冥能昏是謂
神，人君貴居冥，而明其位，處陰而向陽。故人臣居陽而爲陰，人
君居陰而爲陽。陰道尚形而露情，陽道無端而貴神。〔註78〕

君居冥昏，臣居明彰，這種深藏不測的統治技術，的確傳自漢初的黃老之治。

黃老之治的典型人物漢文帝，是很慈惠愛民、不敢爲天下先的，這在當
時也可以找到理論根據與指導原則：

11. 主惠臣忠者，其國安。〔註79〕

12. 逆順各自命也，則存亡興壞可知□□□□□生惠，惠生正，〔正〕生
靜。靜則平，平則寧，寧則素，素則精，精則神。至神之□，〔見〕
知不惑，帝王者，執此道也。〔註80〕

13. 膛（體）正信以仁，茲（慈）惠以愛人，端正勇，弗敢以先人。〔註81〕

因此董仲舒的「仁」與「惠」之說，也是道家式的，而不是儒家式。所
謂「道家式」的，是根據老子「反」的原則，多否定句、強調無爲而治；所
謂「儒家式」的，是根據孔子「知其不可而爲之」的精神，而主張健動不息。
我們試觀董仲舒對「仁」所下的定義即可一目瞭然：

何謂仁？仁者惻怛愛人，謹翕不爭，好惡敦倫。無傷惡之心，無隱
忌之心，無嫉妒之氣，無感愁之欲，無險波之事，無辟違之行。故
其心舒，其志平，其氣和，其欲節，其事易，其行道。故能平易和
理而無爭也。如此者謂之仁。〔註82〕

同樣將「仁」解釋爲「愛人」，但孔孟的「仁」是心性自覺、成己成物；董仲
舒的「仁」卻是心性收斂、不爲惡事，與孔孟之說頗有差距。觀其與民恩惠
之說，亦充滿了黃老色彩：

〔註78〕《春秋繁露》，〈立元神第十九〉，頁 134～139。
〔註79〕〈經法〉，頁 198。
〔註80〕同上篇，頁 203。
〔註81〕〈十大經〉，頁 223。關於這一點，黃老學派與韓非有相反的主張。韓非反對
慈惠，因爲君王慈惠則賞罰不明，足以亡國而有餘：「慈者不忍而惠者好與也。
不忍則不誅有過，好予則不待有功而賞。有過不罪，無功受賞，雖亡亦可乎？」
見《韓非子》，卷九，〈內儲說上第三十〉，頁 10 上。
〔註82〕《春秋繁露》，〈必仁且智第十三〉，頁。

一國之君，其猶一體之心也：隱居深宮，若心之藏於胸；至貴無與
敵，若心之神無與雙也；……親聖近賢，若神明皆聚於心也；上下
相承順，若肢體相爲使也，布恩施惠，若元氣之流皮毛膝理也；百
姓皆得其所，若血氣和平，形體無所苦也；無爲致太平，若神氣自
通於淵也。……〔註83〕

「慈惠」只是理論，如何將「惠」施於天下呢？黃老派主張應爲民興利除害：

14. 乃能操正以正奇，握一以知多，除民之所害，而寺（持）民之所宜。
〔註84〕

15. 聖〔人〕舉事也，闔（合）於天地，順於民，羊（祥）於鬼神，使民
同利，萬夫賴之。所胃（謂）義也。〔註85〕

董仲舒亦云：

仁者所以愛人類也，知者所以除其害也。〔註86〕

以及更具體的：

聖人之爲天下興利也，其猶春氣之生春草也，各因其生小大而量其
多少；其爲天下除害也，若川瀆之寫於海也，各順其勢，傾側而制
於南北。故異孔而同歸、殊施而鈞德，其趣於興利除害一也。〔註87〕

如此，則民之隨主，猶影之隨形：

故唱而民和之，動而民隨之，是知引其天性所好而壓其情之所憎者
也。如是則言雖約，說必布矣；事雖小，功必大矣。〔註88〕

在上一章，我們曾考察漢初的「刑名」之學應不止於形上旨趣；既爲統治者
所喜好，必不能免於循名責實以繩下，否則如何「正名」而成其「帝王之道」？
〔註89〕董仲舒承其說，雖避免用「刑名」一詞，但他的「名實」之學卻也是
賞罰隨其後的：

鑒名責實，不得虛言。有功者賞，有罪者罰；功盛者賞顯，罪多者
罰重。不能致功，雖有賢名，不予之賞；官職不廢，雖有愚名，不

〔註83〕同上書，〈天地之行第七十八〉，頁385～386。
〔註84〕〈十大經〉，頁220。
〔註85〕同上篇，頁221。
〔註86〕同註82。
〔註87〕同上書，〈考功名第二十一〉，頁145～146。
〔註88〕同上書，〈正貫第十〉，頁117。
〔註89〕見本章註76；及第三章第二節，註115至118。

予之罰。賞罰用於實，不用於名，賢愚在於質，不在於文。故是非
不能混，喜怒不能傾，姦軌不能弄，萬物各得其冥，則百官勸職，
爭進其功。〔註90〕

需知「賞罰」是法家治國之「利器」，〔註91〕執此利器即執德刑「二柄」，
操生殺之權。觀韓非之說可知董仲舒「法家化」的程度：

明主之所導制其臣者二柄而已矣。二柄者，刑、德也。何謂刑、德？
曰：殺戮之謂刑，慶賞之謂德。爲人臣者畏誅罰而利慶賞，故人主
自用其刑德，則群臣畏其威而歸其利矣。……今人主非使賞罰之威
利出於己也，聽其臣而行其賞罰，則一國之人皆畏其臣而易其君，
歸其臣而去其君矣，此人主失刑德之患也。〔註92〕

若從此處來考察董仲舒的「刑德」之論，當會對他的「儒學黃老化」程度有
更深一層的認識。韓非的刑德二柄沒有輕重緩急貴賤先後之分，而是雙管齊
下，刑德並重的。黃老派的法家學說不若韓非那樣激進、慘烈，所以他們的
主張較爲和緩，對於刑德的施用有輕重先後之分：

16. 天德皇皇，非刑不行；穆穆天刑，非德必傾。刑德相養，逆順若乃成，
    刑晦而德明，刑陰而德陽，刑微而德章。〔註93〕

17. 不靡不黑，而正之以刑與德。春夏爲德，秋冬爲刑。先德後刑以養生。
    〔註94〕

董仲舒對於這「刑陰而德陽」、「春夏爲德，秋冬爲刑」的說法有相當充
份的發揮。首先，我們很輕易地便在他的賢良對策中找到證據：

王者欲有所爲，宜求其端於天。天道之大者在陰陽：陽爲德，陰爲
刑；刑主殺而德主生。是故陽常居大夏，而以生育養長爲事；陰常
居大冬，而積於空虛不用之處，以此見天之任德不任刑。天使陽出
布施於上而主歲功，使陰入伏於下而時出佐陽；陽不得陰之助，亦
不能獨成歲。終陽以成歲爲名，此天意也。王者承天意以從事，故

〔註90〕《春秋繁露》，〈考功名第二十一〉，頁146～147。
〔註91〕《韓非子》，卷九，〈內儲說七術第三十〉：「夫賞罰之爲道，利器也。君固握
　　　　之，不可以示人。」，頁10下；卷十，〈內儲說六微第三十一〉：「賞罰者，利
　　　　器也。君操之則制臣，臣操之則壅君。」頁2下。
〔註92〕同上書，卷二，〈二柄第七〉，頁5下～6上。
〔註93〕〈十大經〉，頁217。
〔註94〕同上篇，頁212。

任德教而不任刑。刑者不可任以治世，猶陰之不可任以成歲也。為

政而任刑，不順於天，故先王莫之肯為也。〔註95〕

董仲舒這段話是針對武帝嗜任酷吏而發的：「今廢先王德教之官，而獨任執法之吏民，毋乃任刑之意與！……虐政用於下，而欲德教之被四海，故難成也。」〔註96〕可是他並沒有廢刑之意。雖然他說王者「任德教不任刑」，不過我們也看到他強調「陽不得陰之助，亦不能獨成歲」，只是天道以陽為主，而陰則「伏於下而時出佐陽」；易言之，王道以德為主，而刑則伏於下面時出佐德，因此：

臣聞聖王之治天下也，……爵祿以養其德，刑罰以威其惡，故民曉於

禮誼而恥犯其上。〔註97〕

在《春秋繁露》裡，董仲舒換另外一種比喻來主張「陽德陰刑」、「前德後刑」、「大德小刑」：

陽為德，陰為刑，刑反德而順於德，亦權之類也。雖曰權，皆在權成。

是故陽行於順，陰行於逆，逆行而順，順行而逆者，陰也。是故天以

陰為權，以陽為經。……經用於盛，權用於末。以此見天之顯經隱權，

前德而後刑也。故曰：陽，天之德；陰，天之刑也。……天之好仁而

近，惡戾之變而遠，大德而小刑之意也；先經而後權，貴陽而賤陰

也。……是故人主近天之所近，遠天之所遠，大天之所大，小天之所

小。是故天數右陽而不右陰，務德而不務刑。刑之不可任以成世也，

猶陰不可以任以成歲也。為政而任刑，謂之逆，非王道也。〔註98〕

大概董仲舒眼見酷吏橫行無端，所以不斷強調任德的重要；但他又深受黃老派思想的浸染，不能像孔子那樣朝著無刑的理想前進，〔註99〕只是變換各種說法主張以刑來輔佐德之不足：「刑者德之輔，陰者陽之助」；〔註100〕「……天之任陽不任陰，好德不好刑如是；故陽出而前，陰出而後，尊德而卑刑之心見矣」；〔註101〕「故聖人多其愛而少其嚴，厚其德而簡其刑，以此配天。」

〔註95〕　《漢書》，卷五六，〈董仲舒傳・賢良對策一〉，頁 5 上～下。

〔註96〕　同上卷，頁 5 下。

〔註97〕　同上卷，〈賢良對策二〉，頁 11 上。

〔註98〕　《春秋繁露》，〈陽尊陰卑第四十三〉，頁 260～261。

〔註99〕　《論語》，卷一，〈為政第二〉：「子曰：道之以政，齊之以刑，民免而無恥；

道之以德，齊之以禮，有恥且格。」，頁 6 下～7 上。

〔註100〕《春秋繁露》，〈天辨在人第四十六〉，頁 269。

〔註101〕同上書，〈天道無二第五十一〉，頁 280。

〔註102〕終究還是繼承黃老學派之說。尤其用陰陽來比配刑德，則刑更是不能廢，因為：「天者萬物之祖。萬物非天不生，獨陰不生，獨陽不生，陰陽與天地參，然後生。」〔註103〕

當然董仲舒也有可能是看到人類生活愈趨複雜，人心不古，禮樂德教不足以全面約束人類行為，建立社會秩序，因此主張用少許的刑來彌補禮樂所不及之處，不能說他沒有追隨孔子理想就是有法家傾向；然而我們卻仍看到董仲舒主張人君勸賞畏法以自貴，其原則還是接近法家齊民之術：

> 民無所好，君無以權也；民無所惡，君無以畏也。無以權、無以畏，則君無以禁制也。無以禁制則比肩齊勢，而無以為貴矣。故聖人之治國也，因天地之性情、孔竅之所利，以立尊卑之制，以等貴賤之差，……令民有所好，有所好然後可得而勸也，故設賞以勸之；有所好必有所惡，有所惡然後可得而畏也，故設法以畏之。既有所勸，又有所畏，然後可得而制。……〔註104〕

若欲達到勸之以賞畏之以法之效，則必得先能德威並重，權力集中在人君身上：

> 國之所以為國者，德也；君之所以為君者，威也。是故德不可共，威不可分。德共則失恩，威分則失權。失權則君賤，失恩則民散。民散則國亂，君賤則臣叛。是故為人君者固守其德，以附其民；固執其權，以正其臣。……是以群臣分職而治，各敬而事，爭進其功，顯廣其名，而人君得載其中，此自然致力之術也。聖人由之，故功出于臣，各歸于君也。〔註105〕

集權的形上理論是執「一」以御萬變，這在《韓非子》、《黃帝四經》、《春秋繁露》裡，都有充分的論據。韓非用「一」來肯定「道」的權威：

> 道無雙，故曰一。是故明君貴獨道之容，……。〔註106〕

因此「執一」遂成為政之道：

> 用一之道，以名為首，名正物定，名倚物徙。故聖人執一以靜，使名自命，令事自定。〔註107〕

〔註102〕同上書，〈基義第五十三〉，頁286。
〔註103〕同上書，〈順命第七十〉，頁340。
〔註104〕同上書，〈保位權第二十〉頁139～140。
〔註105〕同上書，頁141～143。
〔註106〕《韓非子》，卷二，〈揚權第八〉，頁10下。
〔註107〕同上篇，頁9上。

如果說成「執要」，那就更具體了：

> 權不欲見，素無爲也。事在四方，要在中央，聖人執要，四方求效。
> 虛而待之，彼自以之。〔註108〕

黃老學派對「一」的要求，已經很有大一統的氣勢了：

18. 黃帝問力黑：唯余一人兼有天下，滑（猾）民將生，年（佞）辯用知（智），
不可法組。吾恐或用之以亂天下。請問天下有成法可以正民者？力黑
曰：然。……吾聞天下成法，故曰不多，一言而止，循名復一，民無亂
紀。……黃帝曰：一者，一而已乎？其亦有長乎？力黑曰：一者，道其
本也，胡爲而无長？□□所失，莫能守一。一之解，察於天地；一之理，
施於四海。何以知□之至？遠近之稽？夫唯一不失，一以騶化，少以知
多。……夫百言有本，千言有要，萬〔言〕有蔥（總）。萬物之多，皆
閱一空。夫非正人也，孰能治此？羆（彼）必正人也，乃能操正以正奇，
握一以知多，除民之所害，而（持）民之所宜……。〔註109〕

　　這種強烈的定於一、執一御變的主張，我們推測如果不是統一前夕的先
驅學說，就是統一之後的政治意識：一則不允許有「一」之外的事物存在，
再則以「一」來統馭萬物，明君執此，自然無爲而治。〔註110〕董仲舒深受這
種「一」的理論的影響：

> 天道施，地道化，人道義，聖人見端而知本，精之至也；得一而應
> 萬，類之治也。〔註111〕

又說：

> 唯聖人能屬萬物於一而繫之元也。〔註112〕

　　這兩段話或必未是政治上的主張，但若解釋爲孔了立《春秋》之義，則
董仲舒於學術上主張定於一尊的趨向也就愈明顯了；何況他對於人君也是很
明確的主張「執一」無爲之說：

> 爲人君者居無爲之位，行不言之教。寂而無聲，靜而無形，執一無端，

〔註108〕同上篇，頁 8 下。
〔註109〕〈十大經〉，頁 219～220。
〔註110〕漢初陸賈亦有此說：「聖人執一政以繩百姓，持一概以等萬民，所以用一治而
　　　　明一統也。故天一以大成數，人一以口成倫。」見：《新語》，卷下，〈懷慮第
　　　　九〉，頁 14 上。
〔註111〕《春秋繁露》，〈天道施第八十二〉，頁 395。
〔註112〕同上書，〈垂政第十三〉，頁 119。

> 爲國源泉。因國以爲身，因臣以爲心。以臣言爲聲，以臣事爲形。……
> 故爲君虛心靜處，聰聽其響，明視其影，以行賞罰之象。〔註113〕

除了「執一」的無爲不測之術外，董仲舒還強調人君對「一」的絕對要求。他先預設天道是獨一不二的，因此君臣都應效仿天道，君以「一」繩下，臣以「一」事上，而發展出他的「忠」與「患」的造字之說：

> 天之常道：相反之物也，不得兩起，故謂之一，一而不二者，天之行也。……一出一入，一休一伏，其度一也。……天無常於物，而一於時，時之所宜，而一爲之。故開一塞一，起一廢一，至畢時而止，終有復始於一。一者一也。……故常一而不滅，天之道；事無大小，物無難易，反天之道無成者。是以目不能二視，耳不能二聽，一手不能二事，一手畫方，一手畫圓，莫能成。人爲小易之物而終不能成，反天之不可行如是。是故古之人物而書文：心止於一中者謂之忠，二中者謂之患。患，人之中不一者，不一者，故患之所由生也。是故君子賤二而貴一。人孰無善，善不一，故不足以立身；治孰無常，常不一，故不足以致功。詩云：上帝臨汝，無二汝心。知天道者之言也。〔註114〕

「天道無二」這一篇文字，由天道陰陽說起，佈下天羅地網，舉凡五官四肢的運用、造字的原則、立身、政治等各方面，都鄭重宣稱只能有一，不能有二。這種絕對信仰和絕對秩序的要求，亦是法家的基本特色。至此，董仲舒已難掩其法家傾向；何況在政治上，他又闡明臣對君的單向忠順：

> 臣不忠而君滅亡，若形體妄動而心爲之喪。是故君臣之禮，若心之與體，心不可以不堅，君不可以不賢；體不可以不順，臣不可以不忠。忠所以全者，體之力也；君所以安者，臣之功也。〔註115〕

「忠」的理論，一旦被統治者所利用，常會有殘酷的刑戮之實跟隨在不忠之名之後。〔註116〕「臣不可以不忠」，董仲舒這句話令我們想起高祖殺丁公的堂皇理由；也教我們深深認識以董仲舒爲首的西漢儒者，他們對政治的觀念已起了

〔註113〕同上書，〈保位權第二十〉，頁142。

〔註114〕同上書，〈天道無二第五十一〉，頁280～281。

〔註115〕同上書，〈天地之行第七十八〉，頁387。

〔註116〕這是一種「私忠」的要求。關於「忠」的內涵意義從公到私的演變過程，可參考劉紀曜，「公與私——忠的倫理內涵」，收入黃俊傑編，《天道與人道》，頁171～208。

根本上的變化。他們不但接受君尊臣卑的既成事實，也接受刑法在維持社會秩序方面的功能，還接受了君對臣絕對效忠的要求；然而如果只是接受，儒者還算是被動的受害者，使問題嚴重化的是身為一代儒宗的董仲舒還鼓吹這些法家之說。他的主張不但普徧而深入地影響後學者，〔註117〕而且還被統治者利用為帝王專制的政治宣傳工具。儒法兩家政治理論上的根本衝突，使雜揉法家思想的西漢儒學發展，陷入治絲益棼的糾結當中。

　　而董仲舒對學術界和政治界最不良的影響，還不在於他鼓吹法家主張而已，更重要的乃在於他將法家思想拿來解釋為《春秋》的旨意，則為害學術界更大，而統法者操縱儒家思想做為統治工具也就愈發便利了。由於尊君卑臣的緣故，自然導出主逸臣勞以及有善歸君、有惡歸臣的結論。董仲舒把這套主張也說成是《春秋》之義：

> 春秋之義，臣有惡，君名美。故忠臣不顯諫，欲其由君出也。書曰：
> 爾有嘉謀嘉猷，入告爾君于內，爾乃順之于外，曰此謀此猷，惟我
> 君之德。此為人臣之法也。古之良大夫其事君皆若是。〔註118〕

此處董仲舒所引以為「古有明訓」的是《僞古文尚書》〈君陳〉篇的說法。〔註119〕但〈君陳〉篇的著成時代本身就成問題：（一）非伏生所傳《今文尚書》中之一篇；（二）亦不在《孔壁古文尚書》篇目裡。因此董仲舒所引的這段文字是《僞古文尚書》的作者輯佚而置於〈君陳〉篇中，也許還是輯董仲舒所引的，亦未可知。總之，董仲舒此處所用的「書曰」，既非伏生所傳，亦非孔壁所出，而是當時已有的逸篇。然而，果有此逸篇，董仲舒引用時，是否即為其原義？是否有斷章取義之嫌？此種說法是否已經經過漢儒整理過，一如《禮記》和《孝經》？〔註120〕〈君陳〉篇中這種說法，清朝學者崔述亦曾致疑：「嘉謀之歸于我后，臣下自相勉勵可也，成王以之命官則失言。」〔註121〕基於上述討論，我們可以說，董仲舒這種主張實非源於儒家

〔註117〕如司馬遷、何武、杜鄴等人的主張都可以看出董仲舒的深刻影響，說詳後。
〔註118〕《春秋繁露》，〈竹林第三〉，頁36。
〔註119〕《尚書》，卷一一，〈君陳第二十三〉：「成王謂君陳曰：爾有嘉謀嘉猷，則入告爾后于內，爾乃順之於外，曰斯謀斯猷，惟我后之德。臣人咸若，時惟良顯哉！」頁5上～下。
〔註120〕關於《僞古文尚書》之僞，清閻若璩（百詩，1636～1704）《古文尚書疏證》有精到的考證。關於《禮記》和《孝經》經過漢儒的整理，往日學者亦多所討論，請參閱張心澂，《僞書通考》，頁327～341，頁418～429。
〔註121〕崔述，《古文尚書辨僞》，卷一，〈古文尚書真僞源流考〉，頁34。

本有的政治學說，更準確地說，應該是法家的一貫信條。我們在上一章論景帝誅晁錯時，已引過韓非主張「臣有其勞，君有其成功」及「有功則君有其賢，有過則臣任其罪」之說，這種邏輯推演自然大受統治者的歡迎。高祖械繫相國蕭何，有他理直氣壯的歷史根據：「吾聞李斯相秦皇帝，有善歸主，有惡自與。今相國多受賈豎金而為民請吾苑，以自媚於民，故繫治之。」王衛尉亦針對此點勸諫：「……且秦以不聞其過亡天下，李斯之分過，又何足法哉？陛下何疑宰相之淺也。」高祖聞其言，必然不悅，但心生警惕，因此當日卽赦免蕭何，但仍要文飾其過一番：「相國為民請苑，吾不許，我不過為桀紂王，而相國為賢相；吾故繫相國，欲令百姓聞吾過也。」〔註122〕話雖如此動聽，卻是強飾狡辯；而且並沒有解除「有善歸主，有惡歸臣」的要求。而繼承蕭何相位的又是以無為著稱的曹參，一切盡如前任丞相所為。那麼我們實可推測法家這套言簡意賅的尊卑設計，在漢帝國初立時，已經確定下來，並且已經遵循下去，而成為漢帝國的立國精神之一。我們所以插敘這件事，一方面是再一次證明西漢的法家之治決定於高祖，另一方面是再一次證明西漢儒者終久受到政治現實的浸染，而視君臣之尊卑美惡為當然。尤其董仲舒不只一次明言他這個主張，除了前引〈保立權〉篇謂「功出于臣，名歸于君」、〈竹林〉篇謂「臣有惡，君名美」之外，〈陽尊陰卑〉篇亦云：

> 是故春秋君不名惡、臣不名善，善皆歸于君，惡皆歸於臣。臣之義比於地，故為人臣者，視地之事天也，……惡之屬盡為陰，善之屬盡為陽。〔註123〕

我們已經指出董仲舒對當時及後代之學術與政治最不良的影響，乃來自於他將法家學說解釋為《春秋》之義，而扼殺了孔子「貶天子、退諸侯、討大夫」〔註124〕的寓意，並且提供給統治者把儒術當作法家治術宣傳工具的無上便利，而扭曲了先秦儒家學術的原意、阻滯了後代儒家學術的發展。董仲舒這種「陽儒陰法」的學術理論，並不止於君美臣惡之說，他甚至將對「一」的信奉、「屈民伸君、屈君伸天」的主張，定「貴賤尊卑」等，也全部歸功於《春

〔註122〕事見《史記》，卷五三，〈蕭相國世家〉，頁12～13。

〔註123〕《春秋繁露》，〈陽尊陰卑第四十三〉，頁259～260。

〔註124〕《史記》，卷一三○，〈太史公自序〉，司馬遷自云：「余聞董生曰：『周道衰廢，孔子為魯司寇，諸侯害之，大夫雍之。孔子知言之不用，道之不行也。是非二百四十二年之中，以為天下儀表，貶天子、退諸侯、討大夫，以達王事而已矣。』」頁21。於此復可見董仲舒儒法兼雜的矛盾思想。

秋》，使《春秋》常具有法家意味：

　　五、故春秋之道，博而要，詳而反一也。〔註125〕

　　六、春秋之法，以人隨君，以君隨天。……故屈民而伸君，屈君而伸天，
　　　　春秋之大義也。〔註126〕

　　七、春秋，大義之所本耶？……故志得失之所從生，而後差貴賤之所始
　　　　矣；論罪源深淺，定法誅，然後絕屬之分別矣；立義定尊卑之序，
　　　　而後君臣之職明矣……。〔註127〕

　　根據以上所作的比較，我們可以發現：就董仲舒個人而言，與其說他的儒
學「法家化」，似乎還不如說他的儒學「黃老化」。他的學說帶著那樣濃厚的「黃
老」色彩，使他雖然本著儒家仁義禮義教化的誠心，批評秦的苛政酷法，以及
漢武帝的任刑，可是卻無法堅持儒家立場，而有「陽德陰刑」、「陽不得陰之助，
亦不能獨成歲」、「爵祿以養其德，刑罰以威其惡」等等「黃老」之說。我們又
知董仲舒的法家思想不是傾向韓非慘刻寡恩的一派，而是傾向於外道內法又雜
揉陰陽注重統治技術的「黃老」一派，因此我們說漢初黃老學派的學理在此處
得到最佳的歸宿；法家重術的學說也在此處得到最佳的發展——在儒家思想的
掩護下，在陰陽家思想的助長下，幕後取得了正統而獨尊的地位，爲二千年的
帝王專制奠定鞏固的法家基礎。據此，我們幾乎可以說《春秋繁露》一書不只
是武帝一朝，而且是此後二千年帝制中國「陽儒陰法」政策的「大憲章」，儒術
從此成爲最便利於推行專制政治的宣傳工具。〔註128〕

　　假如我們在情感上仍然不忍心承認西漢最大的思想家、號爲群儒首的董仲
舒，竟然有這樣嚴重的法家傾向，而且正好有人懷疑《春秋繁露》一書的眞僞，
〔註129〕我們是不是可以因此而洗清董仲舒的法家思想嫌疑呢？事實不然。就算
現存《春秋繁露》不是董仲舒所著，而使前面的比較、推論、證明，完全不能
成立，董仲舒仍然不能免除他法家思想的傾向；因爲史有明文，我們的根據有
三：（一）是前面已論述過的「賢良對策」中「陽德陰刑」、德威並濟的說法，

〔註125〕《春秋繁露》，〈玉英第四〉，頁57。
〔註126〕同上書，〈玉杯第二〉，頁18。
〔註127〕同上書，〈正貫第十一〉，頁116。
〔註128〕夏曾佑，《中國古代史》，謂秦皇漢武之尊儒術，「非有契於仁義恭儉，實視儒
　　　　術爲最便於專制之教耳。」頁256。
〔註129〕《春秋繁露》的眞僞問題，請參閱張心澂，《僞書通考》，頁412～416；及徐
　　　　復觀，《兩漢思想史》，卷二，頁312～316。

是黃老學派的不激烈的法家主張；（二）是前面也已引過的「賢良對策」附言「獨尊儒術，罷黜百家」的建議，實際上是根源於講究定於「一」的法家精神；（三）是《漢書》〈循吏傳〉明言董仲舒也是武帝時代「陽儒陰法」的三巨擘之一：

> 孝武之世，……唯江都相董仲舒、內史公孫弘、兒寬居官可紀。三人皆儒者，通於世務，明習文法，以經術潤飾吏事。天子器之。〔註130〕

其中「天子器之」一句話，蘊義至玄充分表現出武帝善於因材施用，不愧爲史上雄主。因爲在實際政治上，武帝並沒有重用董仲舒：公孫弘以丞相終老，兒寬亦高據御史大夫要職，唯有董仲舒遠離中央，而爲江都王相，表面上看似談不上「天子器之」。可是這一張一弛卻可以見出武帝畢竟清楚公孫弘、兒寬兩人學術淺薄，他們的儒法相表裡，只是見風轉舵、曲學阿上，並無深刻的儒家或法家的學術涵養，這種人最適合讓他身居要津，一則便於政策的推行，二則便於對後學勸以利祿。至於董仲舒，在精神上太有儒家素養，不免喜歡諫諍，讓他居要職，恐怕會道古害今，妨害政策的進行；而且董仲舒又是一代儒師，弟子甚夥，〔註131〕讓他居高位，更有「率群下以造謗」〔註132〕的危機；所幸董仲舒深受黃老學說的影響而不自知，提供了武帝「陽儒陰法」政策最完美的學術根據。因此武帝尊他而不用他，有問題去請教他，〔註133〕把董仲舒繼續塑造成一代大儒的假象，但絕不讓他在政治上造成形勢。這恐怕才是武帝「器」用公孫弘、兒寬、董仲舒三位「儒者」的真相。前面我們還是把董仲舒的法家傾向解釋爲不自知的；但如果根據《漢書》這篇〈循吏傳〉所言，則董仲舒卻和公孫弘、兒寬一樣，都是有意識「以經術潤飾吏事」的儒者，〔註134〕這麼一來，董仲舒就更無法洗清他的法家色彩了。

　　果真如此，則董仲舒還是「潤飾」得最成功的一位儒者，令歷來學者都只注意到他儒家兼陰陽家的一面，而忽略了他法家的另一面，姑置《春秋繁露》

〔註130〕《漢書》，卷八九，〈循吏傳〉序，頁1上～下。

〔註131〕《史記》，卷一二一，〈儒林列傳〉：「仲舒弟子遂者：蘭陵褚大、廣川殷忠、溫呂步舒。………弟子通者至命大夫；爲郎、謁者、掌故者以百數。」，頁29。

〔註132〕同上書，卷六，〈秦始皇本紀〉，頁51，李斯議焚書語。卷八七〈李斯列傳〉，頁13，與此同。

〔註133〕《漢書》，卷五六，〈董仲舒傳〉：「仲舒在家，朝廷如有大議，使使者及廷尉張湯就其家而問之，其對皆有明法。」頁20下。

〔註134〕徐復觀先生在論及《漢書》這段記載時，只曰「公孫弘兒寬，以經術潤飾吏事」，而把董仲舒略掉了。這或許是當時（民國44年）徐先生尚未看出董仲舒有法家思想之故。見：徐復觀，〈儒家對中國歷史運命掙扎之一例〉，頁357。

一書不論，「天人三策」中的法家主張也還是歷歷在目，可是大家還是給陰陽、仁義之說蒙蔽了，未曾留意董仲舒暢論陰陽、論「天」，原來是給法家君臣尊卑美惡貴賤之說提供了宇宙論的形上根據。法家學說本最敷應現實政治，缺乏形上理論，也不需要形上理論；可是董仲舒賦予它形上根據，卻使它如虎添翼，更足以折服知識份子，戕害儒家學術的發展；而法家的主張在儒家與陰陽家的雙重掩護下，卻獲得最有利的發展。董仲舒的學說對統治者法家治術的貢獻是鉅大無比的，可是論者仍將董仲舒視為西漢最大「儒者」。目光如炬的朱子能看出叔孫通所制定的朝儀，無非秦人尊君卑臣之法；卻也未曾指出董仲舒的許多說法是法家之論，只是道出董仲舒並未真正秉承孔子之道：

> 漢儒董仲舒較穩，劉向雖博洽而淺，然皆不見聖人大道。〔註135〕

並且還惋惜武帝沒有「真儒」輔佐：

> 武帝病痛固多，然天資高、志向大，足以有為。使合下便得個真儒輔
> 佐，豈不大有可觀？惜乎無真儒輔佐，不能勝其多欲之私，做從那邊
> 去了。……向若能以仲舒為相，汲黯為御史大夫，豈不善！〔註136〕

可見在朱子心目中，董仲舒到底還是「真儒」，可惜武帝不知用他為相。然而經前面的分析，已知武帝實際上是最巧妙地器用了公孫弘、兒寬、董仲舒三人，讓他們各得其所，發揮所長，這才是武帝「陽儒陰法」政策的最高發揮。

當我們對《黃帝四經》的內容有所熟稔掌摹之後，便不難有所聯想：原來公孫弘的「賢良對策」也是走的「黃老」一派的路線。讓我們再檢視先前已經引述過的公孫弘的「賢良對策」，他所謂的八大「治民之本」，其用詞、其主張，大部分也都可以在《黃帝四經》裡找到根據，例如他說：「去無用之言，則事情得」，「情」字的用法與意義皆同於《黃帝四經》與《春秋繁露》；「不奪民時，不妨民力，則百姓富」，固是儒家主張，但《黃帝四經》裡也頗重視，〈經法〉篇上說：「苛事，節賦斂，毋奪民時，治之安。」〔註137〕又說：「不循天常，不節民力，周遷而无功。」〔註138〕〈十大經〉篇也說：「是故為人主者，時適三樂，毋亂民功，毋逆民時。」；〔註139〕公孫弘的「有德者進，無德者退，則朝廷尊；有功者上，無功者下，則群臣逡；罰當罪，

〔註135〕《朱子語類》，卷一三五，頁7下。
〔註136〕同上卷，頁6下～7上。
〔註137〕〈經法〉，頁197。
〔註138〕同上篇，頁206。
〔註139〕〈十大經〉，頁213。

則姦邪止；賞當賢，則臣下勸。」這四項治民之本，強調朝廷的「尊」、強調群臣的「功」、強調「賞罰」，這些都與「黃老」一派的法家精神相合。另外他所謂的四大「治之本，道之用」，更是「黃老」一派的產物：「致利除害，兼愛無私，謂之仁」源自〈經法〉篇：「精公无私而賞罰信，所以治也。……兼愛无私，則民親上。」〔註140〕以及〈十大經〉篇的：「除民之所害，而持民之所宜」與「使民同利，萬夫賴之」。〔註141〕而「進退有度，尊卑有分，謂之禮。」又強調「尊卑」觀念。「擅殺生之柄，通壅塞之塗，權輕重之數，論得失之道，使遠近情僞必見於上，謂之術」，此術一望而知是法家主張：「擅殺生之柄」本是法家的君王首要掌握的，董仲舒也主張「人主立於生殺之位，與天共持其變化之勢」，〔註142〕「壅」亦是法家專有名詞，韓非有「五壅」之說，〔註143〕《黃帝四經》不但有「三壅」之說，〔註144〕而且還對「壅塞」下了定義：「群臣離志，大臣主，命曰雍（壅）塞。」〔註145〕而有公孫弘的「通壅塞之塗」。這個對策在最後又曰：「天德無私親，順之和起，逆之害生，此天文地理人事之紀。」也是「黃老」一派的筆法：〈經法〉篇說：「天下太平，正以明德，參之於天地，而兼覆載而无私也，故王天下。」〔註146〕表明天地无私，王者順之則天下太平；「順」、「逆」並舉也是《黃帝四經》的特色，俯拾皆是，如〈經法〉篇說：「人事之理也，順之則生，理則成；逆則死，失□□名。」〔註147〕〈十大經〉篇說：「順天者昌，逆天者亡。毋逆天道，則不失守。」〔註148〕而公孫弘所言實極其近似。

從上文將董仲舒與公孫弘的「賢良對策」，及董仲舒的《春秋繁露》，分別和《黃帝四經》比照的結果看來，我們可以發現：

（一）與其說公孫弘的對策是「儒墨法三家的大綜合」，〔註149〕似乎不

〔註140〕〈經法〉，頁197。

〔註141〕見本章註84、85。

〔註142〕見本章註59。

〔註143〕《韓非子》，卷一，〈主道第五〉，頁11下。

〔註144〕〈經法〉，頁205。

〔註145〕同上篇，頁198。

〔註146〕見本章註61。

〔註147〕〈經法〉，頁206。

〔註148〕〈十大經〉，頁217。

〔註149〕許倬雲，〈秦漢知識份子〉，前引書，頁483～513。引文見頁496。同頁許先生列舉「進用有德，不奪民時，是儒家之說；不作無用之器，則有墨家意識。」又說：「『致利除害，兼愛無私謂之仁』根本是墨家的名詞，『明是非，定可否

如說「黃老」一派的學說是衰周時，儒墨道法陰陽諸家的大綜合。它以道家的虛靜守雌為形上根據，以法家刑名之學為統治技術的主體，藉陰陽家的宇宙觀來加強人間尊卑貴賤不可變易的絕對性秩序，再零零碎碎擷取儒家、墨家菁華，作為政治理論之輔助。根據這個「大雜燴」的特色，我們說它是十分晚出的一個學派。它以道家的面貌出現，大約在戰國中晚期逐漸成型，之後逐漸吸收各家之長，以肆應當時政治需要，但仍以道、法學說為主要內容。

　　（二）「黃老」學說在漢初應時代之需及君王士大夫之好，而獨霸政壇，陽道陰法地統治著大漢帝國；而且深深打入了當時知識份子的心中，以至於當武帝撤去漢帝國道家外衣，換上儒家新裝時，漢帝國法家治術的本質能夠絲毫未受損易，甚至還得到西漢儒家學術理論的有力提供與支持。如此，法家治術在武帝時焉能不囂張？我們回顧董仲舒與公孫弘的言論著作，固然訝異於「黃老」學說對這兩位「儒者」的深刻影響；下文我們分析董仲舒給政治學說及實際政治帶來更大的影響時，會令我們更訝異：「黃老」學說的法家部份，像「一隻看不見的手」，自始至終操縱著整個西漢的政治，「黃老」學說的主魂並未隨文帝、竇太后之崩薨而消失，反而盤踞著二千年的專制政治。

第四節　武帝「尊儒」的真相及其影響

　　基於以上的認識，我們可以說武帝「尊儒」的真相是：（一）所尊者非真儒；（二）非真尊儒，不過利用儒術而為專制之工具罷了。

　　從第二節、第三節詳細的敘述與分析裡，我們已經很清楚地知道：武帝所獨尊者，並非先秦孔孟之學，而是偏向法家的荀子之儒學，並且裡面還包藏了「黃老」學派的法家尊君卑臣之主張及刑名統治技術。大凡一種學說，若欲長久流傳，且需與其他學派分庭抗禮時，則自不能長久維持原始內容，必須隨著時代遷移而不斷修改，否則易被時代所淘汰。儒學亦然，創於孔子，成於孟子，發展至荀子，競爭的學派益夥，儒學自不免受到衝擊與影響，到

之義，進退有度，尊卑有分謂之禮』不脫儒家本色，而『擅殺生之柄，通塞之塗，權輕重之權，論得失之道，使遠近情偽必見於上，謂之術』則全是形名之說申韓之學了。」證明公孫弘的對策是儒墨法三家的大綜合。許先生也看出了《黃帝四經》是「綜合道家與法家思想的作品，也加進了若干陰陽家的看法。」（同上文，頁490）只是許先生沒有留意到《黃帝四經》對董仲舒、公孫弘的直接與深刻的影響。

了西漢已頗失孔孟原義——雖則漢儒動輒擡出孔子，甚至尊孔子爲「素王」。但是君臣關係上，漢代的儒學毋寧稱爲「荀學的法家式的發展」來得名實相符。〔註150〕「禮」是儒學要目，而我們卻看到《禮記》中充斥著法家君臣之義之說，例如〈禮運〉篇說：

> 天生時而地生財，人其父而師教之，四者君以正用之，故君者立於無過之地也。〔註151〕

這段文字雖曰君之無過必須通過嚴格的學習乃可得，但可想而知統治者必定跳過那些過程，一步而至「君者立於無過之地」的境界，否則叔孫通如何告訴惠帝：「人主無過舉」？〈郊特牲〉篇云：

> 男子親迎，男先於女，剛柔之義也；天先乎地，君先乎臣，其義一也。
> 〔註152〕

又〈坊記〉篇引孔子之言曰：

> 天無二日，上無二王，家無二主，尊無二上，示民有君臣之別也。
> 〔註153〕

這種喜以天地來比喻君臣之義，又用「無二」來強調「一」的說法，很顯然是受了「黃老」的學說的影響。《禮記》裡的法家主張，說明了《禮記》一書的確經過「漢儒」的整理；也顯示出法家思想已侵入儒家經典，而儒者毫不自知，仍奉爲金科玉律般遵守。

因此實際上鄙儒的武帝，〔註154〕正好藉「尊儒」之名，來行專制之實。蓋在荀學的影響下，儒者乃一群戰戰兢兢的忠順之臣；在「黃老」學說的影響下，

〔註150〕荀子提供了許多臣子忠貞恭順於主上之理論，例如〈儒效篇〉云：「人主用之，則勢在本朝而宜；不用則退編百姓而愨，必爲順下矣。雖窮困凍餧，必不以邪道爲貪；無置錐之地，而明於持社稷之義。」（卷四，頁40上）〈仲尼篇〉云：「持寵處位，終身不厭之術：主尊貴之，則恭敬而傅；主信愛之，則謹愼而嗛；主專任之，則拘守而詳；主安近之，則愼比而不邪；主疏遠之，則全一而不倍；主損絀之，則恐懼而不怨。貴而不爲夸，信而不忘處謙，任重而不敢專。財利至則言善而不及也，必將盡辭讓之義，然後受。福事至，則和而理；禍事至，則靜而理。富則施廣；貧則用節。可貴可賤也，可富可貧也。可殺而不可使爲姦也。是持寵處身，不厭之術也。」（卷三，頁36下～37上）是荀子提供了一套卑以事上的先驅理論。

〔註151〕《禮記》，卷七〈禮運第九〉，頁6上。

〔註152〕同上書，卷八，〈郊特牲第十一〉，頁9上。

〔註153〕同上書，卷一五，〈坊記第三十〉，頁13上。

〔註154〕其鄙儒情形，已見第一章第一節，註29、30。

儒者對君王更是絕對卑下與絕對效忠。而且漢室特別提倡孝道——從他們帝王的諡號上都冠以「孝」字，〔註155〕便可知其用意。我們又可以從其他的儒家經典上，找到「孝」是爲「事君」作準備的種種根據，例如《孝經》「開宗明義章」，仲尼是這樣教導曾子的：

　　　　夫孝，始於事親，中於事君，終於立身。〔註156〕

把出於天性的親子之情，擴大爲君臣之義，對漢朝統治者而言，「不忠君」之臣，同時亦蒙「不孝」之名，這是何等罪過！於天理國法人情，無一能容。《禮記》更明言：

　　　　孝者，所以事君也；弟者，所以事長也；慈者，所以使眾也。〔註157〕

而「事君」的具體原則，是要身先其君，猶如子之先其親：

　　　　君有疾飲藥，臣先嘗之；親有疾飲藥，子先嘗之。〔註158〕

必要的時候不惜以身殉：

　　　　爲人臣者殺其身有益於君則爲之，況于其身以善其君乎？〔註159〕

諸如此類的主張，最易爲統治者所利用以繩下；至於《禮記》的另一面：「敬大臣也，體群臣也，子庶民也，來百工也，柔遠人也，懷諸侯也。」〔註160〕這種雍雍穆穆的先秦理想，統治者是可以視若無睹的。儒家經典之被利用爲君王專制之具，絕不止於《禮記》《孝經》二書，爲害最深的當推《春秋》，知識份子以「春秋之義」彼此相繩，統治者則一旁坐看知識份子走向更困厄之途。

　　武帝時，「三大儒者」——公孫弘、兒寬、董仲舒，既都自覺地或不自覺地身爲「陽儒陰法」的人物，尤其是儒宗董仲舒對尊君卑臣的觀念又是那樣牢不可拔，武帝正好善加利用，因勢利導、特加推尊。影響所及，君臣尊卑貴賤等法家主張，竟爾成爲「漢儒」普徧共具的觀念，視爲理所當然。西漢從政的知識份子不自覺地接受法家學說的現象，我們隨手就可以拈出例子來。第一章曾引司馬遷云：

〔註155〕（一）《漢書》，卷二，〈惠帝紀〉，顏師古注〈孝惠皇帝〉曰：「孝子善述父之志，故漢家之諡，自惠帝已下皆稱孝也。」頁1上。（二）同上書，卷六八，〈霍光傳〉，大司農田延年曰：「………漢之傳諡常爲孝者，以長有天下，令宗廟血食也。」頁5下。

〔註156〕《孝經》，卷一，〈開宗明義章第一〉，頁3下。

〔註157〕《禮記》，卷一九，〈大學第四十二〉，頁10上。

〔註158〕同上書，卷一，〈曲禮下〉，頁23下～24上。

〔註159〕同上書，卷六，〈文王世子第八〉，頁15上。

〔註160〕同上書，卷一六，〈中庸第三十一〉，頁7下。

　　天尊地卑，君臣定矣；高卑已陳，貴賤位矣。〔註161〕

拿天地來比喻君臣之尊卑貴賤，此種說法，最得董仲舒真傳；而像董仲舒那樣，拿《春秋》來解釋尊卑之義的，也所在多有，例如成帝時，大司空何武與丞相翟方進議罷刺史，仿古置州牧，即曰：

　　春秋之義，用貴治賤，不以卑臨尊。刺史位下大夫，而臨二千石，輕
　　重不相準，失位次之序。臣請罷刺史，更置州牧，以應古制。〔註162〕

哀帝時，外戚傅氏、丁氏俱隆，傅太后且與政專權，時杜鄴舉為方正，諫曰：

　　臣聞陽尊陰卑，卑者隨尊，尊者兼卑，天之道也。是以男雖賤，各
　　為其家陽；女雖貴，猶為其國陰。故禮明三從之義，雖有父母之德，
　　必繫於子。春秋不書紀侯之母，陰義殺也。……〔註163〕

這一類彰明《春秋》中有絕對性宇宙秩序、絕對性社會秩序之義的說法，恍兮惚兮都有董仲舒的影子在焉。在董仲舒的影響下，《春秋》陰陽尊卑之說不僅可以用來定君臣之位、議論官制、規勸外戚專權，也可以用來主張中央與諸侯之關係。這些觀念，不僅深深打入西漢知識份子的意識，且及於東漢。史載東漢章帝（於西元76～89年在位）性情寬仁，對叔父濟南、中山二王特加恩寵，及諸昆弟並留京師，不遣就國。尚書宋意以為人臣有節，不宜踰禮過恩，上疏勸諫，也要引《春秋》大義：

　　……春秋之義，諸父昆弟無所不臣，所以尊尊卑卑，彊幹弱枝也。
　　陛下德業隆盛，當為萬世典法，不宜以私恩損上下之序、失君臣之
　　正。……〔註164〕

「春秋之義」既可用來規範各方面的人間秩序，因此在西漢發展出以「春秋之義」為決事根據、為賞罰標準、為政爭工具、為「經義治獄」等等類似後代「以理殺人」的議法，也就不足為奇了。

第五節　《春秋》決事與酷吏橫行

　　董仲舒曾著有《公羊董仲舒治獄》十六篇，〔註165〕其書今已不傳；而《董

〔註161〕已見第一章第一節，註108。
〔註162〕《漢書》，卷八三，〈朱博傳〉，頁15上。
〔註163〕同上書，卷八五，〈杜鄴傳〉，頁20下。
〔註164〕王先謙，《後漢書集解》（以下簡稱《後漢書》），卷四一，〈宋意傳〉，頁16下。
〔註165〕《漢書》卷三○，〈藝文志〉，「春秋類」，頁16下。

仲舒傳》雖記載：「仲舒在家，朝廷如有大議，使使者及廷尉張湯就其家而問之，其對皆有明法。」〔註166〕也未有詳情。因此，當時董仲舒如何決事、如何治獄，今已不得而知〔註167〕但我們從《張湯傳》的記載，倒可知道武帝確實把「經義治獄」這套方法加以制度化：

> 是時，上方鄉文學，湯決大獄，欲傅古義，乃請博士弟子治尚書、春秋，補廷尉史，平亭疑法。奏讞疑，必奏先為上分別其原：上所是，受而著讞法，廷尉挈令，揚主之明；奏事即譴，湯摧謝，鄉上意所便，……。〔註168〕

除了制度化之外，這段記載還透露一項嚴重的事實，即張湯號為引經義治獄，卻是舞文巧詆，曲意逢上。執「天下之平」〔註169〕的廷尉，這般察上意而輕重其法，天下之執法者必起而效之，武帝時的吏治，由此可見一斑。時張湯的第一號助手廷尉奏讞掾兒寬，亦「以古法義決疑獄」，〔註170〕湯甚重之。根據這些史料，我們推測「經義治獄」恐係武帝假手董仲舒、張湯、兒寬等所造成的。

西漢時最有名的「經義治獄」有兩案：一是武帝時，董仲舒的弟子呂步舒治淮南王；一是昭帝時，雋不疑治偽衛太子。《史記》〈儒林列傳〉載：

> 仲舒弟子遂者：……。步舒至長史，持節使治淮南獄，於諸侯擅專斷，不報，以春秋之義正之，天子皆以為是。〔註171〕

此案，呂步舒究竟引《春秋》何義治之，我們不得而知。另一案班固的記載則較清楚：

> 始元五年，有一男子……詣北闕，自謂衛太子。丞相御史中二千石至者並莫敢發言。京兆尹不疑後到，叱從吏收縛。或曰：「是非未可知，且安之。」不疑曰：「諸君何患於衛太子？昔蒯聵違命出奔，輒距而不納，春秋是之。衛太子得罪先帝，亡不即死，今來自詣，此罪人也。」遂送詔獄。天子與大將軍霍光聞而嘉之，曰：「公卿

〔註166〕見本章註133。
〔註167〕《漢書》〈藝文志〉，〈公羊董仲舒治獄十六篇〉下，王先謙補注引《通典》、《太平御覽》各輯董仲舒春秋治獄二事，皆與斷「連坐」與否有關。同註165，頁16下～17上。
〔註168〕《漢書》，卷五九，〈張湯傳〉，頁2下～3上。
〔註169〕文帝時，廷尉張釋之語。見《史記》，卷一○二，〈張釋之列傳〉，頁9。
〔註170〕《漢書》，卷五八，〈兒寬傳〉，頁11下。
〔註171〕《史記》，卷一二一，〈儒林列傳〉，頁29。

大臣當用經術明於大誼。」繇是名聲重於朝廷,在位者皆自以不及
也。〔註172〕

雋不疑根據的是衛靈公太子蒯聵得罪靈公,而出奔晉國的典故,〔註173〕由「春
秋是之」而判定:卽令這一男子果爲衛太子,也是罪人,因此予以收押。這
種斷案決獄方式顯示當時政治、法律、學術混淆不清:表面上,似乎學術第
一,根據學術旨意而同時解決了政治與法律問題;實際上卻是學術分別受到
政治與法律的利用,以及學術與法律同受政治的利用。易言之,還是政治掛
帥,法律與學術均未得獨立。特別是這種方式又受到統治者的嘉許與提倡,
其政治作用就更明顯了。其後宣帝時,張敞繼黃霸爲京兆尹,「敞本治春秋,
以經術自輔,其政頗雜儒雅,往往表賢顯善,不醇用誅罰,……朝廷每有大
議,引古今,處便宜,公卿皆服,天子數從之。」〔註174〕卽是當初昭帝和霍
光嘉勉的「公卿大臣當用經術明於大誼」之下的產物,而張敞亦「以此能自
全,竟免於刑戮」。〔註175〕可見「經義」的效用之大。

對「經義決獄」指陳得最爲痛切的是馬端臨(貫與,宋理宗淳祐中──元
泰定時或稍後),他認爲董仲舒與張湯要對「經義決獄」負絕大責任:

(董仲舒)決事比之書與張湯相授受,度亦災異對之類耳。(武)帝
之馭下,以深刻爲明;湯之決獄,以慘酷爲忠;而仲舒乃以經術附
會之。王(弼)、何(晏)以老莊宗旨釋經,昔人猶謂其深於桀紂,
況以聖經爲緣飾淫刑之具,道人主以多殺乎!其罪又深於王、何矣。
又按漢刑法志言,自公孫弘以春秋之義繩下,張湯以峻文決理,於
是見知腹誹之獄興。湯傳又言,湯請博士弟子治春秋、尚書者補廷
尉史。蓋漢人專務以春秋決獄,陋儒酷吏遂得因緣假飾。往往見二
傳中所謂「責備」之說、「誅心」之說、「無將」之說,與其所謂巧
詆深文者相類耳。聖賢之意豈有是哉?〔註176〕

武、昭兩朝,統治者最爲提倡與鼓勵「公卿大臣當用經術明於大誼」,影響所
及,武帝以後至西漢末朝的「陋儒酷吏」不但以經義決獄,而且藉經義來做
爲政治競爭、權力傾軋、羅織或加深罪狀的工具。這種動輒援引「春秋之義」

〔註172〕《漢書》,卷七一,〈雋不疑傳〉,頁 2 上~3 上。
〔註173〕同上卷,頁 2 下,顏師古注。
〔註174〕同上書,卷七六,〈張敞傳〉,頁 16 下。
〔註175〕同上註。
〔註176〕馬端臨,《文獻通考》,卷一八二,〈經籍九〉,頁 1567 上~中。

的作風，扭曲了聖人原義、加深了「經義」的殘酷性。最嚴重的是知識份子互相殘害而不自知，這更是董仲舒所逆想不到的。

首先我們看武帝如何處理淮南王安。武帝並不自定淮南王謀反有罪，而是交與諸侯王、列侯、丞相去「會審」，而且還交代諸侯各以其國爲本，不當坐收衡山王賜，因此諸王等專治淮南王：

> 趙王彭祖、列侯臣讓等四十三人議，皆曰：「淮南王安甚大逆無道，謀反明白，當伏誅。」膠西王臣端議曰：「淮南王安廢法行邪，懷詐僞心，以亂天下，熒惑百姓，倍畔宗廟，妄作妖言。春秋曰：臣無將，將而誅。安罪重於將，謀反形已定。臣端所見其書節印圖，及他逆無道事驗明。甚大逆無道，當伏其法。……以章臣安之罪，使天下明知臣子之道，毋敢復有邪僻倍畔之意。」〔註177〕

淮南王死罪已定，膠西王端還要援引「春秋曰」來加重其罪，此舉不外乎投合君王所好，挾經義以自重。結果當然是使淮南王更罪無可逭，因爲那是出於孔子的制裁。在「獨尊儒術」的武帝朝裡，孔子的制裁即是最高法院的三審定讞，毋須再發回更審；而且根據這段引文，淮南王是應該被判三個死刑的：「大逆無道」當誅、「謀反」當誅、「罪重於將」尤其當誅，宜乎符節未至，而淮南王已自剄。武帝讓諸侯王議定諸侯王之罪，讓骨肉手足自相殘殺，自己則安坐帝位，完全無辜，「無爲而無不爲」的統治技術在此處又得到高度發揮。

昭帝以稚童繼帝位，霍光受武帝之託輔政十二年；又立宣帝有功，宣帝甚敬畏，即位後仍由霍光繼掌政，至霍光死，才還政宣帝。總計霍光掌權達二十年之久，樹大招風，政敵不少；又好重法，〔註178〕積怨亦深；而其子弟姪孫復不知節制，反而囂張奢僭，霍光夫人且有毒殺許皇后之嫌；〔註179〕然霍光在位時，權傾一時，無人敢得罪，逮乎霍光一死，則群臣紛紛發難，欲抑制霍氏的權力。其中張敞上封事，蕭望之與宣帝對問，皆引《春秋》來確定霍氏專權之罪，提醒宣帝勿讓權臣傾國。張敞曰：

> 臣聞公子季友有功於魯，大夫趙衰有功於晉，大夫田完有功於齊，皆疇其官邑，延及子孫。終後田氏簒齊、趙氏分晉、季氏顓魯。故仲尼作春秋，迹盛衰，譏世卿最甚。乃者大將軍決大計、安宗廟、

〔註177〕《史記》，卷一一八，〈淮南王列傳〉，頁38～39。
〔註178〕《漢書》，卷六〇，〈杜延年傳〉：「光刑罰嚴，延年輔之以寬。」頁3下。
〔註179〕同上書，卷九七上，〈外戚傳〉，頁22上～23下。

定天下，功亦不細矣。夫周公七年耳，而大將軍二十歲，海內之命，斷於掌握。方其隆時，感動天地，侵迫陰陽，月朓日蝕，晝冥宵光，地大震裂，火生地中，天文失度，祅祥變怪，不可勝記，皆陰類盛長，臣下顓制之所生也。……今兩侯以出，人情不相遠，以臣心度之，大司馬及其枝屬必有畏懼之心。夫近臣自危，非完計也。……〔註180〕

蕭望之也說：

春秋昭公三年大雨雹，是時季氏專權，卒逐昭公。鄉使魯君察於天變，宜亡此害。今陛下以聖德居位，思政求賢，堯舜之用心也；然而善祥未臻，陰陽不和，是大臣任政，一姓擅勢之所致也。附枝大者賊本心，私家盛者公室危。唯明主躬萬機、選同姓、舉賢材，以爲腹心，與參政謀，令公卿大臣朝見奏事，明陳其職，以考功能。

如是，則庶事理、公道立、姦邪塞，私權廢矣。〔註181〕

並觀張敞和蕭望之的意見，我們可以發現三個共同之處：（一）都引《春秋》季氏顓魯之害來做爲前車之鑑；（二）都以陰陽失調來做爲權臣傾政所顯示的天變，張敞尤其牽強附會地引來許多災異，加重霍氏專權之罪；（三）都是法家式地主張中央集權，強調因能任職，令群臣輻輳並進，不得有一姓之擅勢。這三項正是《春秋繁露》的特點，於此我們不但可以知道董仲舒的影響之大；也可以推測董仲舒的《公羊決獄》書雖不存，然其內容必離不開這些，而爲後學者所競相仿效。

對知識份子造成更直接且更嚴重傷害的，是知識份子彼此以「春秋之義」互相攻詰，令統治者坐收漁翁之利。成帝時，司隸校尉涓勳劾奏丞相薛宣，開宗明義即挾「春秋之義」之威：

春秋之義：王人微者序乎諸侯之上，尊王命也。臣幸得奉使，以督察公卿以下爲職；今丞相宣請遣掾史，以宰士督察天子奉使命大夫，甚悖逆順之理。宣本不師受經術，因事以立姦威。案浩商所犯，一家之禍耳；而宣欲專權作威，乃害於乃國，不可之大者。願下中朝特進列侯、將軍以下，正國法度。〔註182〕

〔註180〕同上書，卷七六，〈張敞傳〉，頁13上～14上。
〔註181〕同上書，卷七八，〈蕭望之傳〉，頁2下～3上。
〔註182〕同上書，卷八四，〈翟方進傳〉，頁2下～3上。

時丞相司直翟方進陰察涓勳之過，不久亦奏狀反脣相詰。而翟方進師受《穀梁》，〔註183〕對「春秋之義」更是如數家珍：

> 臣聞國家之興，尊尊而敬長，爵位上下之禮，王道綱紀。春秋之義：尊上公謂之宰，海內無不統焉。丞相進見聖王，御坐爲起，在輿爲下，群臣宜皆承順聖化，以視四方。勳吏二千石，幸得奉使，不遵禮儀，輕謾宰相，賤易上卿，而又詘節失度，邪謟無常，色屬內荏。墮國體，亂朝廷之序，不宜處位。臣請下丞相免勳。〔註184〕

當時太中太夫平當雖續劾翟方進不以道德輔正丞相，反阿助大臣，然成帝終「以方進所舉應科，不得用逆詐廢正法，遂貶勳爲昌陵令。」〔註185〕維護了丞相薛宣和丞相司直翟方進。此事究竟誰是誰非，我們不做歷史清官；只是留意這個事件所顯示的意義：（一）雙方所引的「春秋之義」都含有很強烈的中央集權意味，以至於譴責對方過失、要求制裁對方時，也都含有極強烈的法家語氣；（二）在互相排擠的過程中，對儒術浸染愈深的知識份子，他的指陳愈「陽儒陰法」，殺傷力愈強。觀涓勳的劾奏，用的是已經落伍的「黃老」一派的語氣，而且又自稱「不師受經術」；翟方進的措辭則給人「儒家」的印象，實際上卻是更嚴酷的法家「尊卑秩序」的要求，打動人主之心是必然的，因此成帝接受翟方進之奏，而將司隸校尉涓勳貶爲昌陵令。我們考察翟方進的學術背景，很意外地發現居然又是一位「儒宗」〔註186〕：「經博士受春秋。積十數年，經學明習，徒眾日廣，諸儒稱之。」〔註187〕使我們深深明白武帝「陽儒陰法」政策的成功及其嚴重流毒：地位再高的大臣只要被扣上「春秋之義」的大帽子，便只好依統治的者「自由心證」，或無罪，如丞相薛宣；或貶官，如司隸校尉涓勳；或免爲庶人，如成帝的第一位丞相匡衡；〔註188〕或招殺身之禍，如下面要討論的朱博。

　　哀帝（於西元前6年～元年在位）時，政事屢脅於祖母傅太后，〔註189〕朝臣由是分爲兩派，一派依附傅太后，有孔鄉侯傅晏、丞相朱博、御史大夫趙玄

〔註183〕同上卷，頁7下。
〔註184〕同上卷，頁3上～下。
〔註185〕同上卷，頁4上。
〔註186〕同上卷，班彪贊曰：「……身爲儒宗，致位宰相，盛矣！」，頁20下。
〔註187〕同上卷，頁1上～下。
〔註188〕同上書，卷八一，〈匡衡傳〉，頁11上。
〔註189〕同上卷，〈孔光傳〉，頁17上～17下，自「哀帝初即位」至「脅於傅太后，皆此類也。」

等；另一派與之對抗，有前丞相孔光、前大司空師丹、高武侯傅喜、左將軍彭宣等。爲了傅太后私人恩怨，兩派尖銳對立，朱博以京兆尹一路奏免傅喜、師丹、孔光，自己也一路升官至丞相，仍不罷休，繼續劾奏已故大司空何武，議罷爵土之封；哀帝疑朱博等承傅太后之指，左將軍彭宣劾奏朱博、傅晏等以股肱大臣，傾亂政治，議下獄。哀帝事下公卿大臣議，右將軍橋望等四十四人以爲如彭宣所言；諫大夫龔勝等十四人則繩之以經義：

> 春秋之義，姦以事君，常刑不舍。魯大夫叔孫僑如欲顓公室，譖其族兄弟季孫行父於晉，晉執囚行父以亂魯國，春秋重而書之。今晏放命圮族，干亂朝政，要大臣以脅上，本造計謀，職爲亂階，宜與博、玄同罪，罪皆不道。〔註190〕

依他們所議，則朱博、趙玄、傅晏三人都犯了「（大逆）不道」之罪，當伏誅；而哀帝究竟不敢太得罪傅太后，因此減趙玄死罪三等，削傅晏食戶四分之一，至於丞相朱博，則假謁者節召詣廷尉詔獄，朱博卽自殺。〔註191〕

西漢知識份子引「春秋之義」大率如此——在董仲舒「春秋決事」的影響下，大張「春秋之義」，彼此攻擊，必置對方於死地而後已。西漢統治者及執法者用法本已不輕，現在知識份子更把《春秋》化爲重典，把自己陷在牢籠裡，增加無數冤獄。並且由於「連坐法」之故，經常株連甚多無辜者。以淮南王、衡山、江都王謀反爲例，「公卿尋端治之，竟其黨與，而坐死者數萬人。」〔註192〕其他史書未書者，復不知有多少。統治者在這種借刀殺人的高明手段下，正不知殘害了多少知識份子，更不知扭曲了多少儒家經典原義。從武帝提倡「春秋決事」之後至西漢末，這一百多年的時間裡，能引經義來助成統治者行仁義者，幾希矣，大概只有蕭望之主張不趁匈奴之亂而滅之這件事情而已。宣帝五鳳元年，匈奴五單于爭立國，大亂；廷議多謂匈奴爲害日久，可乘匈奴之亂舉兵滅之。宣帝遣使詔問御史大夫蕭望之對策，蕭望之曰：

> 春秋晉士匄帥師侵齊，聞齊侯卒，引師而還。君子大其不伐喪，以爲恩足以服孝子，誼足以動諸侯。前單于慕化鄉善稱弟，遣使請求和親，海內欣然，夷狄莫不聞。未終奉約，不幸爲賊臣所殺，今而

〔註190〕同上書，卷八三，〈朱博傳〉，頁 16 下～17 上。
〔註191〕同上卷，頁 17 上。
〔註192〕《史記》，卷三〇，〈平準書〉，頁 14。

> 伐之，是乘亂而幸災也，彼必奔走遠遁。不以義動兵，恐勞而無功。
> 宜遣使者弔問，輔其微弱，救其災患，四夷聞之，咸貴中國之仁義。
> 如遂蒙恩得復其位，必稱臣服從，此盛德也。〔註193〕

宣帝從其議，遣兵護輔呼韓邪單于平定其國。這在西漢是很少有的事。

　　在這個經濟富庶、儒學昌盛的西漢社會裡，令統治者覺得難以駕馭的，除了對現實政治不滿、好批評攻伐的知識份子之外，還有各地豪富與盜賊。知識份子那一部分，自武帝開始，已假手知識份子以「春秋之義」去自相束縛、傷害；富豪及盜賊則交由酷吏去大展殺風，同時也利用「守法不阿」輩之酷吏來治理驕恣的貴戚。

　　漢之初興，質樸無文，不但缺少儒家「教化」的觀念，而且還有許多人仍持秦帝國以刑法爲治的觀念。我們看賈誼「治安策」中一段文字，可證明當時還有人習於秦之刑法之治：

> 湯武置天下於仁義禮樂，而德澤洽，禽獸草木廣裕，德被蠻貊四夷，累子孫數十世，此天下所共聞也；秦王置天下於法令刑罰，德澤無一有，而怨毒盈於世，下憎惡之如仇讎，幾及身，子孫誅絕，此天下之所以見也。……今或言禮誼之不如法令，教化之不如刑罰，人主胡不引殷、周、秦事以觀之也？〔註194〕

而統治者復酷愛「黃老」之術，操持刑賞利器，講究統治技術。因此我們說西漢的立國精神，一開始就頗有「刑」的偏向。而在實際的統治上，西漢又是承襲秦法的，〔註195〕後來惠帝、呂后、文帝，雖陸續廢除挾書律、三族罪、收孥律、誹謗妖言法、肉刑等苛法，然法律猶多而不止，用刑仍重，試觀《漢書》〈刑法志〉班固之論便可知：

> 漢承衰周暴秦極敝之流，俗已薄於三代，而行堯舜之刑，是猶以羈而御悍突，違救之宜矣。且除肉刑者，本欲以全民也，今去髡鉗一等，轉而入於大辟，以死罔民，失本惠矣。故死者歲以數，刑重之所致也。〔註196〕

又文帝時張蒼、馮敬等奏除肉刑，視罪之輕重易爲「城旦舂」、「笞三百」、「笞

〔註193〕《漢書》，卷七八，〈蕭望之傳〉，頁6下～7上。
〔註194〕同上書，卷四八，〈賈誼傳〉，頁27上～下。
〔註195〕已見第一章第二節，註102至107。
〔註196〕《漢書》，卷二三，〈刑法志〉，頁22上～下。

五百」……等，然笞數旣多，刑人亦多不活，是故「外有輕刑之名，內實殺人」。〔註197〕景帝下詔減笞，「自是笞者得全，然酷吏猶以爲非。死刑旣重，而生刑又輕，民易犯之。」〔註198〕〈刑法志〉裡提供我們頗多資料，讓我們認識漢初用刑旣繁且重，而所謂「網漏吞舟」〔註199〕、所謂「衣食滋殖，刑罰用稀」〔註200〕、所謂「風流篤厚、禁罔疏闊。……刑罰大省，至於斷獄四百，有刑錯之風。」〔註201〕恐怕都只是和酷秦比較的結果，或只是虛飾之辭。實際上，臣民所受的刑殺，仍是相當可觀的。到了武帝時，由於酷吏的猖狂，死於「法」的更是難計其數。

根據范曄（398～445）的說法，似乎酷吏也是因應時代需要而產生的：

> 漢承戰國餘烈，多豪猾之民，其兼併者則陵橫邦邑，桀健者則雄張閭里。且宰守曠遠，戶口殷大。故臨民之職，專事威斷，族滅姦軌，先行後聞。〔註202〕

西漢的酷吏雖不若范曄所說的，彷彿自漢初就專事威斷了；但是我們卻也知道，在武帝之前，酷吏也已經開始逞威風，令朝臣畏懼了。前面引過絳侯周勃被告謀反下獄，獄吏侵辱之，及周勃無罪出獄，乃曰：

> 吾嘗將百萬軍，然安知獄吏之貴乎！〔註203〕

開國功臣居然也要屈服於獄吏，便可見吏的威勢了；同時也可見文帝雖尚寬簡，卻也縱容吏的無禮、侵犯，讓他們漸漸坐大。等到武帝以深刻急功爲能，酷吏便如雨後春筍般，一一出頭了。

據《漢書》〈酷吏傳〉所載，西漢一朝的酷吏，包括別立列傳的晁錯、張湯和杜周，一共十七人，其中武帝時的酷吏就佔了十一位之多，〔註204〕可見斯時統治者提倡有加。而且西漢用法的深刻繁重乃自武帝招張湯、趙禹制定律令始，〔註205〕蓋其目的「務在深文，拘守職之吏」，〔註206〕故「其後姦猾巧法，轉相

〔註197〕同上卷，頁 13 下～14 下。
〔註198〕同上卷，頁 14 下～15 上。
〔註199〕同上卷，頁 17 上～下。
〔註200〕同上卷，頁 12 下；另見《史記》，卷一二二，〈酷吏列傳〉，頁 4。
〔註201〕同上卷，頁 12 下。
〔註202〕《後漢書》，卷七七，〈酷吏列傳〉序，頁 1 上。
〔註203〕已見第三章第三節，註136。
〔註204〕計有寧成、周陽由、張湯、杜周、趙禹、義縱、王溫舒、尹齊、楊僕、咸宣及田廣明。
〔註205〕《史記》，卷一二二，〈酷吏列傳〉：「（趙禹）與張湯論定諸律令，作見知，吏

比況，禁罔寖密」〔註207〕、「長吏益慘急而法令明察」。〔註208〕於是在「陽儒陰法」的掩護下，在武帝「以爲能」的鼓勵下，酷吏的殘刻達到了空前絕後的成就。昭宣兩帝時，猶有餘烈，蓋昭帝幼立，大將軍霍光輔政，「大臣爭權，上官桀等與燕王謀作亂，光卽誅之，遂遵武帝法度，以刑罰痛繩群下，繇是俗吏上嚴酷以爲能」；〔註209〕宣帝雖自稱「霸王道雜之」，實際上還是以任法爲主，〔註210〕蓋寬饒奏封事所云：

> 方今聖道寖廢，儒術不行，以刑餘爲周召，以法律爲詩書。〔註211〕

可以說非常直言，而「以法律爲詩書」尤可謂一語道盡西漢一朝之統治特色。直至哀帝、平帝時，酷吏仍未罷休，只是班固未一一備載罷了。〔註212〕

這些酷吏，根據他們表現的特色，大致可分爲三類：

（一）枉法之酷吏——此輩多曲法阿上。始作俑者首推張湯，湯爲廷尉決大獄「所治卽上意所欲皋，予監吏深刻者；卽上意所欲釋，予監吏輕平者。所治卽豪，必舞文巧詆；卽下戶羸弱，時口言『雖文致法，上裁察。』於是往往釋湯所言。」〔註213〕可見張湯枉法猶有爲貧弱調護之時，至杜周則完全曲法承上，甚至還爲枉法找來堅強理由：「周爲廷尉，其治大抵放張湯，而善候司。上所欲擠者，因而陷之；上所欲釋，久繫待問而微見其冤狀。客有謂周曰：『君爲天下決平，不爲三尺法，專以人主之意指爲獄，獄者固如是乎？』周曰：『三尺法安出哉？前主所是著爲律，後主所是疏爲令。當時所是，何古之法乎？』」〔註214〕因此他爲廷尉時，「詔獄亦益多矣。……會獄，吏因責如

　　　傳得相監司。用法益刻，蓋自此始。」，頁11。
〔註206〕《漢書》，卷五九，〈張湯傳〉，頁2上。
〔註207〕同上書，卷二三，〈刑法志〉，頁15下。
〔註208〕《史記》，卷三〇，〈平準書〉，頁14。
〔註209〕《漢書》，卷八九，〈循吏傳〉，頁4上～下。
〔註210〕《漢書》多處提到，例如卷七七，〈蓋寬饒傳〉：「是時上（按：宣帝）方用刑法，信任中書宦官。」頁3下；卷七八，〈蕭望之傳〉：「宣帝不甚從儒術，任用法律，而中書宦官用事。」頁9下；卷八一，〈匡衡傳〉：「宣帝不甚用儒，遣衡歸官。」頁2上。
〔註211〕同上書，卷七七，〈蓋寬饒傳〉，頁3下。
〔註212〕同上書，卷九〇，〈酷吏傳〉，班固贊曰：「張湯死後，罔密事叢，以寖耗廢。九卿奉職，救過不給，何暇論繩墨之外乎？自是以至哀平，酷吏眾多，然莫足數，此其知名見紀者也。」，頁20下～21上。
〔註213〕《史記》，卷一二二，〈酷吏列傳〉，頁16～17。
〔註214〕《漢書》，卷六〇，〈杜周傳〉，頁1下～2上。

章告劾，不服，以掠笞定之。於是聞有逮證，皆亡匿。……詔獄逮至六七萬人，吏所增加十有餘萬。」〔註215〕足見敗壞吏政者，應以杜周爲最。其後爲執金吾時，逐捕桑弘羊、衞皇后昆弟子，又是刻深爲功，「上以爲盡力無私，遷爲御史大夫」〔註216〕終老。

（二）直法之酷吏——此輩多奉公守正，有郅都、趙禹、義縱等。郅都爲景帝時的中尉，「行法不避貴戚，列侯宗室見都側目而視，號曰蒼鷹。」〔註217〕而且不惜犠牲己身，以維護國家法律：「己背親而出，身固當奉職死節官下，終不顧妻子矣！」〔註218〕這位耿耿忠臣後來果因臨江王自殺，觸怒竇太后而遭斬。與張湯共定律令的趙禹，其行徑則與張湯大不相同，「志在奉公孤立」〔註219〕、「據法守正」〔註220〕、「爲人廉據，……爲少府九卿，酷急。至晚節，事益多。吏務爲嚴峻，而禹治加緩，名爲平。」〔註221〕是衆酷吏中唯一「壽卒于家」者。義縱爲長安令時，「直法行治，不避貴戚。」〔註222〕尹齊爲御史，「事張湯，湯數稱廉。武帝使督盜賊，斬伐不避貴勢。」〔註223〕凡此諸輩皆略得文帝時廷尉張釋之之遺風，然張釋之以法之「正」見長，「故天下無冤民」；〔註224〕此輩則益以法之「酷」，殺人如麻。

（三）任刑之酷吏——此輩徒以殘殺酷暴爲能，這一類酷吏爲數最夥，〔註225〕舉其著者，有王溫舒、嚴延年、尹賞等。此輩皆因雷風屬行、佐以舞文詭殺而其效甚速、甚著。嚴延年爲河南太守，「豪彊脅息，野無行盜，

〔註215〕同上卷，頁2下。
〔註216〕同上卷，頁2下～3上。
〔註217〕《漢書》，卷九〇，〈酷吏傳〉，頁3上。
〔註218〕同上註。
〔註219〕同上書，卷五九，〈張湯傳〉，頁2上。
〔註220〕《史記》，卷一二二，〈酷吏列傳〉，太史公贊，頁45。
〔註221〕《漢書》，卷九〇，〈酷吏傳〉，頁5下。
〔註222〕同上卷，頁6上。
〔註223〕同上卷，頁10上。
〔註224〕《漢書》，卷七一，〈于定國傳〉：「朝廷稱之曰：『張釋之爲廷尉，天下無冤民；于定國爲廷尉，民自以不冤。』」，頁6上。
〔註225〕能上〈酷吏列傳〉的，根據司馬遷的取捨標準，都還是「方略教導，禁姦止邪，一切亦皆彬彬質有其文武焉，雖慘酷，斯稱其位矣！」（《史記》，卷一二二，頁45）者流。不入流的如「蜀守馮當暴挫，廣漢李貞擅磔人，東郡彌僕鋸項，天水駱璧推咸，河東褚廣妄殺，京兆無忌、馮翊殷周蝮鷙，水衡閻奉朴擊賣請」等，司馬遷嘆曰：「何足數哉！何足數哉！」（同上卷，頁45～46）可見武帝一朝的酷吏眞是洋洋大觀，漪歟盛哉！

威震旁郡。……冬月，傳屬縣囚，會論府上。流血數里，河南號曰『屠伯』。令行禁止，郡中甚清。」〔註226〕尹賞於成帝時，「爲長安令，……追捕甚精，甘耆姦惡，甚於凡吏。視事數月，盜賊止，郡國亡命散走，各歸其處，不敢闚長安。……爲執金吾，督大姦猾。三輔吏民甚畏之。」〔註227〕王溫舒尤爲此輩翹楚：武帝聞其廣平治績，遷爲河內太守，使治豪姦，「奏行不過二三日，得可，事論報，至流血十餘里，河內皆怪其奏，以爲神速。盡十二月，郡中無聲，毋敢夜行，野無犬吠之盜。其頗不得，失之旁郡國，黎來，會春，溫舒頓足歎曰：『嗟乎！令冬月益展一月，足吾事矣！』」殘忍成性，猶嫌冬月不長，司馬遷終於痛心地說：「其好殺伐行威不愛人如此！」〔註228〕

　　讀《史記》與《漢書》兩〈酷吏傳〉，只覺陰森慘烈，令人不寒而慄。所以會導致如此嚴重後果的原因，除了以殺伐爲治之外，更重要的是「刑不正」。武帝務以深刻爲能，貴幸諂阿之徒，〔註229〕上下相枉，終於造成「以暴治亂」的狂飈局面，完全應了老子「法令滋彰，盜賊多有」的沈痛先見。〔註230〕緣酷吏之治，不過以斬殺束縛爲務；以長遠一點的眼光看來，其治績可說是「其治，所誅殺甚多，然旣爲小治，姦益不勝，直指始出矣。」〔註231〕高壓殘忍的手段，暫收一時之神效，然憤怨積於下，伺機而發，逼得良民亦反；於是法令愈繁愈密，且亦愈苛責守職之良吏，逼得良吏亦反，致令吏民一起被捲入「以刑致刑」

〔註226〕《漢書》，卷九〇，〈酷吏傳〉，頁 16 下。
〔註227〕同上卷，頁 20 上～下。
〔註228〕《史記》，卷一二二，〈酷吏列傳〉，頁 32。
〔註229〕同上書，卷一二〇，〈汲黯列傳〉：「上方向儒術，尊公孫弘，及事益多，吏民巧弄，上分別文法。湯等數奏決讞以幸。而黯常毀儒，面觸弘等徒懷詐飾智，以阿人主取容；而刀筆吏專深文巧詆，陷人於罪，使不得反其眞，以勝爲功。上愈益貴弘、湯。」頁 7。
〔註230〕（一）《史記》，卷一二二，〈酷吏列傳〉：「自（王）溫舒等以惡爲治，而郡守都尉諸侯二千石欲爲治者，其治大抵盡放溫舒，而吏民益輕犯法，盜賊滋起。……大群至數千人，……小群盜以百數。」頁 37～38。（二）《漢書》〈食貨志〉中吏民抵觸新經濟政策者亦所在多有。以弊制爲例，略見其端倪：「盜鑄錢者罪皆死，而吏民之犯者不可勝數。」（卷二四下；頁 12 上）；「法旣益嚴，吏多廢免；兵革數加，民多買復。」（同上頁）；「自造白金五銖錢後五歲，而赦吏民之坐盜鑄金錢死者數十萬人；其不發覺相殺者不可勝計；赦自出者百餘萬人。然不能半自出，天下大氐無慮皆鑄金錢矣。犯法者眾，吏不能盡誅。」（同上卷，頁 14 上～下）。
〔註231〕《史記》，卷一二二，〈酷吏列傳〉，司馬遷形容義縱之治，頁 29。

〔註232〕的惡性循環之中，國家於是大亂。考武帝時爲拘吏繩民，所增添的法律中今仍見其名的有所謂的「見知故縱之法」、「監臨部主之法」、「緩深故之罪」、「急縱出之誅」〔註233〕、「腹非之法」〔註234〕、「廢格沮誹窮治之獄」〔註235〕、「沈命法」〔註236〕等，皆極其「深文巧詆、陷人於罪」，〔註237〕其收效固輝煌一時，其弊害亦極其深刻、顯著：（一）就朝廷官吏而言，「自是有腹非之法比，而公卿大夫多諂諛取容。」；〔註238〕（二）就地方小吏而言，「其（沈命法）後，小吏畏誅，雖有盜弗敢發，恐不能得，坐課累府，府亦使不言，故盜賊寖多，上下相爲匿，以避文法焉。」；〔註239〕（三）就法令密如牛毛，吏民無所措其手足言，「其後姦猾巧比，轉相比況，禁罔寖密。律令凡三百五十九章，大辟四百九條，千八百八十二事，死罪決事比萬三千四百七十二事。文書盈於几閣，典者不能徧睹。是以郡國承用者駁，或罪同而論異。姦吏因緣爲市，所欲活則傅生議，所欲陷則予死比，議者咸冤傷之。」〔註240〕直至昭帝時，來自民間的賢良文學仍在指陳：「方今律令百有餘篇，文章繁、罪名重，郡國用之疑惑，或淺或深，自吏明習者，不知所處，而況愚民乎！律令塵蠹於棧閣，吏不能徧睹，而況於愚民乎！此斷獄所以滋眾，而民犯禁滋多也。」〔註241〕（四）就獄亂而徧殺無辜言，宣帝時廷尉史路溫舒在其〈尙德緩刑疏〉中有最痛切的指責，而且還探討了後期酷吏身不由己之因：

> 夫獄者，天下之大命也，死者不可復生，繼者不可復屬。書曰：「與其殺不辜，寧失不經。」今治獄吏則不然，上下相敺，以刻爲明；深者獲公名，平者多後患。故治獄之吏皆欲人死，非憎人也，自安之道在人之死。是以死人之血流離於市，被刑之徒比肩而立，大辟之計歲

〔註232〕《商君書》，卷一，〈去彊第四〉：「以刑去刑，國治；以刑致刑，國亂。」頁15下。

〔註233〕以上皆見《漢書》，卷二三，〈刑法志〉，頁15上～下。「見知故縱之法」亦見《史記》，卷三〇，〈平準書〉，頁13～14。

〔註234〕《漢書》，卷二四下，〈食貨志下〉，張湯奏當大農顏異，頁15下。

〔註235〕《史記》，卷三〇，〈平準書〉，頁14；另見《漢書》，卷二四下，〈食貨志下〉，頁9上。

〔註236〕《漢書》，卷九〇，〈酷吏傳〉，〈咸宣傳〉，頁12下。

〔註237〕見註229。

〔註238〕見註234。

〔註239〕見註236。

〔註240〕《漢書》，卷二三，〈刑法志〉，頁15下。

〔註241〕《鹽鐵論》，卷一〇，〈刑德第五十五〉，頁77上。

以萬數，此仁聖之所以傷也。……夫人情安則樂生，痛則思死。棰楚

之下，何求不得？故囚人不勝痛，則飾辭以視之；吏治者利其然，則

指道以明之；上奏畏卻，則鍛練而周內之。……是以獄吏專爲深刻，

殘賊而亡極，媮爲一切，不顧國患，此世之大賊也。……故天下之患，

莫深於獄；敗法亂正、離親塞道，莫甚乎治獄之吏。〔註242〕

對這刑獄枉死的根本原因，班固在〈刑法志〉中三致其意焉：

緣獄刑所以蕃若此者，禮教不立、刑法不明，民多貧窮，豪桀務私，

姦不輒得，獄豺不平之所致也。〔註243〕

又說：

……故俗之能吏，公以殺盜爲威，專殺者勝任，奉法者不治，亂名

傷制，不可勝條。是以罔密而姦不塞，刑蕃而民愈慢。必世而未仁，

百年而不勝殘，誠以禮樂闕而刑不正也。〔註244〕

班固所一再指出的「禮教不立、刑法不明」、「禮樂闕而刑不正」之因，眞是
一語中的。武帝號稱「獨尊儒術」，然而何曾提倡過儒家最重視的禮樂教化？
董仲舒提供了「陽德陰法」之說，原意是不得已時，以刑輔德之不及；但是
到了統治者手中，卻捨本逐末，專以刑殺爲治。漢室接受董仲舒之論：「春氣
愛，秋氣嚴，夏氣樂，冬氣哀。愛氣以生物，嚴氣以成功，樂氣以養生，哀
氣以喪終，天之志也。」〔註245〕而把刑殺定在「冬月」，〔註246〕固爲配合天
道、響應「天人相感」之說，亦或不乏仁愛之心，令春來復生；然而到了「執
法者」如王溫舒手中，卻頓足大恨「冬月」太短！可以想見他必定在上一個
「冬月」時，盡力追捕殺伐，以卒其事；而王溫舒之後，「郡守都尉諸侯二千
石欲爲治者，其治大抵放溫舒」，〔註247〕則舉國一片追殺、冤死之慘狀，直是
不堪涉想。

　　分析至此，我們遂獲一項看法：稱武帝所施行者爲「陽儒陰法」政策，

〔註242〕《漢書》，卷五一，〈路溫舒傳〉，頁32上～33上。

〔註243〕《漢書》，卷二三，〈刑法志〉，頁20上。

〔註244〕同上卷，頁22下。

〔註245〕《春秋繁露》，〈王道通三第四十四〉，頁264。

〔註246〕《漢書》，卷九○，〈酷吏傳〉，王溫舒嘆曰：「令冬月益展一月，卒吾事矣！」
　　　　　顏師古注：「立春之後，不復行刑，故云然。」頁8下；《後漢書》，卷四六，
　　　　　〈陳寵傳〉，范曄云：「漢書事斷獄報重，常盡三冬之月；是時，帝（按：章
　　　　　帝）始改用冬初十月而已。」頁6下。

〔註247〕見註230（一）。

還只是接觸到歷史事實的表層而已；嚴格探討起來，武帝所行的既非儒又非法，只是儒的衣冠和法的糟粕——刑——罷了。〔註248〕而武帝「陽儒陰法」政策的實質內容，實可以元帝時之博士貢禹所說的話來總括：「舍法度而任私意，奢侈行而仁義廢」。〔註249〕試看武帝「修郊祀、改正朔、定歷數、協音律、作詩樂、建封禪、禮百神」〔註250〕等，皆爲儒家末事，復以文學浮誇之風流附麗之，其目的不外張大人主之威，令四海皆服；未嘗有一日實踐儒家「仁義」、「道德」、「教化」之眞精神。而當時刑獄之枉亂，使武帝又成爲先秦法家之罪人——武帝對法家各派「公正無私」的基本要求置若罔聞，已對管子、商鞅、慎到、申不害無法交代；而卽使以韓非之慘刻寡恩，亦未嘗教人主以深刻殘暴、陷人於罪爲能。綜上所述，我們可以說武帝統治之酷烈實令始皇瞠乎其後，大嘆弗如；而公孫弘、張湯之阿諛詭飾，較諸李斯、趙高，更是有過之而無不及。「陽儒陰法」政策爲害儒術與臣民之深遠鉅大，又豈是焚書坑儒所能望其項背？

第六節　宣帝之治——「霸王道雜之」

　　武帝崩，昭帝以八歲稚童繼位，二十歲崩，此間十二年，都由霍光輔政。而霍光之治，用法嚴，多遵武帝法度，前已述及，茲不贅述，直接進入宣帝時代。

　　宣帝之治，史稱「中興」；〔註251〕而宣帝也有些行徑，有意無意地在仿效武帝，如任法，〔註252〕如好神仙，〔註253〕如喜宮室車服之盛；〔註254〕然

〔註248〕武帝對「法」的見解與施行，可以從《鹽鐵論》中大夫的說法側面得知，因爲大夫的立場和武帝是一致的，因此我們藉大夫的口吻來側面認識武帝。他們以爲「寇止姦禁」就是「法」了：「治民者若大匠之斲斧斤而行之，中繩則止。杜大夫（按：杜周）王中尉（按：王溫舒）之事繩之以法，斷之以刑，然後寇止姦禁。」（《鹽鐵論》，卷一〇，〈大論第五十九〉，頁83下，大夫曰）。

〔註249〕《漢書》，卷七二，〈貢禹傳〉，頁15下。

〔註250〕同上書，卷六，〈武帝紀〉，班固贊，頁39上。

〔註251〕同上書，卷八，〈宣帝紀〉，班固贊，頁25上。

〔註252〕見註210。

〔註253〕《漢書》，卷六四下，〈王褒傳〉，王褒諫宣帝，任賢士則得治，「何必偓促信若彭祖，呴嘘呼吸如僑松，眇然絕俗離世哉？」班固記曰：「是時上頗好神仙，故褒對及之。」頁14上。

〔註254〕同上書，〈王吉傳〉：「是時宣帝頗修武帝故事，宮室車服盛於昭帝。」，頁5下。

宣帝個人實有兩點頗勝武帝之處：

（一）不假尊儒之名以行任法之實——武帝在倡倡儒術的掩飾下，大行殺伐之治。此種「僞」的作風，令刑獄枉亂，臣民大受摧殘；「儒」、「法」兩家的本質亦同受腐蝕。宣帝則幸能坦承漢家制度之任法與不愛儒：「漢家自有制度，本以霸王道雜之，奈何純任德教、用周政乎？且俗儒不達時宜，好是古非今，使人眩於名實，不知所守，何足委任！」〔註255〕這樣誠實地承認漢家鄙儒好法，不但勝過武帝，也勝過文景——他們都諱言「法」，而陽借道家或儒家之名，以陰行法家之治，由此喪失了公正性，使法家的本質變得更陰闇。

（二）任法而不專任酷吏——宣帝來自民間，對酷吏的淫威有深刻認識，因此雖「所用多文法吏，以刑名繩下。」〔註256〕但不曾像武帝般以酷吏之殘殺「爲能」、「爲盡力無私」，並且將酷吏擢升至執金吾、廷尉，甚至御史大夫等中央要員。史載宣帝本欲徵嚴延年爲左馮翊，「符已發，爲其名酷復止。」〔註257〕這種作法才能漸漸消滅酷吏的氣焰。另一方面，宣帝亦對循吏襃賞有加，因此助長了儒家之治的蔓延。史亦載黃霸治穎川，與嚴延年比郡而守，以寬恕爲治，郡中亦平，屢蒙豐年，鳳皇下，「上賢焉，下詔稱揚其行，加金爵之賞。」〔註258〕在這一抑一揚之下，終於使宣帝時的循吏，佔了《漢書》〈循吏傳〉的大部分——〈循吏傳〉凡六人，除了文翁乃景帝末外，餘五人皆宣帝時人，其中四人還受到宣帝的襃賞獎勵：王成，「爲膠東相，治甚有聲，宣帝最先襃之」；黃霸，「天子以霸治行終長者，下詔稱揚曰……」；朱邑，「天子器之，朝廷敬焉」；龔遂，「上以遂年老不任公卿，拜爲水衡都尉，……官職親近，上甚重之」。〔註259〕儒家教化之治，於宣帝時，才在郡縣間打開實施之風氣。

這種棄酷吏、重教化的作風，使宣帝之治，達到某種程度的清明，因此班固贊曰：「孝宣之治，信賞必罰，綜核名實，政事、文學、法理之士咸精其能；至于技巧工匠器械，自元、成間鮮能及之，亦足以知吏稱其職，民安其

〔註255〕同上書，卷九，〈元帝紀〉，頁1下。

〔註256〕同上卷，頁1上。

〔註257〕同上書，卷九〇，〈酷吏傳〉，頁17下。嚴延年治河南郡，號曰「屠伯」，已見註226。

〔註258〕同上卷，頁17上。

〔註259〕同上書，卷八九，〈循吏傳〉，頁3上；6上；9上；12下。

業也。……可謂中興……。」〔註260〕又得名相魏相、丙吉之佐，而「黜陟有序，眾職修理，公卿多稱其位，海內興於禮讓。」〔註261〕宣帝也以他個人的理解，以爲如此便是儒法並施，便是「霸王雜之」，並以此作爲家法，訓示元帝。此說頗受宋儒的責難。朱子的批評簡要而猶見溫和：

> 問宣帝雜王伯之說。曰：須曉得如何是王，如何是伯，方可論此。宣帝也不識王伯。只是把寬慈底便喚做王，嚴酷底便喚做伯。明道王伯剳子說得，知自古論王伯至此無餘蘊矣。〔註262〕

又：

> 叔器問宣帝言漢雜王伯，此說也似是？曰：這箇先須辨別得王伯分明，方可去論它是與不是。叔器云：如約法三章、爲義帝發喪之類，做得也似好？曰：這箇是它有意無意？叔器曰：有意。曰：既是有意，便不是王。〔註263〕

在朱子之前的司馬溫公，則並宣帝之不好儒一起大加撻伐：

> 臣光曰：王霸無異道。昔三代之隆，禮樂、征伐自天子出，則謂之王。天子微弱不能治諸侯，諸侯有能率其與國同討不庭以尊王室者，則謂之霸。其所以行之也，皆本仁祖義，任賢使能，賞善罰惡，禁暴誅亂；顧名位有尊卑，德澤有深淺，功業有鉅細，政令有廣狹耳，非若白黑、甘苦之相反也。漢之所以不能復三代之治者，由人主之不爲，非先王之道不可復行於後世也。夫儒有君子，有小人。彼俗儒者，誠不足與爲治也，獨不可求眞儒而用之乎！稷、契、皋陶、伯益、伊尹、周公、孔子，皆大儒也，使漢得而用之，功烈豈若是而止邪！孝宣謂太子懦而不立，闇於治體，必亂我家，則可矣；乃曰王道不可行，儒者不可用，豈不過哉！非所以訓示子孫，垂法將來者也。〔註264〕

朱子以「動機」來評斷是否合乎王道，司馬溫公以「名分」來作爲區分王霸的標準。此處僅以朱子和司馬溫公的說法，來考察宣帝之治，是否果爲「霸王道雜之」？只要進一步察看宣帝時那些著名的「良吏」之治，以及宣帝的統治技術，則可發現不論君或臣都頗能尋出「有意」爲治的痕迹來。以〈循

〔註260〕同上書，卷八，〈宣帝紀〉，班固贊，頁 25 上。

〔註261〕同上書，卷七四，〈魏相丙吉傳〉，班固贊，頁 13 上。

〔註262〕《朱子語類》，卷一三五，頁 8 上。

〔註263〕同上註。

〔註264〕《資治通鑑》，卷二七，〈漢紀十九〉，頁 881。

吏傳〉中的王成、黃霸、朱邑爲例。宣帝原下詔封王成爲關內侯，秩中二千
石，「未及徵用，會病卒官。後詔使丞相御史問郡國上計長吏守丞以政令得失，
或對言前膠東相成僞自增加，以蒙顯賞，是後俗吏多爲虛名云。」〔註265〕由
於王成是第一位受宣帝褒賞的良吏，其作僞邀賞如此，而宣帝聞其情後，復
未易其賞罰，故其後百官競趨託迹於道，施仁行恕，勸民耕桑節用，以博人
主青睞。號稱漢興以來，治民天下第一的黃霸，〔註266〕足爲代表，「霸爲人明
察內敏，又習文法，然溫良有讓，足知，善御眾。……霍光秉政……遵武帝
法度，以刑罰痛繩群下，繇是俗吏上嚴酷以爲能，而霸獨用寬和爲名。……
霸力行教化而後誅罰，務在成就全安長吏。……」〔註267〕可知其行仁政，並
非出於一念之仁，而是爲己者多，因此爲丞相後，才會有兩次敗筆的阿上之
舉。〔註268〕朱邑病臨死前，屬其子，待死後必葬諸桐鄉，「我故爲桐鄉吏，其
民愛我，必葬我桐鄉。後世子孫奉嘗我，不如桐鄉民。」〔註269〕可見朱邑未
嘗一日忘其所施焉，且又斤斤爲百年之後盤算焉。凡此循吏，俱可見其「有
意」爲之。另外，韓延壽爲吏，「上禮義，好古教化，……舉行喪讓財，表孝
弟有行；修治學官，春秋鄉射，陳鐘鼓管弦，盛升降揖讓，及都試講武，設
斧鉞旌旗，習射御之事。治城郭、收賦租，先明布告其日，以期會爲大事，
吏民敬畏趨鄉之。……」〔註270〕諸如此類，擬古過甚，王船山謂之：「爲之已
甚者亦飾也。」〔註271〕如果說公孫弘之流是「以儒術緣飾吏事」的話，則我
們也許不妨將宣帝時這些良吏呼之爲「以儒術緣飾儒術」，此話並不矛盾，而
且正可說明其矯情：他們的刻意表現，裡面大部分暗藏「功名」之動機——
這無可否認的，又是「將儒學誘以利祿」下的另一副產品，使得武帝以來，
儒者緣飾成風。君王喜好酷吏，便相率以儒術緣飾吏事；君王獎賞循吏，復
群起以儒術緣飾儒術，刻意表現一番，以得民愛，以博君歡。此宣帝時之良
吏，乃「有意」之良吏，以朱子目之，固非「王道」之實也。

〔註265〕《漢書》，卷八九，〈循吏傳〉，頁 3 下。

〔註266〕同上卷，頁 6 上。

〔註267〕同上卷，頁 4 上；4 下；5 下。

〔註268〕一次是欲舉神崔下臨以聞，被京兆尹張敞識破其詐僞之用心；一次是欲薦外
　　　　戚史高爲太尉，被宣帝責以「越職而舉之」。事皆見《漢書》，卷八九，〈循吏
　　　　傳〉，頁 6 下～8 下。

〔註269〕同上卷，頁 10 上。

〔註270〕同上書，卷七六，〈韓延壽傳〉，頁 9 上。

〔註271〕《讀通鑑論》，卷四，〈漢宣帝〉，頁 11 下。

　　宣帝常稱：「庶民所以安其田里而亡歎息愁恨之心者，政平訟理也。與我共此者，其唯良二千石乎！」〔註272〕這是宣帝「有意」改善武帝時的枉亂刑獄，因此二千石治理有效者，「輒璽書勉厲，增秩賜金，或爵至關內侯」，〔註273〕王成卽首為宣帝褒賞者。然而宣帝之治仍未能達到理想，一則良吏以「有意」呼應之；再則宣帝自身好刑名之學，任用文法吏，「無意」去除法家之治。因此崇尚法家之吏亦得盛焉，只不過此時較講究治術與治績，而不若武帝時之酷烈殺伐。我們先看趙廣漢之治潁川，令豪桀大姓相怨咎，令吏民相告訐以為耳目，「盜賊以故不發，發又輒得。壹切治理，威小流聞」；〔註274〕及為京兆尹，「善為鉤距，以得事情」，「發姦擿伏如神」，「廉明，威制豪彊，小民得職」，〔註275〕誠為法家之治，然而還是很合乎宣帝「政平訟理」的獎賞標準。再看尹翁歸治東海郡，「明察，郡中吏民賢不肖，及姦邪罪名盡知之」，「其有所取也，以一警百，吏民皆服，恐懼改行自新。……東海大治」；及為右扶風，「治如在東海故迹。……緩於小弱，急於豪彊。豪彊有論罪，……不中程，輒笞督，極者至以鈇自剄而死，京師畏其威嚴，扶風大治」，〔註276〕為最任刑的三輔吏。至於張敞為治，素重賞罰，「見惡輒取，時時越法縱舍，有足大者。……其政頗雜儒雅，往往表賢顯善，不醇用誅罰，以此能自全，竟免於刑戮。」〔註277〕以上這些治績，依司馬溫公「王霸無異道」的定義看來，也絕不是「霸道」之治。

　　正因為宣帝急刑，所以才有路溫舒的〈尚德緩刑疏〉，建議宣帝：「除誹謗以招切言，開天下之口，廣箴諫之路，掃亡秦之失，尊文武之德，省法制、寬刑罰，以廢治獄。」〔註278〕宣帝善其言，深愍焉，乃下詔遣廷史與郡鞫獄，為直廷平，秩六百石，員四人，務求治平。〔註279〕但是由於對治道的不能掌握，終使宣帝雖勤於改善吏治，而其方法則盡屬枝節末事，無法從根本上改革。例如宣帝只是置廷平而未廣開諫路，又常幸宣室，齋居而決事，獄刑號為平矣。〔註280〕帝王躬與獄事，這些都是捨本逐末的勞累之舉，因此涿郡太

〔註272〕《漢書》，卷八九，〈循吏傳〉序，頁1下。
〔註273〕同上卷，頁2上。
〔註274〕同上書，卷七六，〈趙廣漢傳〉，頁2上。
〔註275〕同上卷，頁2下；3下；5下。
〔註276〕同上卷，〈尹翁歸傳〉，頁7上～下。
〔註277〕同上卷，〈張敞傳〉，頁16上～下。
〔註278〕《漢書》，卷五一，〈路溫舒傳〉，頁33上。
〔註279〕同上書，卷二三，〈刑法志〉，頁16上。
〔註280〕同上註。

守鄭昌上疏曰：

> 聖王置諫爭之臣者，非以崇德，防逸豫之生也。立法明刑者，非以
> 爲治，救衰亂之起也。今明主躬垂明聽，雖不置廷平，獄將自正；
> 若開後嗣，不若刪定律令。律令一定，愚民知所避，姦吏無所弄矣。
> 今不正其本，政衰聽怠，則廷平將招權而爲亂首矣。〔註281〕

可惜宣帝「不及改正」，因此律令仍然繁多如昔。

對這兩篇用心良苦的奏疏，王船山有很精到的比較：

> 路溫舒之言緩刑，不如鄭昌之言定律也。宣帝下寬大之詔，而言刑
> 者益淯，上有以召之也。律令繁而獄吏得所緣飾以文其濫，雖天子
> 日清問之，而民固受罔以死。律之設也多門，於彼於此而皆可坐，
> 意爲重輕，賄爲出入，堅執其一說，而固不可奪，於是吏與有司爭
> 法，有司與廷尉爭法，廷尉與天子爭法，辨莫能折，威莫能制也。
> 巧而彊者持之，天子雖明，廷尉雖愼，卒無以勝一獄吏之姦，而脫
> 無辜於阱。卽令遣使歲省，而欽恤之，抑惟大凶巨猾，因緣請屬以
> 逃於法，於貧弱之冤民亡益也。惟如鄭昌之說，斬然定律而不可移，
> 則一人制之於上，而酷與賄之弊絕於四海，此昌之說所以爲萬世祥
> 刑之經也。夫法之立也有限，而人之犯也無方，以有限之法，盡無
> 方之慝，是誠有所不能該矣。於是而律外有例，例外有奏準之令，
> 皆求以盡無方之慝而勝天下之殘，於是律之旁出也日增，而猶患其
> 未備。夫先王以有限之法，治無方之罪者，豈不審於此哉。以爲國
> 之蠹，民之賊，風俗之蜚蜮，去其甚者，如此律焉足矣，卽是可以
> 已天下之亂矣。若意外無方之慝，世不恒有，苟不比於律，亦可姑
> 俟其惡之已稔而後誅，固不忍取同生並育之民，逆億揣度，刻畫其
> 不軌而豫謀操劘也。律簡則刑清，刑清則罪允，罪允則民知畏忌，
> 如是焉足矣。抑先王之將納民於軌物，而弭其無方之姦頑者，尤自
> 有教化以先之、愛養以成之，而不專恃乎此。則雖欲詳備之而有所
> 不用，非其智慮弗及，而待後起之增益也。乃後之儒者，惡惡已甚，
> 不審而流於申韓；無知之民，苟快洩一時之忿，稱頌其擿發之神明，
> 而不知其行自及也。〔註282〕

〔註281〕同上卷，頁16上～下。
〔註282〕《讀通鑑論》，卷四，〈漢宣帝〉，頁5上～6上。

　　律繁刑亂又無教化，正是武帝以來天下敗亂之因，宣帝不知從此著手改革，卽使多置廷平，亦不能達到平治；多褒良吏，亦徒造成虛僞之風。而建議宣帝以「禮」來牧民的博士諫大夫王吉，卻被宣帝視爲其言迂闊，而不甚寵異，只好謝病還鄉。他說：

> 春秋所以大一統者，六合同風，九州共貫也。今俗吏所以牧民者，非有禮義科指可世世通行者也，獨設刑法以守之。其欲治者，不知所繇，以意穿鑿，各取一切，權譎自在，故一變之後不可復修也。是以百里不同風，千里不同俗，戶異政，人殊服，詐僞萌生，刑罰亡極，質樸日銷，恩愛寖薄。孔子曰：「安上治民，莫善於禮。」非空言也。王者未制禮之時，引先王禮宜於今者而用之。臣願陛下承天心、發大業，與公卿大臣延及儒生，述舊禮、明王制，敺一世之民濟之仁壽之域，則俗何以不若成康、壽何以不若高宗？〔註283〕

王吉又列舉當世「趨務不合於道」之風俗，說明它的源由與後果，最後仍強調應以教化爲本務：

> 夫婦，人倫大綱，夭壽之萌也。世俗嫁娶太早，未知爲人父母之道而有子，是以教化不明而民多夭。聘妻送女亡節，則貧人不及，故不舉子。又漢家列侯尚公主，諸侯則國人承翁主，使男事女，夫詘於妻，逆陰陽之位，故多女亂。古者衣服車馬貴賤有章，以褒有德而別尊卑；今上下僭差，人人自制，是以貪財趨利，不畏死亡。周之所以能致治，刑措而不用者，以其禁邪於冥冥，絕惡於未萌也。〔註284〕

王吉對當時社會弊病，僅就嫁娶一項言，可說頗有深入長遠之觀察。例如他說的嫁娶太早之弊，置於今日社會，依然是嚴重的社會問題，身心都未成熟的大孩子，如何教養下一代？而「使男事女，夫詘於婦，逆陰陽之位，故多女亂」的說法，雖然也是受了董仲舒「三綱」之說〔註285〕的影響，但當時社會已有這個問題的存在，卻是不容忽視的；何況西漢末朝外戚的專權，以至於亡於外戚，也是宣帝貴寵外戚許、史、王氏等始作俑者的。因此王吉主張

〔註283〕《漢書》，卷七二，〈王吉傳〉，頁6上～下。

〔註284〕同上卷，頁6下～7上。

〔註285〕《春秋繁露》，〈基義第五十三〉：「君臣父子夫婦之義，皆與陰陽之道合。君爲陽，臣爲陰；父爲陽，子爲陰；夫爲陽，婦爲陰。……天爲君覆露之，地爲臣而持載之，陽爲夫而生之，陰爲婦而助之。……王道之三綱，可求於天。」，頁285～286。

以「禮」絕惡於未萌，才能使社會回復到軌道上。可惜王吉這些察微知著、防微杜漸的建議，卻被宣帝視爲迂闊之言，未予採用。而整個社會問題也無法從根本上獲得改革。

第七節　元帝成帝以後的儒家之治

宣帝雖不用王吉儒家禮教之議以根除社會弊病；卻知用名儒爲太子師傅：蕭望之爲太傅、周堪爲少傅、孔霸（孔光之父）爲太中大夫，俱授太子。〔註286〕因此元帝少而好儒，曾建議宣帝多用儒生，而被宣帝訓以俗儒不足委任。〔註287〕宣帝病篤時，仍遺詔太傅蕭望之、少傅周堪輔政。元帝得這兩位名儒之佐，卽位後頗改宣帝之政，重用儒生，一時大儒貢禹、薛廣德、韋玄成、匡衡等，相繼爲相；而蕭望之與周堪又經常推薦名儒茂材以備諫官；〔註288〕朝廷充滿儒雅之風。又以韋玄成爲太子太傅、匡衡爲少傅，〔註289〕因此成帝爲太子時亦能「壯好經書，寬博謹愼」，〔註290〕爲帝時「善修容儀，升車正立，不內顧、不疾言、不親指，臨朝淵嘿，尊嚴若神，可謂穆穆天子之容者矣！」，〔註291〕武帝時爲數五十名的博士弟子員，在昭帝、宣帝時呈倍數增加；元帝時更是數以千計，成帝末達到三千人，〔註292〕可知到了元帝成帝時，中央已是學風鼎盛；而元帝好儒，又在群國設《五經》百石卒史，做爲地方的教育官。〔註293〕在帝王這樣不絕地提倡下，儒學人才充斥朝廷，非經術出身的公卿，在朝廷頗受輕視。〔註294〕武帝時以酷吏爲廷尉、爲御史大夫的情形，在元帝以後則不復見。

但是武帝以來吏政的敗壞，以及吏政敗壞導致的風俗澆薄，則非一朝一

〔註286〕《漢書》，卷七八，〈蕭望之傳〉，頁8下；卷八八，〈儒林傳〉，頁12下；卷八一，〈孔光傳〉，頁14下。

〔註287〕同上書，卷九，〈元帝紀〉，頁1下。

〔註288〕同上書，卷七八，〈蕭望之傳〉，頁10上。

〔註289〕同上書，卷七三，〈韋玄成傳〉，頁8上；卷八一，〈匡衡傳〉，頁5下。

〔註290〕同上書，卷一〇，〈成帝紀〉，頁1下。

〔註291〕同上卷，班彪贊引先人語，頁16上。

〔註292〕同上書，，卷八八，〈儒林傳〉序，頁6上。

〔註293〕同上註。

〔註294〕如薛宣「少爲廷尉書佐，都船獄吏」，賞罰嚴明，用法平，善治，吏民皆稱之；然爲相時，則「官屬譏其煩碎無大體，不稱賢也。時天子（按：成帝）好儒雅，宣經術又淺，上亦輕焉。」（見《漢書》，卷八三，〈薛宣傳〉，頁6上）而朱博，「本爲武吏」，在政治鬥爭中終鬥不過諫大夫龔勝等以「春秋之義」責之，而「有罪自殺」（見註190、191）。

夕可改，亦非京師尊重儒術便能使天下靡然嚮風、紛紛儒家之治矣。試舉元帝與哀帝時，兩篇較具代表性的奏議來考察，便可知道：終西漢末朝，虐民、擾民的地方官吏還是在爲害百姓，還在製造嚴重的社會問題；而儒者則多踵王吉之後，主張以禮樂教化來改變社會風氣。例如匡衡在答元帝問政治得失時，便指出歲歲大赦，非能禁奸止邪；唯有施教化、改變風俗，才能導民向善。而教化之本，又應以朝廷爲天下表率：

> 臣愚以爲宜壹曠然大變其俗。孔子曰：「能以禮讓爲國乎，何有？」朝廷者，天下之楨幹也。公卿大夫相與循禮恭讓，則民不爭；好仁樂施，則下不暴；上義高節，則民興行；寬柔和惠，則眾相愛。四者，明王之所以不嚴而成化也。……今俗吏之治，皆不本禮讓，而上克暴，或忮害好陷人於罪，貪財而慕勢，故犯法者眾，姦邪不止，雖嚴刑峻法，猶不爲變。此非其天性，有由然也。……臣聞教化之流，非家至而人說之也。賢者在位、能者布職，朝廷崇禮、百僚敬讓。道德之行，由內及外，自近者始，然後民知所法，遷善日進而不自知。今長安天子之都，……宜遂減宮室之度，省靡麗之飾，考制度、修外內，近忠正、遠巧佞，放鄭衛、進雅頌，舉異材、開直言，任溫良之人、退刻薄之吏，顯潔白之士、昭無欲之路、覽六藝之意，察上世之務，明自然之道，博和睦之化，以崇至仁、匡失俗、易民視，令海內昭然咸見本朝之所貴。道德弘於京師，淑問揚於疆外，然後大化可成，禮讓可興也。〔註295〕

匡衡的建議，對人主來說是非常辛苦的差事，需先整頓朝廷做爲天下楷模，然後由近及遠，教化流於外。這正是司馬談所謂的「（儒家）以爲人主天下之儀表也，主倡而臣和，主先而臣隨。如此則主勞而臣逸。」〔註296〕「主勞臣逸」和「主逸臣勞」正是儒法兩家的一個重要分野。匡衡的主張，勞累人主，毋寧是很儒家式的；而元帝誠爲好儒，亦能欣然接受，遷匡衡至太子少傅。

哀帝時諫大夫鮑宣的奏議，更可看出西漢末年的衰世之象：

> 凡民有七亡：陰陽不和，水旱爲災，一亡也；縣官重責，更賦租稅，二亡也；貪吏並公，受取不已，三亡也；豪強大姓蠶食亡厭，四亡也；苛吏繇役，失農桑時，五亡也；部落鼓鳴，男女遮迣，六亡也；

〔註295〕《漢書》，卷八一，〈匡衡傳〉，頁3上～5下。
〔註296〕《史記》，卷一三〇，〈太史公自序〉，司馬談論儒家要旨，頁9。

　　盜賊劫略，取民財物，七亡也。七亡尚可，又有七死：酷吏毆殺，
　　一死也；治獄深刻，二死也；冤陷亡辜，三死也；盜賊橫發，四死
　　也；怨讎相殺，五死也；歲惡飢餓，六死也；時氣疾疫，七死也。
　　民有七亡而無一得，欲望國安，誠難；民有七死而無一生，欲望刑
　　措，誠難。此非公卿守相貪殘成化之所致邪？群臣幸得居尊官，食
　　重祿，豈有肯加惻隱於細民，助陛下流教化者邪？志但在營私家、
　　稱賓客、為姦利而已。……〔註297〕

在鮑宣所指出的民有「七死」裡，刑獄就佔了三項，足見到了西漢末年，百
姓又為酷吏所苦。而「七亡」、「七死」之所以生，乃群臣尸位素餐，不助天
子流布教化所致，則鮑宣同時譴責了當時朝臣只知「自利」的風氣。

　　「教化」之說，乃儒家一貫之主張，孔子曰：「道之以德，齊之以禮」正
是「教化」的具體作法。但「教化」收效甚緩，必三十年而後仁，百年而勝
殘，急欲見治績的君王或有司，很難接受此種主張，寧可以法的高壓手段，「齊
之以刑」；必要見到「民免而無恥」、「民不畏死，奈何以死懼之」〔註298〕的嚴
重後果後，統治者才肯接受「教化」之請。然往往已積重難返矣！試以西漢
為例，董仲舒的「天人三策」儘管有許多「黃老」之論、陰陽災異之說，但
他的「教化」、「更化」之請卻不失儒家本色：

　　夫萬民之從利也，如水之走下，不以教化隄防之，不能止也。是故
　　教化立而姦邪皆止者，其隄防完也；教化廢而姦邪並出，刑罰不能
　　勝者，其隄防壞也。古之王者明於此，是故南面而王天下，莫不以
　　教化為大務。立大學以教於國，設庠序以化於邑，漸民以仁，摩民
　　以誼，節民以禮，故其刑罰甚輕而禁不犯者，教化行而習俗美也。……
　　今漢繼秦之後，如朽木糞牆矣，雖欲善治之，亡可奈何。法出而姦
　　生，令下而詐起，如以湯止沸，抱薪救火，愈甚亡益也。……當更
　　化而不更化，雖有大賢不能善治也。……今臨政而願治七十餘歲矣，
　　不如退而更化；更化則可善治，善治則災害日去，福祿日來。……
　　夫仁誼禮知信五常之道，王者所當脩飭也，五者脩飭，故受天之祐，
　　而享鬼神之靈，德施于方外，延及群生也。〔註299〕

〔註297〕《漢書》，卷七二，〈鮑宣傳〉，頁 21 上～下。
〔註298〕《老子》，第七十四章，下篇，頁 21 下。
〔註299〕《漢書》，卷五六，〈董仲舒傳·賢良對策一〉，頁 6 下～8 上。

董仲舒這段話是針對武帝「性命之情，或夭或壽，或仁或鄙，習聞其號，未燭厥理。伊欲風流而令行，刑輕而姦改，百姓和樂，政事宣昭，何脩何飭而膏露降、百穀登，德潤四海、澤臻草木，三光全、寒暑平，受天之祐、享鬼神之靈，德澤洋溢，施虖方外、延及群生？」〔註300〕的策問而來的。我們細繹武帝之意，原或想要張大人主聲威於方外、群生，不意董仲舒卻回答他「堯舜行德則民壽，桀紂行暴則民鄙夭」，〔註301〕而主張「德教」，他所說的脩飭仁誼禮知信、及時更化，即是「德教」的具體方案。

對西漢的「儒者」而言，「教化」的要求，自賈誼開始，便不斷提出，然而總未見實施。在漢初，由於「漢接秦弊」，因秦之嚴刑重罰而形成的敗壞民風，到了漢初猶未改，〔註302〕而民「棄禮義、捐廉恥日甚」，〔註303〕賈誼因請文帝重視「以禮義治之」、「道之以德教」，〔註304〕可惜文帝「無爲」，將賈誼的建議束之高閣；董仲舒眼見武帝雖云「有爲」，對社會風俗卻無意改善，因此而有「更化」的要求。武帝對這逆耳之言，非但聽若無聞，甚至繼續任刑，以酷吏爲能，以張湯曲法爲貴，終使秦以來的酷法不獨未減輕，且又加上「刑不正」，冤陷無辜，吏政民風更見敗壞；宣帝雖褒賞良吏，然宣帝心目中之良吏，只要「政平訟理」即可，對王吉的「教化」之說，反覺其言迂闊；元帝好儒，有心修改武、宣之政，於是盡納儒者之言，然元帝個性柔仁，爲政不易突破，而儒者又拘於古制，眾說紛紜，徒亂主張，元帝「牽制文義，優游不斷」，〔註305〕應了宣帝先前對他「俗儒不達時宜，好是古非今，使眩於名實，不知所守」的教訓，而禮義教化終難推行；成帝時詔令議減死刑及蠲除約省律令，固是一番仁心，然所作的改革既小，而且「有司既無仲山父將明之材，不能因時廣宣主恩，建立明制，爲一代之法，而徒鉤摭微細，毛舉數事，以塞詔而已。」〔註306〕是以法敗如故、民亂如昔；至哀帝，逢衰漢之世，民有七死七亡，欲施教化更是難如登天了。這些現象，班固編寫〈刑

〔註300〕同上卷，頁2下～3上。

〔註301〕同上卷，頁5上。

〔註302〕同上書，卷二七上，〈五行志上〉，董仲舒曰：「昔秦受亡周之敝，而亡以化之；漢受亡秦之敝，又亡以化之。夫繼二敝之後，承其下流，兼受其猥，難治甚矣！」頁12上。

〔註303〕同上書，卷四八，〈賈誼傳·治安策〉，頁20上。

〔註304〕同上卷，頁26下～27上。

〔註305〕同上書，卷九，〈元帝紀〉，班彪贊，頁14上。

〔註306〕同上書，卷二三，〈刑法志〉，頁17上。

法志〉時，看得清清楚楚，因此再三強調「禮教不立、刑法不明」乃導致刑獄蕃密、社會敗壞之主因。

第八節　西漢儒者往何處去

　　本章所言最主要的是在分析武帝和董仲舒分別在政治和學術上「陽儒陰法」的表現；下面我們還是繼續探討這種「陽儒陰法」的表現對整個漢代及後世知識份子的影響。武帝的影響，主要是決定了西漢知識份子的命運；董仲舒則影響了他身後兩千年知識份子的思想成分。當然董仲舒的公羊學在學術上影響了西漢儒者對《春秋》及其他經書的陰陽家式的注釋，而且也造成了緯書的紛紛興起，但這是另一個領域的大問題，本文不及討論。只討論與帝王政治有直接關係的思想部分，董仲舒在這方面的影響是十分隱而深遠的。

　　所以會形成這樣大的影響力，究其因，仍然是董仲舒《春秋繁露》中，有太多的法家思想都是以「春秋之義」為前題而作闡發的，法家思想因此披著《春秋》的外衣，堂而皇之地登堂入室，變成儒家思想的部份，遂令許多儒者口出法家之言而不自知，猶自以為儒家思想本來如此。直到東漢，儒者仍以董仲舒為榜樣，動輒援引「春秋之義」；兩漢以後，「春秋之義」不再被經常運用，但董仲舒式的價值判斷仍普徧存在於儒者心中，形成儒法莫辨的情形。茲舉三個例子，來檢視董仲舒是如何普徧而又深遠地影響了儒者的思想成分與思想方式。

　　「誅心」、「誅意」之詞雖未見於《春秋》經傳，〔註307〕但這個觀念，在西漢已經形成。因此董仲舒說：

> 春秋之聽獄也，必本其事而原其志。志邪者不待成，首惡者罪特重，
> 本直者其論輕。〔註308〕

必定要這樣察其「嫌疑纖微」〔註309〕的話，則刑獄自然可以大興。蓋「欲加之罪，何患無辭？」一旦被扣上「志邪」的帽子，則百口莫辯，只能聽任有司誅斬棄市。董仲舒這種說法不啻把《春秋》化為酷典，淮南王安就是這道

〔註307〕後世多謂《左傳》〈宣公二年〉「趙盾弒其君」為「誅心」之說，《公羊傳》〈襄公元年〉「宋華元曷為諸侯圍宋彭城，為宋誅也」為「誅意」之說；但在傳文裡概無「誅心」「誅意」之詞。

〔註308〕《春秋繁露》〈精華第五〉，頁68。

〔註309〕同上書，〈度制第二十七〉，頁185。

酷法下的第一位犧牲者。〔註310〕其後《鹽鐵論》中，大夫亦引「春秋之法，君親無將，將而必誅」來評斷淮南王「斯亦誰殺之乎？」〔註311〕在「春秋之義」的籠罩下，這種判罪方式被認爲是公正合理的制裁，於此我們更可瞭解一部《漢書》裡，「有罪」的公卿大夫爲什麼會那樣多了。

宣帝時，匈奴呼韓邪單于來朝，宣帝詔公卿議其儀，時丞相黃霸，御史大夫于定國皆曰待之如諸侯王；唯蕭望之主張「待之以不臣之禮，位在諸侯王上」，易言之，亦以「王」之禮待之，宣帝從其議。〔註312〕蕭望之這個進步的平等觀，被東漢荀悅（148～209）以「春秋之義」責以不合乎「禮」，只能做爲一時權變之用，不能做爲經常之法度：

> 春秋之義，王者無外，欲一于天下也。戎狄道里遼遠，人迹介絕，故正朔不及，禮教不加，非尊之也，其勢然也。詩云：「自彼氐、羌，莫敢不來王。」故要、荒之君必奉王貢；若不供職，則有辭讓號令加焉，非敵國之謂也。望之欲待以不臣之禮，加之王公之上，僭度失序，以亂天常，非禮也！若以權時之宜，則異論矣。〔註313〕

荀悅的批評已經頗有法家王者獨尊的意味。司馬溫公除了借荀悅此論做爲他對這件事的贊之外，〔註314〕還在敍述這件事的時侯，把蕭望之兩句深遠崇高的理想：「信讓行乎蠻貉，福祚延于亡窮。」〔註315〕刪掉了。是則司馬溫公的觀念與作法，似乎又更不如董仲舒「王者愛及四夷，霸者愛及諸侯」〔註316〕的精神了。

對於天子與諸侯的權力分配，董仲舒是主張「強幹弱枝」的。他認爲《春秋》「立義以明尊卑之分，強幹弱枝以明大小之職」；〔註317〕「立義定尊卑之序，

〔註310〕謬西王引「春秋曰：臣毋將，將而誅。」來治淮南立罪，已見註177。
〔註311〕《鹽鐵論》，卷二，〈晁錯第八〉，頁15上。
〔註312〕《漢書》，卷七八，「蕭望之傳」，蕭望之曰：「單于非正朔所加，故稱敵國，宜待以不臣之禮，位在諸侯王上。外夷稽首稱藩，中國讓而不臣，此則羈縻之誼，謙亨之福也。書曰：『戎狄荒服』，言其來服，荒忽無常。如使匈奴嗣卒有鳥竄鼠伏，闕於朝享，不爲畔臣。信讓行乎蠻貉，福祚流於亡窮，萬世之長策也。」，頁8下～9上。
〔註313〕荀悅，《前漢紀》，卷二○，頁206。
〔註314〕見：《資治通鑑》，卷二七，頁886。
〔註315〕荀悅《前漢紀》作：「行讓行乎蠻夷，福祚延于無窮。」同註313。
〔註316〕《春秋繁露》，「仁義法第二十九」，頁201。按董仲舒雖曰「愛」，卻是站在「王者地位高於四夷」的立場發言的。
〔註317〕同上書，「盟會要第十」，頁114。

而後君臣之職明矣」；〔註318〕「強幹弱枝，大本小末，一指也」。〔註319〕董仲舒
這種大一統、中央集權的主張，東漢時宋意也曾以「春秋之義」發揮過；〔註320〕
而唐朝的陸贄（宣公，754～805），他的政治理論，多在制衡專制君王的權力，
〔註321〕但是對諸夏、夷狄，他卻發揚董仲舒中央集權的精神：

> 臣聞國家之立也，本大而末小，是以能固。又聞理天下者若身之使
> 臂，臂之使指，則大小適稱而不悖焉。身所以能使臂者，身大於臂
> 故也；臂所以能使指者，臂大於指故也。王畿者，四方之本也；京
> 邑者又王畿之本也。其勢當令京邑如身、王畿如臂、四方如指，故
> 用則不悖，處則不危，斯乃居重馭輕，天子之大權也。非獨爲御諸
> 夏而已，抑又有鎮撫戎狄之術焉。〔註322〕

從這三個例子，所看到董仲舒法家思想對漢、唐知識份子的深遠影響，可以
知道董仲舒在整個政治思想發展史上，實居於很重要的地位。

　　至於漢武帝提倡「陽儒陰法」政策後，問政的知識份子，其最後之命運
可說是「殊途同歸」：不論他們學問如何，個人品德如何，對國家曾有怎樣的
貢獻或禍害，大部分都不得善終，或自殺、或下獄死、或棄市、或坐棄市，
統治者則未曾伸出援手。《漢書》裡酷吏十七人，除趙禹壽終于家，杜周晚年
記載不詳外，其餘自殺者五，棄市者三、遭斬者二、夷其家者二、「病死」者
三。卽以張湯爲例，他承上意以爲法，方其隆貴時，「丞相取充位，天下事皆
決湯。……湯嘗病，上自至舍視。」及其敗，上使趙馬責之，張湯亦只好自
謝「無尺寸之功」而自殺。〔註323〕此外，漢儒得到了參政之機會，用世之心
甚強，自武帝提倡儒術之後，頗有以經術進者，然此輩儒者復多「挾經術以
行其偏矯之情」，〔註324〕爭權奪利，排除異己，位至丞相，甚得見任；及讎怨
或後進興起，亦不免取敗，於是帝曰：「觀君之治，無欲輔朕富民便安元元之
念。……」賜死。〔註325〕翟方進的一生最足爲此類儒者的代表。我們可以看

〔註318〕同上書，「正貫第十一」，頁 116。
〔註319〕同上書，「十指第十二」，頁 118。
〔註320〕已見註 164。
〔註321〕關於陸贄政治理論的內容，請參閱徐復觀，〈中國的治道〉，收在氏著著《學
　　　　術與政治之間》頁 101～126。
〔註322〕陸贄，《陸宣公翰苑集》，卷一一，〈奏章卷第一・論關中事宜狀〉，頁 10 上。
〔註323〕《漢書》，卷五九，〈張湯傳〉，頁 7 上。
〔註324〕此爲王船山評蕭望之語，見：《讀通鑑論》，卷四，頁 14 上。
〔註325〕《漢書》，卷八四，〈翟方進傳〉，頁 3 上～9 下。

出武帝之後，丞相益加難為：一則空坐虛位而無實權，〔註326〕二則既無實權，卻又要負最大的行政責任。尤其是災異之說興起之後，丞相又多一項策免或賜死之因，因此儒相為求保身，不免碌碌庸庸，被阿諛之名。〔註327〕還有一些政治色彩較淡、敢於忠言直諫的儒者，頗不合當時「陽儒陰法」的政治原則，是最難存身的一輩。武帝時，有博士狄山主與匈奴和親，張湯鄙其愚儒無知，狄山曰：「臣固愚忠，若御史大夫湯，乃詐忠。湯之治淮南、江都，以深文痛詆諸侯，別疏骨肉，使藩臣不自安，臣固知湯之為詐忠。」武帝變色，逐一就一郡、一縣、一鄣問狄山能否治盜賊，「山自度辯窮且下吏」，於是曰能，武帝乃遣狄山守鄣，居月餘，匈奴斬狄山之頭而去。〔註328〕可見這一類儒者更不易長保其身。狄山的事件，我們還得留意它的後果：「是後群臣震讋。」〔註329〕又收到和景帝誅斬晁錯同樣的效果，朝廷更無反對的聲浪。

從上面的檢視裡，我們可以看出：自武帝起，雖言提倡儒術，元帝成帝之後儒者也果能當道；實際上，西漢的政治卻距理想的儒家之治，愈走愈岔遠，而人君的權力也較諸漢初更為膨脹提高。「春秋之義」用來繩下雖綽綽有餘，以之裁上卻大大不足：一以孔子聖德雖高，其影響力仍無法及於統治者，其「貶天子」的作用只是具文，〔註330〕因此孟子也只能說：「孔子成春秋而亂臣賊子懼」，〔註331〕這是以《春秋》做為「褒貶」王者之用本身就具有的缺陷；二以《春秋》之義經過西漢公羊學家的發揮，充分地增強了它「尊王攘夷」、「王正月」、「大一統」等中央集權的意義。因此終西漢之世，知識份子以「春秋之義」來「退諸侯」有之、「討大夫」有之，卻無法用來「貶天子」；專制君王在「春秋之義」裁抑諸侯、大夫的輔翼下，更增加了他的威權。〔註332〕

〔註326〕武帝總攬大權，又增加內廷權力；宣帝好任中書宦官。因此丞相權力日見削減。

〔註327〕《漢書》，卷八一，〈匡張孔馬傳〉班固贊曰：「自孝武興學，公孫弘以儒相，以後蔡義、韋賢、玄成、匡衡、張禹、翟方進、孔光、平當、馬宮及當子晏，咸以儒宗居宰相位，服儒衣冠，傳先王語，其醖藉可也；然皆持祿保位，被阿諛之譏。彼以古人之迹見繩，烏能勝其任乎！」，頁23下～24上。

〔註328〕同上書，卷五九，〈張湯傳〉，頁4下。

〔註329〕同上註。

〔註330〕見註124。

〔註331〕《孟子》，卷三，〈滕文公下〉，頁22下。

〔註332〕徐復觀先生提醒我們注意「漢書司馬遷引上述一段話（按：「貶天子、退諸侯、討大夫」），卽將『貶天子』一語刪去。」（徐復觀，〈儒家對歷史命運掙扎之一例〉，頁362）由此可知專制政治給知識份子的壓力，東漢並不亞於西漢；

人事既已不足，漢儒只好轉而求諸天意以儆天子。於是，陰陽、五行、災異、禪讓之說更為興盛；另一方面，基於對現實政治的失望，漢儒產生了對孔子心目中周初理想之治的無限嚮往，這種心態遂又提供王莽篡漢的政治心理背景。我們試看王莽服儒衣冠，攝政時以周公自居，踐祚後又大行周制，無一不是在迎合西漢末期儒者的需要，就可知道當時知識份子要求儒家理想的心理，是達到何等強烈的程度了。

知識份子屈於政治現實，而天子已不容貶。

第五章　西漢知識份子的宇宙觀與歷史觀
——陰陽災異說與五德終始說

第一節　「首推陰陽，爲儒者宗」的董仲舒

　　「陰陽」與「五行」的觀念，原爲兩套毫無關聯的思想系統。從春秋到戰國時代，這兩個觀念先是分道而行：「陰陽」觀念由最初的與太陽有關的自然現象，逐漸發展成爲構成宇宙的基本元素；而「五行」觀念亦由最初的五種日常生活資材，演變而爲自然界的生化過程及人事變遷的法則。〔註1〕到了騶衍，開始把兩者並提，〔註2〕成爲一套以陰陽爲天道運行的宇宙觀，及以五德終始爲機械循環的歷史觀。〔註3〕我們推測：大概由於（1）騶衍的學說和儒家有著部份相同的目的：「然要其歸，必止乎仁義節儉，君臣上下六親之施，始也濫耳。」〔註4〕（2）儒家經典中的《易傳》有「陰陽」消息，《尚書》〈甘誓〉、〈洪範〉有「五行」之詞。〔註5〕易言之，儒家與陰陽家有些許貌似之處，因此陰陽家

〔註1〕關於「陰陽」、「五行」的起源及其意義的演變，徐復觀先生有極詳細的考察，見：徐復觀，〈陰陽五行及其有關文獻的研究〉，收在氏著《中國人性論史》附錄二，頁509～587。

〔註2〕《史記》，卷七四，〈孟荀列傳〉云騶衍：「深觀陰陽消息，而作迂怪之變，……稱引天地剖判以來，五德轉移，治各有宜，而符應若茲。……」頁5～6。

〔註3〕騶衍之書今已不傳；關於騶衍五德終始說之內容的推測，可參考本章註1徐復觀文，及林載爵，〈天道變易，世運終始——歷史思想中的發展觀念〉，頁48～49。

〔註4〕同註2。

〔註5〕《易經》本文尚無「陰陽」之說，至〈象〉、〈繫辭〉等傳，才有陰陽消息，

學說極易假儒家之面貌以形於世；而孔孟之義本在心性道德，素乏宇宙論之說，因此儒家學說到了戰國末期又極易被陰陽家所入侵。這是學術上的可能。另一方面，在政治上，秦始皇統一天下後，頗信騶衍五德終始之說，任事處處求與之配合：「推終始五德之傳，以爲周得火德，秦代周，德從所不勝，方今水德之始，……更名河曰德水，以爲水德之始。剛毅戾深，事皆決於法，……然後合五德之數。」〔註6〕統治者既如此提倡，當時的儒生有可能信之更篤；而呂不韋的門客著《呂氏春秋》，亦頗採陰陽五行之說。如此一來，影響的層面就更深更廣了。到了西漢，已十分顯著，陰陽五行幾成爲漢代知識份子普遍共具的觀念，〔註7〕而且也得到知識份子相當的重視，〔註8〕甚至認爲儒家和陰陽家有密切關係。〔註9〕其中董仲舒尤爲「儒學陰陽化」最重要的學者。

我們若仔細考察董仲舒的「陰陽」學說，會發現他有兩套不同的「陰陽」之論，大體上是涇渭分明，不相干涉，但最後還是造成他學說上的矛盾。這是因爲董仲舒同時接受《呂氏春秋》和《黃帝四經》兩派不同學說的結果。下面我們將試作分析：

就著書的主旨而言，《呂氏春秋》是爲大一統的政府設計一套理想政治的藍圖；《黃帝四經》是爲大一統的君王提供控馭臣下的帝王之術。因此《呂氏春秋》綜合了儒、墨、道、陰陽四家之說，而在〈十二紀〉中，把陰陽、五行、天文、律曆、地理、生物現象、歷史傳說、日常生活，乃至政治理想，都融入一個整整齊齊的宇宙論系統中，著書者自視包羅萬象，可爲是非興亡之鑑；〔註10〕欲

凡此皆晚出之說。如〈泰卦〉象曰：「內陽而外陰，內健而外順」；〈否卦〉象曰：「內陰而外陽，內柔而外剛」（四部叢刊本《周易》，卷二，〈泰傳第二〉，頁1上及2下）。〈繫辭上〉曰：「一陰一陽之謂道」、「陰陽不測之謂神」、「天地變通配四時，陰陽之義配日月」（同上書，〈繫辭上〉，頁3下、4上、4下）。而《尚書》〈洪範〉曰：「……一五行，一曰水，二曰火，三曰木，四曰金，五曰土。水曰潤下，火曰炎上，木曰曲直，金曰從革，土爰稼穡。潤下作鹹，炎上作苦，曲直作酸，從革作辛，稼穡作甘。」（卷七，頁2上）。與《呂氏春秋》的說法已很相近。

〔註6〕《史記》，卷六，〈秦始皇本紀〉，頁23～25。

〔註7〕董仲舒以後的儒者自不待言；董仲舒之前的陸賈亦有陰陽之論，見《新語》，〈道基篇〉、〈明誠篇〉；賈誼《新書》之〈六術篇〉多陰陽之說，〈胎教雜事篇〉更充滿了四時、四方之配；即如法家色彩最濃厚的晁錯，也講究陰陽之順，見《漢書》，卷四九，〈晁錯傳〉，頁15下，及頁18下。

〔註8〕觀司馬談論六家要旨，首論陰陽可知。

〔註9〕觀司馬遷將孟荀與騶衍同傳可知。

〔註10〕《呂氏春秋》，卷一二，〈季冬紀第十二〉，「序意」云：「凡十二紀者，所以紀

令統治者依此行事，以達仁義之治。它的架構應該是採自騶衍的五德終始説，只是更進一步將陰陽與四時、五行配合，並擴大爲整個宇宙的現象。因此他們在運用「陰陽」之説時，並無尊卑貴賤的觀念，只與四時、五行……等，整齊排比。而《黃帝四經》既爲帝王之術，所著重者法家君尊臣卑的主張、控馭臣下的技術，因此他們將「陰陽」之説套入他們的學説系統，凡相對的觀念，大部分以「陰陽」來搭配，達成他們對絕對秩序的要求，包括自然現象與人際社會。〔註11〕這種「陽尊陰卑」的説法，才能符合他們君臣關係的原則；而五德終始説在帝王之術裡無法提供尊卑貴賤的理論基礎，故不取焉。〔註12〕

　　董仲舒同時接受了《呂氏春秋》和《黃帝四經》的影響，因此他的「陰陽」之説，時而有尊卑的觀念，時而無尊卑觀念。當他以陰陽強調尊卑貴賤時，必如「黃老」學派，不曾涉及五行之説，這一部份，在上章已論之甚詳，〔註13〕此處不再贅述；當他的「陰陽」之説，不含尊卑觀念時，則是承自《呂氏春秋》〈十二紀〉之系統，陰陽和四時、五行一樣，只是天地之氣一系列的分化過程中的一部分罷了：「天地之氣，合而爲一，分爲陰陽，判爲四時，列爲五行。」〔註14〕他的陰陽五行之説由此展開。

　　在董仲書的陰陽五行理論系統裡，還有一個相當重要的觀念，即「天人相應」之説。「天人相應」之説，在中國，起源甚早；〔註15〕董仲舒由於受到黃老學説的影響，把「天」推爲至尊、本原：「父者子之天也，天者父之天也，無天而生，未之有也。天者萬物之祖，萬物非天不生。」〔註16〕又説：「人受

治亂存亡，所以知壽夭吉凶也。上揆之天，下驗之地，中審之人。若此，則是非可不可，無所遁矣。」頁10上～下。

〔註11〕《黃帝四經》〈稱〉：「凡論必以陰陽□大義。天陽地陰，春陽秋陰，夏陽冬陰，晝陽夜陰，大國陽小國陰，重國陽輕國陰，有事陽而無事陰，信（伸）者陰〔陽〕者〔而〕屈者陰，主陽臣陰，上陽下陰，男陽〔女陰〕，〔父〕陽〔子〕陰，兄陽弟陰，長陽少陰，貴〔陽〕賤陰，達陽窮陰，取（娶）婦姓（生）子陽有喪陰，制人者陽制於人者陰，客陽主人陰，師陽役陰，言陽黑（默）陰，予陽受陰。諸陽者法天，天貴正，過正曰□□□□□祭乃反。諸陰者法地，地〔之〕德安徐正靜，柔節先定，善予不爭。此地之度，而雌之節也。」頁231～232。

〔註12〕就目前已能看得清楚的資料看來，《黃帝四經》與〈伊尹・九主〉五篇文章概無五德終始之説，亦無木、火、土、金、水或「五行」等字詞。

〔註13〕參看第四章註60、70、78、95、98。

〔註14〕《春秋繁露》，〈五行相生第五十九〉，頁302。

〔註15〕馮友蘭，《中國思想史》，（上），頁46～65。

〔註16〕《春秋繁露》，〈順命第七十〉，頁340。

命於天，固超然異於群生。」〔註17〕因此在萬物群生之中，天與人的關係特
爲密切，有著直系血親的淵源：「爲生不能爲人，爲人者天也。人之（爲）人
本於天，天亦人之曾祖父也。此人之所以上類天也。」〔註18〕舉凡人之形體、
血氣、好惡、喜怒、受命……莫不類天而來。〔註19〕天與人既有如此密切的
關係，則董仲舒會有「天人相應」之信念，實爲必然之結論；而且由於天人
同類相動之故，董仲舒還認爲天之降禍福，實乃人之所由啓：

> 天有陰陽，人亦有陰陽。天地之陰氣起，而人之陰氣應之而起；人
> 之陰氣起，而天地之陰氣亦宜應之而起，其道一也。……非獨陰陽
> 之氣可以類進退也，雖不祥禍福所從生，亦由是也。〔註20〕

在董仲舒的理論系統裡，人君是「天」在人間的執行代表，〔註21〕所以人主
若是不德，刑罰不中，會使陰陽失調，災異隨之而起：

> ……及至後世，淫佚衰微，不能統理群生，諸侯背叛，殘賊良民以
> 爭壤土，廢德教而任刑罰。刑罰不中，則生邪氣，邪氣積於下，怨
> 惡畜於上，上下不和，則陰陽繆盭而妖孽生矣，此災異之所緣而起
> 也。〔註22〕

黃仲舒又說：

> 災者，天之譴也；異者，天之威也。譴之而不知乃畏之以威。……
> 凡災異之本，盡生於國家之失。國家之失乃始萌芽，而天出災異以
> 譴告之；譴告之而不知變，乃見怪異以驚駭之；驚駭之尚不知畏，

〔註17〕《漢書》，卷五六，〈董仲舒傳〉，〈賢良對策三〉，頁15上。

〔註18〕《春秋繁露》，〈爲人者天第四十一〉，頁251。

〔註19〕同上書，〈爲人者天第四十一〉云：「人之形體化天數而成，人之血氣化天志
而仁，人之德行化天理而義，人之好惡化天之暖清，人之喜怒化天之寒暑，
人之受命化天之四時，人生有喜怒哀樂之答春秋冬夏之類也。」（頁251）；〈人
副天數第五十六〉亦云：「天地之符，陰陽之副，常設於身，身猶天也，數與
之相參，故命與之相連也。天以終歲之數成人之身，故小節三百六十六副日
數也，大節十二分副月數也，內有五藏副五行數也，外有四肢副四時數也，
乍視乍瞑副晝夜也，乍剛乍柔副冬夏也，乍哀乍樂副陰陽也，心有計慮副度
數也，行有倫理副天地也。」（頁292～293）。

〔註20〕同上書，〈同類相動第五十七〉，頁295～296。

〔註21〕董仲舒這一類的主張頗多，最明確的莫如：「人主立於生殺之位，與天共持變
化之勢。……天地，人主，一也。」（《春秋繁露》，〈王道通三第四十四〉，頁
265）；其他尚可參看第四章第三節，註68至74。

〔註22〕《漢書》，卷五六，〈董仲舒傳〉，〈賢良對策一〉，頁4下。

恐其殃咎乃至。以此見天意之仁不欲害人也。〔註23〕

他的目的，我們從前引災異緣起那段文字中，就可以清楚地知道，是希望人君廢刑罰而改任德教。董仲舒又恐人君不予置信，因此進一步宣稱「災異」亦為孔子所重視，是以書諸《春秋》以儆後世：

> 孔子作春秋，上揆之天道，下質諸人性，參之於古，考之於今。故《春秋》之所譏，災害之所加也；《春秋》之所惡，怪異之所施也。書邦家之過，兼災害之變，以此見人之所為，其美惡之極乃與天地流通而來往相應，此亦言天之一端也。〔註24〕

又說：

> 《春秋》致意有二端，不分二端之所從起，亦未可與論災異也。……是故《春秋》之道，以元之深，正天之端；以天之端，正王之政；以王之政，正諸侯之位；五者俱正而化大行。然書日蝕星隕有蜮山崩地震……，《春秋》異之，以此見悖亂之徵。是小者不得大，微者不得著，雖甚末，亦一端，孔子以此效之，吾所以貴微重始者也。因惡夫推災異之象於前，然後圖安危禍亂於後者，非《春秋》之所甚貴也；然而《春秋》舉之以為一端者，亦欲其省天譴而畏天威，內動於心志，外見於事情，…。豈非貴微重始，慎終推效者哉？〔註25〕

如此一來《春秋》一書，除了「貶天子、退諸侯、討大夫」之微言大義以外，還另有「言災異，防悖亂」之意義在焉。於是在《漢書》〈五行志〉裏，我們看到董仲舒細細推演《春秋》，事無鉅細，必先有災異之象。可見董仲舒對陰陽災異之信念，持之甚深；而其影響且及於儒漢之說經，緯書之興起，及漢儒之批評、建議時政，則「漢代思想的特性，是由董仲舒所塑造的」，〔註26〕實為中肯之言。而董仲舒「為儒者宗」的意義，就顯而易見的歷史層面言，果然可以自「始推陰陽」觀之；若就董仲舒的法家思想對漢代及漢代以後的儒者所造成的無形而又深遠的影響而言，則董仲舒「為儒者宗」的意義就更大了。

董仲舒的「五行說」有兩個特點：（一）他雖然將陰陽與五行並奉為天志天道：「明陰陽入出虛實之處，所以觀天之志；辨五行之本末順逆小大廣狹，所以

〔註23〕《春秋繁露》，〈必仁且智第三十〉，頁207〜208。
〔註24〕《漢書》，卷五六，〈董仲舒傳〉，〈賢良對策三〉，頁14下。
〔註25〕《春秋繁露》，〈二端第十五〉，頁125〜126。
〔註26〕徐復觀，《兩漢思想史》，卷二，頁296。

觀天道也。」〔註27〕而且承《呂氏春秋》〈十二紀〉之緒，把陰陽、四時、五行、四方，配合成一整齊的體系：「金木水火，各奉其所主，以從陰陽，相與一力而併功。其實非獨陰陽也，然而陰陽因之以起，助其所主。故少陽因木而起，助春之生也；太陽因火而起，助夏之養也；少陰因金而起，助秋之成也；太陰因水而起，助冬之藏也。」〔註28〕「木居東方而主春氣，火居南方而主夏氣，金居西方而主秋氣，水居北方而主冬氣。……土居中央爲之天。……」〔註29〕但在實際理論上，董仲舒是將「陰陽」與「五行」分爲兩個互不相關的系統的：以陰卑陽尊定宇宙及人間秩序，固不涉五行；以陰陽失調論災異，亦同樣不及五行。〔註30〕而《春秋繁露》中專言五行的九篇，〔註31〕則相對的不言陰陽。

（二）董仲舒的五行說，重點在五行相生相勝〔註32〕及以官職配五行上，〔註33〕與五德終始的循環歷史觀無涉。他的歷史觀是根據五德終始說略加改造的「三統觀」，以黑統、白統、赤統作爲歷史的循環；〔註34〕而一般漢儒言世運興衰及改制主張，則仍循騶衍、秦始皇舊途，以五德終始爲歷史的循環，並以此確定漢政權的合法性，或以此主張漢德已衰，宜禪讓給繼起之德。

在「三統」的歷史觀下，董仲舒對於君權的來源，還是主張「受命」之說：

> 臣聞天之所大奉使之王者，必有非人力所能致而自至者，此受命之
> 符也。天下之人同心歸之，若歸父母，故天瑞應誠而至。書曰：白
> 魚入於王舟，有大火復於王屋，流爲烏。此蓋受命之符也。〔註35〕

然天命雖無常予、無常奪，卻非隨意予奪，必以有德有道爲依歸：「夏無道而殷

〔註27〕《春秋繁露》，〈天地陰陽第八十一〉，頁394。

〔註28〕同上書，〈天辨在人第四十六〉，頁268。

〔註29〕同上書，〈五行之義第四十二〉，頁255～256。

〔註30〕觀董仲舒〈賢良三策〉及《漢書》〈五行志〉中七十七條董仲舒言災異之記載，皆不及五行，可知此說不誤。

〔註31〕包括〈五行對第三十八〉、〈五行之義第四十二〉、〈五行相勝第五十八〉、〈五行相生第五十九〉、〈五行順逆第六十〉、〈治水五行第六十一〉、〈治亂五行第六十二〉、〈五行變救第六十三〉、〈五行五事第六十四〉九篇。

〔註32〕〈五行對第三十八〉、〈五行之義第四十二〉、〈五行相勝第五十八〉、〈五行相生第五十九〉四篇。

〔註33〕〈天地陰陽第八十一〉：「列官置吏，必以其能若五行。……官職之事，五行之義也。」頁394。而〈五行相勝第五十八〉及〈五行相生第五十九〉兩篇正是整整齊齊排列官位職司之應五行的情形。

〔註34〕詳見《春秋繁露》，〈三代改制質文第二十三〉。

〔註35〕《漢書》，卷五六，〈董仲舒傳·賢良對策一〉，頁4上～下。

伐之，殷無道而周伐之，周無道而秦伐之，秦無道而漢伐之，有道伐無道，此天理也。」〔註36〕「故其德足以安樂民者，天予之；其惡足以賊害民者，天奪之。」〔註37〕蓋「天之生民非爲王也，而天立王以爲民也。」，〔註38〕因此「君」、「王」之定義皆可由音訓而得：「王者民之所往，君者不失其群者也。故能使萬民往之而得天下之群者，無敵於天下。」〔註39〕董仲舒此說頗合乎先秦儒家以「民」爲前提的考慮，而且也保有周人天命觀中重民的精神，〔註40〕民在天命靡常的過程當中，具有決定性的影響力。易言之，人主雖至尊，卻不能恣肆，猶得視民意以行事。如此，則君權受到民意相當程度的限制。但在另一方面，董仲舒受了黃老學派法家思想的影響，將人倫關係與社會秩序都視作一種絕對性的等差，因此當他把「受命」的觀念擴大到倫理的層面時，遂使他的「受命觀」演變成含有「壓制」異味的階級觀：「天子受命於天，諸侯受命於天子。子受命於父，臣妾受命於君，妻受命於夫。諸所受命者，其尊皆天也，雖曰受命於天亦可。」〔註41〕而且人民居於屈從地位，很難具有限制君權的約束力：「春秋之法，以人隨君，以君隨天。……故屈民而伸君，屈君而伸天，春秋之義也。」〔註42〕至如「爲人主者居至德之位，操殺生之勢，以變化民。民之從主也，如草木之應四時也。」〔註43〕更給予人主無限大的權威，使天命靡常及災異示儆之苦心設計，一概前功盡棄。這種立說上的矛盾，使董仲舒以西漢儒宗之尊，卻對漢代以下的兩千年專制威勢，提供了極大的助成因素。此外，董仲舒亦以「受命」之說來賦予孔子政治上的地位：

> 有非力之所能致而自至者，西狩獲麟，受命之符是也。然後託乎
> 《春秋》正不正之間，而明改制之義；一統乎天子，而加憂於天

〔註36〕《春秋繁露》，〈堯舜不擅移湯武不專殺第二十五〉，頁178。

〔註37〕同上篇，頁177。

〔註38〕同上註。

〔註39〕同上書，〈滅國上第七〉，頁105。

〔註40〕關於周人的天命觀，張端穗先生〈天與人歸——中國思想中政治權威合法性的觀念〉一文有簡要的分析，收在黃俊傑編，《理想與現實》，頁100～107，〈尚書中的天命觀〉部分。在頁106，張先生指出：《尚書》的天命觀「包含了三個成分：天、君德與人民；強調君王的權威源自於天，天命的標準是君王的德行，德行最重要的內涵是愛民保民。只要君王能愛民保民，便能獲得或繼續享有天命，維持他的統治。」由此可見「民」在這種天命觀中居於關鍵地位。

〔註41〕《春秋繁露》，〈順命第七十〉，頁342。

〔註42〕同上書，〈玉杯第二〉，頁18。

〔註43〕同上書，〈威德所生第七十九〉，頁388。

下之憂也；務除天下所患，而欲以上通五帝、下極三王，以通百
王之道。……〔註44〕

此說一則與《公羊傳》不符，〔註45〕再則《春秋》這位抽象的「新王」〔註46〕
對漢代君權也產生不了任何約束力。董仲舒「孔子受命」之說徒然引起緯書
紛紛附會興起，把孔子神化，扭曲了孔子形象，阻滯了儒學發展。

因此，董仲舒的陰陽家學說，對西漢從政之儒者帶來的影響是：以陰陽災
易限制君權，以陰陽災異諫權臣專政，以陰陽災異諫外戚專權，其五行說未再
有近一步的發揮。唯自東漢時，在《白虎通》中，班固以五行繫陰陽，〔註47〕
才使陰陽和五行不再分道而行。〔註48〕

第二節 陰陽五行說的盛行時代

秦漢之儒，由於時代的因素，普遍都具有陰陽家的思想；唯在董仲舒的
影響下，武帝以後西漢儒者言陰陽五行的風氣更盛，遍及今文學各家，〔註49〕
從奏議上看，其著者有：治《書》的夏侯始昌、夏侯勝、李尋；治《詩》的
匡衡、翼奉；治《易》的魏相、京房、谷永；治《穀梁》的劉向、梅福；治

〔註44〕 同上書，〈符瑞第十六〉，頁126～127。

〔註45〕 《春秋公羊傳》，卷一二，〈哀公十四年〉，謂「西狩獲麟，子曰吾道窮矣！」
頁9上，並無董仲舒所謂的孔子自命受命，然後始著《春秋》之意。詳細的
分析，請參閱徐復觀，《兩漢思想史》，卷二，頁345～346。

〔註46〕 《春秋繁露》，〈玉杯第二〉云：「是故孔子立新王之道」，頁17；〈三代改制質
文第二十三〉：「……故春秋應天作新王之事，……春秋上黜夏，下存周，以
春秋當新王。……春秋作新王之事……」頁154、159、160。

〔註47〕 班固，《白虎通》，卷三，〈五行篇〉：「火者陽也，尊，故上；水者陰也，卑，
故下。木者少陽，金者少陰，……。五行所以二陽三陰者何？土尊，尊者配
天。金木水火，陰陽自偶。」頁10上～下。

〔註48〕 而且在班固的觀念中，「五行」一詞的概念可能已超過「陰陽」的涵意，因此
舉「五行」便可涵括「陰陽」。試觀其《白虎通》〈五行篇〉和《漢書》〈五行
志〉，概以〈五行〉名篇；而〈五行篇〉猶以「陰陽」配「五行」，見上註；〈五
行志〉則全屬陰陽災異之說，絲毫不及木火土金水。

〔註49〕 根據翼奉的說法，至少《易》、《詩》、《春秋》都有陰陽災異之說。《漢書》，卷
七五，〈翼奉傳〉，翼奉奏封事曰：「臣聞之於師曰：天地設位，懸日月、布星
辰、分陰陽、定四時、列五行，以視聖人，名之曰道。聖人見道，然後知王治
之象。故畫州土、建君臣、立律歷、陳成敗，以視賢者，名之曰經。賢者見經，
然後知人道之務，則詩、書、易、春秋、禮、樂是也。易有陰陽，詩有五際，
春秋有災異，皆列終始、推得失、考天心，以言王道之危。」頁16上。

《公羊》的睦弘。另有不明學術淵源的杜欽、王嘉、蓋寬饒等，也都善言陰陽五行，以下將依其內容分類探討他們的陰陽五行說。

這些奏議具有三大特色，都深深受到董仲舒學說的影響：（一）最能表現當時政治弊病——董仲舒的「災異」說本為國家失道而圖儆戒的設計，〔註50〕因此踵其後的儒者，言陰陽災異時，也都針對時弊而發。從那些奏議的內容看來，當時政治上最大的弊病乃在於外戚勢盛與倖臣專權。這也正是西漢末期的政治特色。（二）「民」受到普遍的忽略——董仲舒個人的學說理論。雖然很為民著想，〔註51〕但前面我們已經指出，由於董仲舒立說上的矛盾，使他「受命」說裡原本扮演重要角色的「民」頓失意義，「民」在天人相應中，無法再居關鍵性的地位。因此董仲舒之後的儒者，言吏政敗壞，固能考慮到「民」；然而言陰陽災異，則殊少涉及到人民。可以說「天聽自我民聽，天視自我民視」〔註52〕的時代已經遠去。（三）不曾對「君權」挑釁——在董仲舒「黃老」學說的羽翼下，君天臣地，君臣地位之懸絕已成天經地義，而君王之威權亦不容置疑。〔註53〕因此儘管董仲舒之「災異」說與「受命」說，或為限制君王作為所作的苦心設計，但對君權的高張，則束手無策。是故董仲舒之後，儒者言陰陽災異、言五德終始、言禪讓，皆只能就「君德」力諫君王節用度、遠讒佞、減後宮而已，對專制君王的威權則不曾致疑。

這個時期的災異觀，仍與董仲舒無異，我們可以谷永之說為代表：

> 臣聞災異，皇天所以譴告人君過失，猶嚴父之明誡。畏懼敬改，則
> 禍銷福降；忽然簡易，則咎罰不除。〔註54〕

而他們對人事上「陰」、「陽」的界定，則可以翼奉之說為代表：

> 夫日者，眾陽之長，輝光所燭，萬里同暴，人君之表也。……月者，

〔註50〕《漢書》，卷五六，〈董仲舒傳〉，〈賢良對策一〉：「臣謹案春秋之中，視前世已行之事，以觀天人相與之際，甚可畏也。國家將有失道之敗，而天乃先出災害以譴告之；不知自省，又出怪異以警惕之；尚不知變，而傷敗乃至。」頁3上。

〔註51〕例如主張為民興利除害、待民慈惠，見第四章第三節註83、86；在經濟政策上亦主張不與民爭利，見〈賢良對策三〉。

〔註52〕《尚書》，卷六，〈泰誓下〉，頁4上。

〔註53〕這一點可以和文帝時，賈山還敢直言「今人主之威，非特雷霆也；勢重，非特萬鈞也。……震之以威，壓之以重，則雖有堯舜之智、孟賁之勇，豈有不摧折者哉？如此，則人主不得聞其過矣，弗聞，則社稷危矣。」（見第三章註72）前後作個比較。

〔註54〕《漢書》，卷八五，〈谷永傳〉，頁4下。

> 眾陰之長，銷息見伏，百里爲品，千里立表，萬里連紀，妃后大臣
> 諸侯之象也。〔註55〕

易言之，凡後宮奢亂、外戚勢盛、權臣柄政，皆可謂「陰氣過盛」。

霍光輔政達二十年，霍氏不知收斂，終以奢僭謀反族殺。宣帝微時，頗受外戚史氏、許氏之照顧，卽位後不忘舊恩，埋下外戚掌權之可能因素；又喜以中書用事，宦官遂得專權之機。元帝柔仁，宣帝時久典樞機的宦官石顯、弘恭轉益囂張；而王皇后一家亦乘勢坐大。成帝沈緬酒色，無意政事，後宮恣亂，委政元舅王鳳爲大司馬大將軍，其餘諸舅亦於一日內同封侯，冠蓋京華，權傾一時。哀帝以定陶王入主，施政常遭祖母傅太后杯葛，傅太后性剛，長於權謀，傅氏又得以爭權；而哀帝寵幸孌人董賢，與之共臥起，朝政益壞，最後終於把西漢命祚交到「折節恭儉、勤身博學、被服如儒生」的王莽手中。西漢後半期（昭帝至哀帝八十餘年）的陰陽災異說，卽本著這些過盛的「陰氣」展開。

以陰陽災異來附會霍氏專權傾國，已見於張敞的封事及蕭望之的對問。〔註56〕宣帝並未及時制止，反授之以政、任之以兵，助其專橫，最後乃以謀反一族盡誅，不留餘口，被司馬溫公責以「少恩」。〔註57〕元帝時，京房之象數易「長於災變」，曾以「災異盡備」進諫元帝聽信讒佞變詐，元帝心知其意，然亦未因此而遠絕石顯，後反讓石顯藉京房道幽厲事，「非謗政治，歸惡天子」下獄棄市。〔註58〕哀帝寵董賢，爲之治官寺、治大第，賞賜吏卒，甚於治宗廟，家中諸事，諸官並共，發取市物，百價震動，百姓讙譁，群臣惶惑，時王嘉以丞相之尊屢諫哀帝，所得到的結果是「上寖不說，而愈愛賢，不能自勝」。及傅太后薨，哀帝復託太后遺詔，益封董賢二千戶，及賜傅晏、傅商、鄭業等侯國，王嘉封還詔書，因奏封事諫哀帝曰：

> 高安侯賢，佞幸之臣，陛下傾爵位以貴之，單財貨以富之，損至尊以寵之，主威已黜，府藏已竭，唯恐不足。財皆民力所爲，……今賢散公賦以施私惠，一家至受千金，往古以來貴臣未嘗有此，……今太皇太后以永信太后遺詔，詔丞相御史益賢戶，賜三侯國，臣嘉竊恐。山崩地動，日食於三朝，皆陰侵陽之戒也。前賢已再封，晏、商再易邑，

〔註55〕同上書，卷七五，〈李尋傳〉，頁 25 上～26 上。
〔註56〕見第四章第五節註 180 及 181。
〔註57〕《資治通鑑》，卷二五，頁 821。
〔註58〕事見《漢書》，卷七五，〈京房傳〉，頁 6 上～11 下。

業緣私橫求，恩已過厚，求索自恣，不知厭足，甚傷尊卑之義，不可
以示天下，爲害痛矣。臣驕侵罔，陰陽失節，氣感相動，害及身體。
陛下寢疾久不平，繼嗣未立，宜思正萬事，順天人之心，以求福祐，
奈何輕身肆意，不念高祖之勤苦垂立制度欲傳之於無窮哉！〔註59〕

如此直言諍諫，哀帝閱之大怒，並其他事件齊下將軍中朝議，議者皆順哀帝
意，劾奏王嘉「迷國罔上不道」，請與廷尉雜治。王嘉繫獄二十餘日，不食歐
血而死。董賢轉而右遷大司馬票騎將軍。〔註60〕從上面三例，可看出陰陽災
異之說對人主之任用人才、對佞幸之弄權，都未能造成絲毫的約束力。

　　成帝自爲太子時，卽以好色聞，〔註61〕卽位後，皇太后爲詔采良家女。
杜欽之祖杜周雖爲武帝時著名的酷吏，杜欽本人卻頗好經書，爲人深博有謀，
見知於成帝之舅大將軍王鳳。杜欽見太后詔令，於是藉機勸說王鳳建九女之
制，擇有行義家之淑女爲后妃，不問華色，以助德理內。惜乎王鳳不能自立
法度，循故事而已，而成帝亦得以順利沈緬酒色，不問政事，造成「趙氏亂
內，外家擅朝」，令史家爲之氣短的局面。〔註62〕建始三年，成帝嘗以日蝕地
震之變舉直，杜欽伺機再進：

臣聞日蝕地震，陽微陰盛也。臣者君之陰也；子者父之陰也；妻者
夫之陰也；夷狄者中國之陰也。春秋日蝕三十六，地震五，或夷狄
侵中國，或政權在臣下，或婦乘夫，或臣子背君父，事雖不同，其
類一也。臣竊觀人事以考變異，則本朝大臣無不自安之人，外戚親
屬無乖刺之心，關東諸侯無強大之國，三垂蠻夷無逆理之節，殆爲
後宮。何以言之？日以戊申蝕，時加未。戊未，土也；土者中宮之
部也。其夜地震未央宮殿中，此必適妾將有爭寵相害而爲患者，唯
陛下深戒之。變感以類相應，人事失於下，變象見於上。能應之以
德，則異咎消亡；不能應之以善，則禍敗至。……唯陛下正后妾，
抑女寵，防奢泰，去佚游，躬節儉，親萬事，……親二宮之饔膳，
致晨昏之定省。……〔註63〕

〔註59〕同上書，卷八六，〈王嘉傳〉，頁 11 下～12 下。
〔註60〕同上卷，頁 15 上。
〔註61〕同上書，卷六○，〈杜欽傳〉，頁 7 上。
〔註62〕同上書，卷一○，〈成帝紀〉，班彪贊曰：「趙氏亂內，外戚擅朝，言之可爲於
　　　　邑！」顏師古注曰：「於邑，短氣貌。」頁 16 上。
〔註63〕同上書，卷六○，〈杜欽傳〉，頁 9 下～10 下。

杜欽所陳，並無新意，不出董仲舒的見解，然而明白愷切，諄諄諤諤；成帝則聽者藐藐，絲毫不爲所動。同一次的詔舉，谷永亦以後宮、游俠事直言諫上：

> 竊聞明王卽位，正五事、建大中，以承天心，則庶徵序於下，日月理於上；如人君淫溺後宮，般樂游田，五事失於躬，大中之道不立，則咎徵降而六極至。凡災異之發，各象過失，以類告人。乃十二月朔戊申，日食婺女之分，地震蕭牆之內，二者同日俱發，以丁寧陛下，厥咎不遠，宜厚求諸身。意豈陛下志在閨門，未卹政事，不愼舉錯，妻失中興？內寵大盛，女不遵道，嫉妒專上，妨繼嗣與？古之王者廢五事之中，失夫婦之紀，妻妾得意，謁行於內，勢行於外，至覆傾國，或亂陰陽。……夫妻之際，王事綱紀，安危之機，聖王之所愼也。……誠修後宮之政，明尊卑之序，貴者不得嫉妒專寵，以絕驕嫚之端，抑褒、閻之亂；賤者咸得秩進，各得厥職，以廣繼嗣之統，息白華之怨。後宮親屬，饒之以財，勿與政事，以遠皇父之類，損妻黨之權，未有閨門治而天下亂者也。……〔註64〕

谷永此對，內容囊括治後宮、去佚樂、正左右、傳賢考功、退酷吏、施恩德，不但以災異示儆，而且還遍引《書》、《詩》爲證。成帝深異其對，特予召見；但是谷永所力諫的五事，亦不見成帝有所改進。

元帝以柔仁之質，優游寡斷，妻黨已漸恣意，時翼奉曾上封事答元帝對地震之詔問：

> ……臣奉竊學齊詩，聞五際之要十月之交篇，知日蝕地震之效昭然可明，猶巢居知風，穴處知雨，……今年太陰建於甲戌，律以庚寅初用事，曆以甲午從春。曆中甲庚，律得參陽，性中仁義，情得公正貞廉，百年之精歲也。正以精歲，本首王位，日臨中時接律而地大震，其後連月久陰，雖有大令，猶不能復，陰氣盛也。古者朝廷必有同姓以明親親，必有異姓以明賢賢，此聖人所以大通天下也。同姓親而易進，異姓疏而難通，故同姓一，異姓五，乃爲平均。今左右亡同姓，獨以舅后之家；異姓之臣又疏，二后之黨滿朝，非特處位，勢尤奢僭過度，呂、霍、上官足以卜之，甚非愛人之道，又非後嗣之長策也。陰氣之盛，不亦宜乎！……〔註65〕

〔註64〕同上書，卷八五，〈谷永傳〉，頁 1 下～3 下。
〔註65〕同上書，卷七五，〈翼奉傳〉，頁 16 下，及頁 17 上～18 上。

翼奉又稱「今異不應，災將隨之」，其法是極陰生陽，反為大旱，甚至為火災。及明年夏四月，武帝陵園白鶴館火災，翼奉自以為言中；然元帝雖然對於災異戒慎恐懼，卻不能從儒者所認為的災異之因改革，他的因應措施，是大赦天下，〔註 66〕徒然造成對百姓的縱惡害善。〔註 67〕成帝委政舅家，王氏兄弟叔姪從掌權到爭權、到弄權、到奪權，歷成、哀、平三帝，達三十餘年之久，實為史上所少見；最後西漢國祚復斷於王氏手中，更是外戚專權在歷史上空前絕後之舉。由此可見當時王氏的權力如何威脅著劉姓的興滅存亡。這在陰陽災異之說鼎盛的時代看來，自然又是「陰氣太盛」。篤信陰陽之說的儒者，像接力賽般，不停地有人提醒成帝外戚勢盛，宜加留意災異。先是京兆尹王章直言：

> ……災異之發，為大臣顓政者也。今聞大將軍猥歸日蝕之咎於定陶

〔註 66〕同上書，卷九，〈元帝紀〉，頁 4 下。
〔註 67〕自古以來，學者咸認「大赦天下」是非常的舉措，不可經常施行。茲統計西漢一朝諸帝的大赦次數，發現元帝之行赦率果然偏高：

帝號	在位年數	大赦次數	頻率（年／次）
高　祖	一二	九	1.3
惠　帝	七	一	7.0
呂　后	八	三	2.6
文　帝	二三	四	5.8
景　帝	一六	五	3.2
武　帝	五五	一八	3.1
昭　帝	一三	七	1.9
宣　帝	二五	一〇	2.5
元　帝	一五	一〇	1.5
成　帝	二六	九	2.9
哀　帝	六	四	1.5
平　帝	五	四	1.3

資料來源：據《西漢會要》，卷六三，頁 623～630。

高祖時乃兵革之後，平帝時已由王莽專政，皆非平常時日，大赦之多，為時勢使然。別除這前後兩段非常時期，剩下的，便屬元帝和哀帝最常舉行大赦，平均每一年半就一次。至於經常大赦的弊病，元帝時匡衡已痛切指出：「臣竊見大赦之後，姦邪不為衰止，今日大赦，明日犯法，相隨入獄，此殆導之未得其務也。蓋保民者，『陳之以德義』，『示之以好惡』，觀其失而制其宜，故動之而和，綏之而安。今天下俗貪財賤義，好聲色、上侈靡，……不改其原，雖歲赦之，刑猶難使錯而不用也。」見《漢書》，卷八一，〈匡衡傳〉，頁 3 上。

> 王，建遣之國，苟欲使天子孤立於上，顓擅朝事以便其私，非忠臣
> 也。且日蝕，陰侵陽、臣顓君之咎，今政事大小皆自鳳出，天子曾
> 不一舉手，鳳不內省責，反歸咎善人，……。〔註68〕

王章共舉三事以言王鳳專權，宜退免。爲王鳳所知，下獄死。群下莫敢正言，
唯梅福上書曰：

> ……故京兆尹王章，資質忠直，敢面折廷爭，孝元皇帝擢之，以屬
> 具臣而矯曲朝；及至陛下，戮及妻子。且惡惡止其身，王章非有反
> 畔之辜，而殃及家。折直士之節，結諫臣之舌，群臣皆知其非，然
> 不敢爭，天下以言爲戒，最國家之大患也。……方今君命犯而主威
> 奪，外戚之權日以益隆，陛下不見其形，願察其景。建始以來，日
> 食地震，以率言之，三倍春秋，水災亡與比數，陰盛陽微，金鐵爲
> 飛，此何景也！漢興以來，社稷三危，呂、霍、上官皆母后之家也，
> 親親之道，全爲之右，當與之賢師良傅，教以忠孝之道。今乃尊寵
> 其位，授以魁柄，使之驕逆，至於夷滅，此失親親之大者也。自霍
> 光之賢，不能爲子孫慮，故權臣易世則危。書曰：母若火，始庸庸。
> 勢陵於君，權隆於主，然後防之，亦亡及已。〔註69〕

在天象上，以日蝕地震水災來提醒；在人事上，以霍氏之傾國伏誅做爲殷鑑
不遠，梅福的用心也極其辛苦了，而成帝仍然沒有採納。〔註70〕最後，劉向
以宗室之親再上封事極諫：

> ……春秋舉成敗、錄禍福，如此類甚眾，皆陰盛而陽微，下失臣道
> 之所致也。……今王氏一姓乘朱輪華轂者二十三人，青紫貂蟬充盈
> 幄內，魚鱗左右。大將軍秉事用權，五侯驕奢僭盛，並作威福，擊
> 斷自恣，行汙而寄治，身私而託公，依東宮之尊，假甥舅之親，以
> 爲威重。尚書九卿州牧郡守皆出其門，筦執樞機，朋黨比周。……
> 兄弟據重，宗族磐互。歷上古至秦漢，外戚僭貴未有如王氏者也。……
> 物盛必有非常之變先見，爲其人微象。孝昭帝時，冠石立於泰山，
> 仆柳起於上林，而孝宣帝即位。今王氏先祖墳墓在濟南者，其梓柱
> 生枝葉，扶疏上出屋，根函地中，雖立石起柳，無以過此之明也。

〔註68〕《漢書》，卷九八，〈元后傳〉，頁5下。
〔註69〕同上書，卷六七，〈梅福傳〉，頁10上～11上。
〔註70〕同上卷，頁11上，「上遂不納」。

事勢不兩大，王氏與劉氏亦且不並立，如下有泰山之安，則上有累卵之危。陛下爲人子孫，守持宗廟，而令國祚移於外親，降爲皂隸，縱不爲身，奈宗廟何！……夫明者起福於無形，銷患於未然，宜發明詔、吐德音，援近宗室，親而納信；黜遠外戚，毋授以政，皆罷令就第，以則效先帝之所行，厚安外戚，全其宗族，誠東宮之意、外家之福也。王氏永存，保其爵祿；劉氏長安，不失社稷，所以襃睦外內之姓，子子孫孫無疆之計也。……〔註71〕

劉向這般曉以宗廟大義，成帝也只是「歎息悲傷其意，謂曰『君且休矣，吾將思之。』」〔註72〕而劉向並沒有因此罷休，每召見，仍「常顯訟宗室，譏刺王氏及在位大臣，其言多痛切，發於至誠。」成帝雖欲用爲九卿，但不得王氏及丞相御史之支持，終不得大用。而劉向卒後十三年，王氏果然代漢。〔註73〕劉向之後，終成帝之世再無以陰陽災異諫外戚專權者，一則以劉向以碩儒及宗室之親都無法令成帝感悟，其他更是人微言輕，難起作用；二則王氏權勢已成，成帝卽使欲有所爲，亦頗受王氏干擾杯葛，從王章先受成帝重用旋被誅，及劉向終不得右遷，可見成帝已無實權可言，至此末路，儒者確已無話可說。及至哀帝卽位，王氏未甚抑黜，而哀帝外家丁、傅親貴，外戚爭權更是複雜混亂，水災地震頻仍，哀帝詔問直言之士，李尋依然以「陰盛」答問：

……臣聞五行以水爲本，……天下有道，則河出圖、洛出書，故河洛決溢，所爲最大。今汝、潁畎澮皆川水漂踴，與雨水並爲民害，此詩所謂『爗爗震電，不寧不令，百川沸騰』者也，其咎在於皇甫卿士之屬。唯陛下留意詩人之言，少抑外親大臣。臣聞地道柔靜，陰之常義也。地有上中下，其上位震，應妃后不順；中位應大臣作亂；下位應庶民離畔。震或於其國，國君之咎也；四方中央連國歷州俱動者，其異最大。間者關東地數震，五里作異，亦未大逆，宜務崇陽抑陰，以救其咎；……本在積任母后之家，非一日之漸，往者不可及，來者猶可追也。……宜少抑外親，選練左右，舉有德行道術通明之士充備天官，然後可以輔聖德，保帝位，承大宗。……〔註74〕

〔註71〕同上書，卷三六，〈劉向傳〉，頁25上，頁26上～28上。
〔註72〕同上卷，28上。
〔註73〕同上卷，30下。
〔註74〕同上書，卷七五，〈李尋傳〉，頁29上～30下。

李尋此對，已顯現出：欲以陰陽災異之說來改革朝政的意圖，已步入強弩之末，因此總是以「宜少抑外親」這種很不堅定的語氣請求哀帝稍施君權；而哀帝處處受制於傅太后，實際上連「少抑外戚」也無以達成。只能聽李尋言有水災，而「拜李尋爲騎都尉，使護河隄」，〔註75〕完成枝節末事，而不能從根本圖救。

以上這些奏議，內容大同小異，都以陰氣過盛來解釋日蝕、地震、水災，而勸諫人君抑陰崇陽——遠讒佞、正後宮、抑外親、任賢才，以銷除禍害於始微；而人君則鮮有爲之者。因而此種說法除了表現當時的政治弊病外，實際上無補於政事。我們倒要留意另外四種比較特殊的說法：一是魏相以陰陽之說言養民；二是匡衡以陰陽之說戒奢侈；三是翼奉以六情十二律言知人之術；四是王吉、貢禹注重體卹民生，而不言陰陽。

在陰陽災異之說那樣盛行、儒者無不具備陰陽家觀念與說法的時代，王吉將眼光置於社會風俗上，提醒宣帝「安上治民，莫善於體」，並提倡節儉，而全不及陰陽之說，無疑的是一位並世而不同道的儒者，因此宣帝只覺其言迂闊，而不甚寵異，王吉遂謝病歸鄉。〔註76〕元帝時，貢禹爲諫大夫，見年歲不登、郡國多困，於是上疏言宮室奢侈而民多飢病，提醒元帝「天生聖人，蓋爲萬民，非獨使自娛樂而已也」。元帝從其議，大減乘輿服御器物，省宜春下苑以與貧民，並遷貢禹爲光祿大夫，復遷御史大夫。之後貢禹仍多所建議，希能恢復漢初恭儉之風，其言盡以民瘼爲主，而不涉陰陽之氣；元帝幸能重用，善納其言，才能稍減宮室宗廟用度。〔註77〕

霍光卒後，宣帝親理萬機，魏相爲相。魏相明《易經》，爲人嚴毅，但頗留心民生，視農爲本務，因此奏請宣帝注重四時以養民：

> 天地變化，必繇陰陽，陰陽之分，以日爲紀。日冬夏至，則八風之序立，萬物之性成，各有常職，不得相干。……茲五帝所司，各有時也。……明王謹於尊天，慎於養人，故立羲和之官以乘四時，節授民事。君動靜以道，奉順陰陽，則日月光明，風雨時節，寒暑調和。三者得敍，則災害不生，五穀熟，絲麻遂，艸木茂，鳥獸蕃，民不夭疾，衣食有餘。若是，則君尊民說，上下亡怨，政教不違，

〔註75〕同上卷，頁31上。
〔註76〕王吉的奏疏内容已見第四章第六節，註283、284。
〔註77〕《漢書》，卷七六，〈貢禹傳〉，頁11下～13上，及頁15下。

> 禮讓可興。……臣愚以爲陰陽者，王事之本，群生之命，自古聖賢
> 未有不繇者也。天子之義，必純取法天地，而觀於先聖。……臣相
> 伏念陛下恩澤甚厚，然而災氣未息，竊恐詔令未有合當時者也。願
> 陛下選明經通知陰陽者四人，各主一時，時至明言所職，以和陰陽。
> 天下幸甚！〔註78〕

史稱宣帝納用其議。而魏相如此重陰陽，影響於繼任丞相的丙吉的，是不問
死傷橫道，只問牛喘吐舌。他的理由是：

> 民鬥相殺傷，長安令、京兆尹職所當禁備逐捕，歲竟，丞相課其殿
> 最，奏行賞罰而已。宰相不親小事，非所當於道路問也。方春少陽
> 用事，未可大熱，恐牛近行用暑故喘，此時氣失節，恐有所傷害也。
> 三公典調和陰陽，職所當憂，是以問之。〔註79〕

丙吉「宰相不親小事」之說固然識大體，而且「爲人深厚，不伐善」，「於官
屬橡吏，務掩過揚善」，「上寬大，好禮讓」，〔註80〕但是他把三公之職限定在
調和陰陽上，則其識見較諸魏相之以陰陽爲工具，以「民」爲終極關懷，誠
不如遠甚。

　　元帝時，匡衡論政治得失。在指出大赦無益、需以教化爲本之後，接著
暢談天人之際陰陽之理，以爲去奢侈之根據：

> 臣聞天人之際，精祲有以相盪，善惡有以相推，事作乎下者象動乎上，
> 陰陽之理各應其感，陰變則靜者動，陽蔽則明者晻，水旱之災隨類而
> 至。今關東連年饑饉，百姓乏困，或至相食，此皆生於賦斂多，民所
> 共者大，而吏安集之不稱之效也。陛下祗畏天戒，哀閔元元，大自減
> 損，省甘泉、建章宮衛，罷殊崖，偃武行文，將欲度唐虞之隆，絕殷
> 周之衰也。……宜遂減宮室之度，省靡麗之飾，……。〔註81〕

若將前面貢禹勸諫元帝減省宮室宗廟用度，和匡衡這一段建議並看，可以發
現西漢的宮室車馬服飾，經武帝和宣帝的經營，已達到奢侈靡麗之程度，而
其來源是是民脂民膏，所以匡衡和貢禹分別提出勸諫。只是貢禹未言陰陽災
異；而匡衡則保持董仲舒最初的災異之說，以「賦斂多」，吏治不明爲陰陽失

〔註78〕同上書，卷七四，〈魏相傳〉，頁 5 上～6 下。
〔註79〕同上卷，〈丙吉傳〉，頁 10 下。
〔註80〕同上卷，頁 8 上；9 下；9 上。
〔註81〕同上書，卷八一，〈匡衡傳〉，頁 5 上～下。

調之因，這在西漢末期反成少有的見解。

這段期間言陰陽五行而有特殊的方法的，應爲翼奉。他除了《齊詩》〈五際〉之說外，還有所謂的「六情十二律」，亦卽東西南北上下六合之情各爲怒喜惡好樂哀，分別以十二地支兩兩主之，再分屬陰或陽。由於「萬物各以其類應」，所以由時辰、方位可推知人情邪正，此爲帝王「知下之術」；「臣聞之於師：治道要務，在知下之邪正……知下之術在於六情十二律而已。」如何由「六情十二律」察知人情邪正呢？「察其所縣，省其進退，參之六合五行，則可以見人性、知人情。難用外察，從中甚明，故詩之爲學，情性而已，五性不相害，六情更興廢，觀性以曆，觀情以律，……」〔註82〕翼奉這種「知下之術」或極其奇詭，無學術上的意義；而他從時辰推知稱詔欲學其術的平昌侯王臨爲人主左右之邪臣，也極其牽強，無知識上的根據。然而值得留意的倒是他不輕易示人所持的態度：「人誠鄉正，雖愚爲用；若乃懷邪，知益爲害。」，因此他對元帝治國之道的提供，是超越「六情十二律」的：

> 今陛下明聖虛靜以待物至，萬事雖眾，何聞而不諭，豈況乎執十
> 二律而御六情！於以知下參實，亦甚優矣，萬不失一，自然之道
> 也。〔註83〕

因此其術或「近於妖言」，〔註84〕而其操守則正直有道，言陰陽災異而能不罹難，或正與其不偏邪的態度有關。

漢儒承秦始皇的遺風，以「五德終始說」來確定漢政權的合法性。但是漢究屬何德？卻是眾說紛紜，各據一詞，終無定論：

> 漢興之初，庶事草創，唯一叔孫生略定朝廷之儀。若乃正朔服色郊
> 望之事，數世猶未章焉。至於孝文，始以夏郊，而張蒼據水德，公
> 孫臣、賈誼更以爲土德，卒不能明。孝武之世，文章爲盛，太初改
> 制，而兒寬、司馬遷等猶從臣、誼之言，服色數度，遂順黃德。彼
> 以五德之傳從所不勝，秦在水德，故謂漢據土而克之。劉向父子以
> 爲帝出於震，故包羲氏始受木德，其後以母傳子，終而復始，自神
> 農、黃帝下歷唐虞三代而漢得火焉。故高祖始起，神母夜號，著赤
> 帝之符，旗章遂赤，自得天統矣。昔共工氏以水德間於木火，與秦

〔註82〕同上書，卷七五，〈翼奉傳〉，頁 12 上～15 下。
〔註83〕同上卷，頁 13 上～下。
〔註84〕蕭公權，《中國政治思想史》（上），頁 307。

> 同連，非其次序，故皆不永。由是言之，祖宗之制蓋有自然之應，
> 順時宜矣。〔註85〕

這些話法，是否眞能達到表明漢室受命自天的最初目的，由於莫衷一是，實際上很難確定；倒是衍生出「漢德已衰」、「禪讓」的種種說法，反使漢政權開始動搖，而爲統治者所不喜。儒臣配合陰陽災異之說，有的主張禪讓異姓，有的建議遷都、改元，以更始來延續漢祚。這些繪聲繪影之說，頗有徵驗者，〔註86〕所以更助長了風氣的盛行。首先我們看到眭弘於昭帝時，聞泰山有大石自立，昌邑有枯木臥生，上林苑有斷枯大柳亦自立生，而蟲食樹葉成「公孫病已立」之文字，眭弘據《春秋》推其意，以爲「此當有從匹夫爲天子者」，而託友上書曰：

> 先師董仲舒有言，雖有繼體守文之君，不害聖人之受命。漢家堯後，
> 有傳國之運。漢帝宜誰差天下，求索賢人，禪以帝位，而退自封百
> 里，如殷周二王後，以承順天命。〔註87〕

統治者並無此雅量，於是霍光下其書廷尉，眭弘及友人皆因「妄設妖言惑眾，大逆不道，伏誅」。〔註88〕巧合的是，五年後，宣帝果然興於民間；〔註89〕卽位之後，便徵眭弘之子爲郎。〔註90〕而宣帝時蓋寬饒引韓氏《易傳》上書曰：

> 五帝官天下，三王家天下，家以傳子，官以傳賢，若四時之運，功
> 成者去，不得其人則不居其位。〔註91〕

宣帝以其書下二千石，執金吾議以爲「寬饒指意欲求禪，大逆不道」，蓋寬饒引佩刀自剄。〔註92〕元帝時，翼奉謂「漢家郊兆寢廟祭祀之禮多不應古」，建議元帝遷都正本：

> 今東方連年飢饉，加之以疾疫，百姓菜色，或至相食。地比震動，
> 天氣溷濁，日光侵奪。繇此言之，執國政者豈可以不懷恍惕而戒萬
> 分之一乎！故臣願陛下因天變而徙都，所謂與天下更始者也。……

〔註85〕《漢書》，卷二五下，〈郊祀志下〉，班固贊，頁23下～24上。
〔註86〕至少許多儒者及漢帝王都認爲「言中」。
〔註87〕《漢書》，卷七五，〈眭弘傳〉，頁1下～2上。
〔註88〕同上卷，頁2上。
〔註89〕雖然姓名與枯葉上之字樣有出入，但符驗的部分已足以讓持此說者爭相走告了；而且宣帝自身也信其說，更助長這種風氣。
〔註90〕同註88。
〔註91〕《漢書》，卷七七，〈蓋寬饒傳〉，頁3下～4上。
〔註92〕同上卷，頁4上～下。

> 今漢道未終，陛下本而始之，於以永世延祚，不亦優乎！如因丙子
> 之孟夏，順太陰以東行，到後七年之明歲，必有五年之餘蓄。然後
> 大行考室之禮，雖周之隆盛，亡以加此。〔註93〕

元帝雖未從其議，然亦甚異其言。此後漢道中衰之說則隨時政之亂而益盛。成帝時，齊人甘忠可詐造《天官曆》、《包元太平經》十二卷，稱「漢家逢天地之大終，當更受命於天，天帝使眞人赤精子，下教我此道。」被劉向以假鬼神罔上惑眾之罪，下獄治服，未斷而甘忠可病死。然其徒夏賀良等私以相教。哀帝時，李尋頗好此說，爲夏賀良關說：

> 漢曆中衰，當更受命。成帝不應天命，故絕嗣。今陛下久疾，變異
> 屢數，天所以譴告人也。宜急改元易號，乃得延年益壽，皇子生，
> 災異息矣。得道不得行，咎殃且亡，不有洪水將出，災火且起，滌
> 盪民人。〔註94〕

哀帝從其議，以建平二年爲太初元年，號曰「陳聖劉太平皇帝」。後以其言無驗，賀良等皆伏誅，李尋則減死一等，徙敦煌郡。〔註95〕另成帝時，谷永更以象數《易》推算漢運已至末途，因而破膽寒心，恐懼之至：

> 夫去惡奪弱，遷命聖賢，天地之常經，百王之所同也。加以功德有
> 厚薄，期質有修短，時世有中季，天道有盛衰。陛下承八世之功業，
> 當陽數之標季，涉三七之節紀，遭亢妄之卦運，直百六之災阸，三
> 難異科，雜焉同會。〔註96〕

依谷永此說，漢室於此時正同時遭逢三種不同的大厄運，可謂在劫難逃了，因此二十年來，「群災大異，交錯鋒起，多於《春秋》所書」，加以今年日蝕、流星、彗星俱見，意味內亂外禍，將隨大限之期畢至，而令谷永至憂至懼。〔註97〕谷永此說是否靈驗，姑且不論；而西漢已衰則是不爭之事實。

　　朝廷裡這種殊途同歸的漢祚中衰說，其比附方式，多方面提供了緯書符瑞災異的內容；其擇賢而讓的最終目的，充分刺激了王莽篡漢的野心，加速西漢的滅亡，使這些漢祚中衰說，更加靈驗；亦使災異符瑞說更加盛行，令東漢帝王深信不疑。

〔註93〕同上書，卷七五，〈翼奉傳〉，頁 20 下～21 上。
〔註94〕同上卷，〈李尋傳〉，頁 31 下～32 上。
〔註95〕同上卷，頁 33 上。
〔註96〕同上書，卷八五，〈谷永傳〉，頁 15 下～16 上。
〔註97〕同上卷，頁 16 上～下。

第三節　陰陽五行說對西漢政治的實際影響

　　董仲舒的陰陽災異之說，不僅影響於朝廷的知識份子，且徧及郡國各地。《鹽鐵論》中來自民間的賢良文學，不但也持陰陽五行之說，而且還是董仲舒的忠實信徒：「古者（按：賢良文學每喜託言『古者』，這在《鹽鐵論》中四處可見。）政有德則陰陽調、星辰理、風雨時，故循行於內，聲聞於外，爲善於下，福應於天。」〔註98〕又說：「始江都相董生推言陰陽，四時相繼，……故春生仁、夏長德、秋成義、冬藏禮，此四時之序，聖人之所則也。……日者陽，陽道明；月者陰，陰道冥，君尊臣卑之義，故陽光盛於上，眾陰之類消於下。……故臣不臣，則陰陽不調，日月有變，政教不均，則水旱不時，螟螣生，此災異之應也。」〔註99〕

　　儘管儒者持之甚堅，言之鑿鑿；儘管從武帝開始，便以受命、災異、陰陽策問賢良文學；〔註100〕儘管自宣帝開始，詔令多懼辭，引災異自咎；〔註101〕儘管自宣帝開始，逢災異便常會詔舉賢良方士直言極諫之士，以箴過失；〔註102〕儘管自元帝開始，經常詔問「陰陽不和」之因；〔註103〕實際上，掌政者並不相信這些災異之說。前面的許多敍述已很清楚地顯示君王未曾針對儒者所直言的災異之因去謀求改革；而《鹽鐵論》中大夫言，尤足以代表統治者的立場與心聲：

　　　　禹、湯聖主，后稷、伊尹賢相也，而有水旱之災。水旱，天之所爲；饑穰，陰陽之運也，非人力。故太歲之數在陽爲旱，在陰爲水，六

〔註98〕《鹽鐵論》，卷六，〈水旱第三十六〉，頁54上～下。
〔註99〕同上書，卷九，〈論菑第五十四〉，頁75上～下。
〔註100〕《漢書》，卷五六，〈董仲舒傳〉，册問一：「……三代受命，其符安在？災異之變，何緣而起？……」頁2下；册問二：「……今陰陽錯繆，氛氣充塞，……」頁9上；册問三：「……今子大夫明於陰陽所以造化，……」頁13下。
〔註101〕同上書，卷八，〈宣帝紀〉：「（本始四年）夏四月壬寅，郡國四十九地震，或山崩水出。詔曰：『蓋災異者，天地之戒也。朕承洪業、奉宗廟，託于士民之本，未能知群生，乃者地震北海、琅邪，壞祖宗廟，朕甚懼焉。……』」頁6下。
〔註102〕同上卷，「（地節三年）冬十月，詔曰：『……乃者九月壬申地震，朕甚懼焉。有能箴朕過失，及賢良方正直言極諫之士，以匡朕之不逮，毋諱有司。……』」頁9上。
〔註103〕同上書，卷九，〈元帝紀〉：「（初元二年）六月，關東饑，齊地人相食。秋七月詔曰：『…今秋禾麥頗傷，一年中地再動，北海水溢，流殺人民。陰陽不和，其咎安在？公卿將何以憂之？……』」頁4上。

歲一饑,十二歲一荒,天道然,殆非獨有司之罪也。〔註104〕
陰陽災異之說的目的,本在化命定爲人事,藉此約束人君的作爲;而統治者則翻轉回去,以陰陽運行來言天道之必然,固非人力所能抗拒改變,試觀禹、湯之聖,后稷、伊尹之賢,且蒙水旱災,即可知災異乃自然命定之數,與執政者無關——統治者由此立論而卸下擔負災異之因的責任。同時,丞相爲官僚制度的領袖,儒者既主張災異之起爲有司之罪,於是統治者又將災異之因交給丞相承擔,造成災異策免三公的現象,陰陽災異之說至此完全收到反效果,君權不但沒有受到限制,反倒使丞相的生命岌岌不保。

這項本質上的改變,或許是從魏相的謙卑開始的。〔註105〕魏相爲宣帝相,每云:「臣相幸得備位,不能奉明法、廣教化、理四方,以宣聖德,民多背本趨末,或有飢寒之色,爲陛下之憂,臣相罪當萬死。」〔註106〕或:「臣相幸得備員,奉職不修,不能宣廣教化。陰陽未和,災害未息,咎在臣等。」〔註107〕繼魏相爲丞相的丙吉復云:「三公典調和陰陽,職所當憂」。這兩位西漢中興名相,〔註108〕把陰陽不和攬爲己任,或許是受了董仲舒「《春秋》之義,臣有惡,君名美」、「《春秋》君不名惡;臣不名善。善皆歸於君,惡皆歸於臣」〔註109〕的影響,或許是他們個人的責任感。總之,陰陽不和由丞相來承擔,此後卻成爲西漢政治的通則。或災異令丞相恐懼,乞骸骨,如元帝時的于定國與匡衡;〔註110〕或因災異策免丞相,如成帝時的薛宣,哀帝時的孔光;〔註111〕或藉災異賜丞相自引,如成帝時的翟方進。〔註112〕從詔策中可以看出統治者有繩下愈緊的趨向,于定國上書自劾乞歸時,元帝猶曰:「『經曰:『萬方有罪,罪在朕躬。』君雖任職,何必顧焉?」〔註113〕表

〔註104〕《鹽鐵論》,卷六,〈水旱第三六〉,頁54上。
〔註105〕雖然陳平早就說丞相之職是「上佐天子,理陰陽、順四時,下育萬物之宜,外鎮撫四夷諸侯,内親附百姓,使卿大夫各得任其職焉。」(《史記》,卷五六,〈陳丞相世家〉,頁22)但未以陰陽不和爲丞相之咎。
〔註106〕《漢書》,卷七四,〈魏相傳〉,頁4上。
〔註107〕同上卷,頁5上。
〔註108〕同上卷,班固贊曰:「孝宣中興,丙魏有聲。」頁13上。
〔註109〕皆見第四章第三節,註118及123。
〔註110〕《漢書》,卷七一,〈于定國傳〉,頁7上～下;卷八一,〈匡衡傳〉,頁9下～10上。
〔註111〕同上書,卷八三,〈薛宣傳〉,頁6上～下:卷八一,〈孔光傳〉,頁18上～下。
〔註112〕同上書,卷八四,〈翟方進傳〉,頁8下～9上。
〔註113〕同上書,卷七一,〈于定國傳〉,頁7下。

示還願意和丞相分擔責任；至成帝策免薛宣時則曰：「君爲丞相，出入六年，忠孝之行，率先百僚，朕無聞焉。……有司法君領職解嫚，開謾欺之路，傷薄風化，無以帥示四方。」〔註114〕賜死翟方進時更曰：「惟君登位，於今十年，災害並臻，民被飢餓，加以疾疫溺死，……其咎安在？觀君之治，無欲輔朕富民便安元元之念。……朕誠怪君，何持容容之計，無固忠意，將何以輔朕帥道群下？而欲久蒙顯尊之位，豈不難哉！……」〔註115〕已經很顯然地加重丞相率下及輔佐之責；至傅太后等策免孔光時，則直謂股肱不良乃百姓不綏之因，要丞相負直接責任：「君前爲御史大夫，輔翼先帝，出入八年，卒無忠言嘉謀；今相朕，出入三年，憂國之風復無聞焉。陰陽錯謬，歲比不登，天下空虛，百姓饑饉，……數以問君，君無怵惕憂懼之意，對毋能爲。是以群卿大夫咸惰哉莫以爲意，咎由君焉。……」〔註116〕西漢的丞相至此受到君威及災異層層束縛，位雖尊，卻無實權，更談不上生命地位的保障，徒擁虛名而已。

　　陰陽災異之說的反效果尚不止於殘害到丞相的職位生命而已，與限制君權之初意較無直接關係的反作用是：朝廷邪臣挾災異說逼迫忠良；朝廷佞臣託陰陽攀附權貴。例如元帝永光元年夏寒，日青無光，中書宦官弘恭、石顯及外戚許氏、史氏皆言乃周堪、張猛用事之咎，周堪、張猛終左遷。〔註117〕而谷永則以陰陽之理佞附王鳳，謂白氣起於東方，乃賤人將興之表，黃濁冒京師，乃王道微絕之應，因此「不可歸咎諸舅。此欲以政事過差丞相父子、中尚書宦官，檻塞大異，皆讏說欺天也。」〔註118〕凡此皆可見陰陽災異之說被姦邪利用，去董仲舒之初心更遠矣。

　　董仲舒的天人相應說——包括災異說和受命觀——對西漢政治而言，可以說未蒙其利，反受其害。考其失敗之因，又必須追究到董仲舒的黃老思想上。基本上，董仲舒有以陰陽定尊卑善惡貴賤的主張，而使他的儒家與陰陽家理論每每不能自圓其說，留下極大的缺陷與矛盾，承其後者又多信奉他的學說，未有任何修正，徒使統治者掌握其中的矛盾，擴大其中的缺陷。因此董仲舒的許多學說，到最後總是對專制政治提供極大的貢獻。卽以天人相應

〔註114〕同註110，〈薛宣傳〉，頁6上～下。
〔註115〕同註111。
〔註116〕同註110，〈孔光傳〉，頁18上～下。
〔註117〕《漢書》，卷三六，〈劉向傳〉，頁17下～18上。
〔註118〕同上書，卷八五，〈谷永傳〉，頁5下。

之說限制君權而論，董仲舒因黃老思想而把「君」抬到與天並齊的地位，再三強調「王者與天共持生殺之勢」、「為人主者，居至德之位，操殺生之勢，以變化民，民之從主也，如草木之應四時也」，又說「屈民而伸君」，又主張君尊臣卑，則不論董仲舒加給人主多大的責任，諸如「為人君者，正心以正朝廷，正朝廷以正百官，正百官以正萬民，正萬民以正四方。四方正，遠近莫敢不壹於正，而亡有邪氣奸其間者。」〔註119〕或「民受未能善之性於天，而退受成性之教於王，王承天意以成民之性為任者。」〔註120〕都會因君與臣民地位的懸絕，而無異又增加了君的權力。至於「天」之「監督政事」或「予奪國祚」，〔註121〕此說本欲假天之意而對君施以相當限制；無奈董仲舒的天道含有代表善惡的陰陽兩性：「身之名取諸天，天兩有陰陽之施，身亦兩有貪仁之性；天有陰陽禁，身有情欲栚，與天道一也。」〔註122〕這種不能盡善的天，終究無法具有超越性，成為所有價值的最高標準與最後根據，來評定臧否、賞懲善惡，因此災異云云，受命云云，盡成虛文。因此統治者或根本不予置信，如武帝任酷吏未嘗恐懼災異；或擷取有利於己之說，如宣帝封眭弘之子為郎；或將災異之責任轉嫁給丞相，如成帝策免薛宣、賜死翟方進。興盛於董仲舒的這種天人相應之說，並未達到限制君權的目的；而此輩借天行道之儒者，又往往罹難。〔註123〕除了削減相權，促成緯書的紛紛興起，加速西漢滅亡外，災異說與受命說對西漢政治實無正面作用。

董仲舒的政治學說中對西漢儒者的政治思想及西漢的政治現實影響最大的，莫過於「春秋之義」及「天人相應」之說。明乎董仲舒的黃老思想後，我們知道董仲舒不但沒有因儒家經典而建立起褒貶制度，也沒有因災異說及受命說而成功地限制君權，相反地卻因夾雜法家之說而維護了專制政治；而後學者在專制政權益趨鞏固的統治下，或被阿諛之名，或淪於以此兩說為政爭工具，〔註124〕仍未脫離統治者的役使，「特立獨行」之士並不多見。因此尅

〔註119〕同上書，卷五六，〈董仲舒傳・賢良對策一〉，頁6上。

〔註120〕《春秋繁露》，〈深察名號第三十五〉，頁240。

〔註121〕蕭公權，《中國政治思想史》（上）：「天權對君權之限制有二，一曰予奪國祚，二曰監督政事。」頁299～300。

〔註122〕同註120，頁237。

〔註123〕《漢書》，卷七五，〈眭兩夏侯京翼李傳〉，班固贊曰：「仲舒下吏，夏侯因執，眭孟誅戮，李尋流放，京房……失身。」頁33下。

〔註124〕以「春秋之義」為政爭工具，已現第四章第五節，註182、184、190；而災異賜死翟方進、災異策免孔光，也都有儒者政治上的爭權因素在內，見《漢

就實際情形而言，「董仲舒的褒貶，……硬把知識的道統放入政治的傳授系統中。如此，儒生操持了批評論斷現實世界的權力，而儒家的經典成爲評斷事物是非長短的依據。儒家爲漢室政治肯定了合法性，可是也相對的把知識份子提昇到與政權相抗衡的地位。由此之後，漢代的知識份子脫離了役屬的身分，建立了新的信念與自覺」及「知識份子，尤其儒生，逐漸在漢代取得了裁決是非的權柄。」〔註125〕這種說法似乎是值得商榷的。〔註126〕

書》，〈翟方進傳〉及〈孔光傳〉。

〔註125〕許倬雲，〈秦漢知識份子〉，頁495～496；頁497。

〔註126〕許先生所言頗爲樂觀，但這只是就學理上的可能而言，我們綜合上章及本章的分析論述，可知實際的效果並不如許先生所言。究其因，正是董仲舒立論時不能免除法家思想，因此給自己的學說造成實際施行的困難，也給儒者造成儒法夾雜的困境。

第六章　結　論

　　本文經由最能表現西漢儒法之爭的奏議，對西漢政治的本質，做了一番深入的分析。第二章是在探討由於歷史的鉅變，激發了西漢知識分子的歷史意識，因而經常以秦之速亡及古史上之治世來做為君主施政的儆戒及範例；第三章則撥開歷史的雲霧，考察了漢初「黃老」之治的真相，凸顯出清靜無為背後的法家主張與陰陽之說；第四章追蹤了董仲舒「黃老化」的儒學對西漢及此下兩千年專制政治的深刻影響；第五章則探討西漢後半期特盛的陰陽災異之說，並未達到制衡君權的最初目的，反而加速了西漢的滅亡，而且益以五德終始說，更助成了王莽的篡位。透過這些討論，可以發現：任法的秦帝國雖已隨秦末天下大亂而土崩瓦解；但法家治術卻未能摧陷廓清，反在漢初道家之治、武帝獨尊儒術的連續掩護下，變相發展，成為西漢二百年政治舞台上舉足輕重的主要角色，遂使西漢這個素稱「經學昌明」的時代，不但未能達成儒家理想之治，反為二千年專制政治奠定牢固的基礎。在這與預期相違的政治環境下，儒學的發展與西漢儒者的表現，我們可以從三個角度觀察之：

第一節　孔孟儒道的失落

　　自命為儒的西漢知識分子熱切地秉持先秦儒家之道——仁義禮樂教化，欲以諫諍君王、改善政治現實，結果並未成功。究其詳，倒可一言概括之：未能掌握孔孟基本精神。孔子講究和諧的生活秩序，因此崇周文而言禮樂；又把「禮」歸諸「仁、義」，〔註1〕使「禮」與「仁、義」匯為一體，外在秩序來自內在自

〔註1〕《論語》卷二，〈八佾第三〉：「子曰：人而不仁，如禮何？人而不仁，如樂何？」

覺，注重的是「禮」之本源，而不強調禮之儀文末節。〔註2〕漢儒雖自奉爲孔子信徒，對孔子學說這項精義卻未能把握。他們最普遍的現象是將「禮」與「仁、義」截然畫分，言「禮」時不及「仁、義」，言「仁義」時亦未及「禮」，於是「禮」之內在精義喪失，徒剩「禮」之外表現式；等而下之者，更以「禮」之儀文爲足，以爲「儒」即「禮之儀文」，「禮之儀文」即「儒」，於是朝廷每崇儒，概以興禮之儀文末事爲務，如叔孫通召儒生制朝儀，武帝立明堂、修郊祀、改正朔、建封禪、禮百神，甚至王莽亦汲汲於「起明堂、辟雍、靈台，爲學者築舍萬區，作市、常滿倉，制度甚盛。」〔註3〕而「儒者」亦常爲「禮之儀文」爭執不休，如武帝時諸生議封禪無以定奪，〔註4〕議宗廟百官之儀，亦十餘年不就；〔註5〕而元帝時，諸儒又爲宗廟事爭論，各執一說，元帝無所適從，歷成帝、哀帝，宗廟迭毀迭立，究其原，不過儒者爲古禮所拘耳。故王船山論之曰：「儒者之言，禮文而已矣。以文而毀，猶之乎以文而立。」〔註6〕儒生昧於稽古遵經，拘於形式的結果是愈不識「仁義」與「禮」之關係，一方面使「禮」徒具虛文，更重要的是喪失了儒學的眞精神，對儒學的發展具有扭曲作用。

　　至於會造成漢儒只知「禮」，而不識「禮自仁義出」的原因，大概與政治背景、學術傳承均有關係。就政治背景而言，承秦帝國之後，新興的漢帝國朝廷裡充斥著武將、謀臣、秦故吏，幾不知「仁義」爲何物；就學術傳承而言，漢代儒學主要承自荀學。荀子雖亦重「禮」，但他所重的「禮」強調後天教育，用以改造人性之惡，與孔子主張「禮」必以發自自覺的「仁義」爲基礎，其意義大不相同。漢代儒學既承自荀子，對孔子「禮、仁、義」一體之基本理論遂失體認；對孔孟「仁義」之根源——德性自覺，更無法契接。所以他們對於心性全善之可能性缺乏堅定的信心，而有董仲舒「性待教而爲善」，〔註7〕及揚雄「人

　　　　頁1下。卷八，〈衛靈公第十五〉：「子曰：君子義以爲質，禮以行之，孫以出之，信以成之。君子哉！」頁4下。

〔註2〕《論語》，卷九，〈陽貨第十七〉：「子曰：禮云禮云，玉帛云乎哉？樂云樂云，鐘鼓云乎哉？」頁4上。

〔註3〕《漢書》，卷九九上，〈王莽傳〉，頁18下。

〔註4〕《史記》，卷一二，〈孝武本紀〉：「自得寶鼎，上與公卿諸生議封禪。……群儒既以不能辯明封禪事，又牽拘於詩書古文而不敢騁。……於是上絀偃、霸，盡罷生弗用。」頁32～34。

〔註5〕《史記》，卷二三，〈禮書〉，頁7。

〔註6〕《讀書鑑論》，卷五，〈漢武帝〉，頁3下。

〔註7〕《春秋繁露》，〈深察名號第三十五〉有許多董仲舒的人性論：「……心之爲名，栣也。人之受氣，苟無惡者，心何栣哉？吾以心之名得人之誠，人之誠有貪有

之性也善惡混」之說；〔註8〕因此也像荀子般注重教育，而有賈誼強調太子教育，〔註9〕及董仲舒興太學之議。而那些對荀子「禮」之眞精神亦無法掌握的西漢知識份子，則唯以「禮之儀文」卽爲「儒術」，觀武帝時竇嬰、田蚡、甚至趙綰、王臧等儒生，所提倡之「儒術」不外「欲議古立明堂城南，以朝諸侯。草巡狩封禪改歷服色事」〔註10〕可知一斑。而公孫弘之興學，則導學者以利祿之途，與「禮」、與「仁義」更是背道而馳。漢初猶有陸賈、賈誼以秦亡爲鑑，特別提出「仁義」的重要性；武帝之後，凸顯「仁義」者少矣。因此漢儒儘管喜言「教化」，卻難有深刻之論，蓋「教化」也者，必以人之德性自覺爲基礎，方能「舉善而教」、「不言而教化行」。漢儒對德性自覺既無法契接，對「仁義」自發之可能既喪失信心，則其論教化，不免要失之空洞迂闊；其施行教化，亦不免要流於枝節儀文，失之矯情。〔註11〕「教化」之靈魂──仁義之自發自覺──既失，則漢儒所持之「道」已不具「超越」的特色，不能做爲價值判斷的最高標準，亦卽不能執此批評施政善惡，只好代之以「天道」，欲藉天之垂變來儆戒人君之失道。這是中國人文主義的開倒車發展，依自覺心而建立的「孔孟之道」隨之傾頹。而且董仲舒所營建的這種「天道」兼具善惡，同樣不能超越萬物成爲最高原則；而「陰陽」、「五行」等哲學符號又被董仲舒「價值化」，〔註12〕更使價

仁，仁貪之氣兩在於身。身之名取諸天，天兩有陰陽之施，身亦有貪仁之性……性比於禾，善比於米，米出禾中而禾未可全爲米也。善出性中，而性未可全爲善也。……生有其質而未能覺，譬如瞑者待覺，教之然後善。……天地所生謂之性情，性情相與爲一瞑，情亦性也。謂性已善，奈其情何？……性待教而善，此之謂眞天。天生民性有善質而未能善，於是爲之立王以善之，此天意也。……萬民之性苟已善，則王者受命尚何任？……孟子下質於禽獸之所爲，故曰性已善；吾上質於聖人之所善，故謂性未善。善過性，聖人過善。……」頁237~243。〈實性三十六〉重申此意。我們看董仲舒的心性論，仍是立基於他的「天人相應」之說，及黃老學派陰惡陽善之主張。不但與孟子言自覺自發之性善，風馬牛不相及；卽與荀子言自然之性惡，亦是大相逕庭。董仲舒整個學術思想淵源，就本論文已作過的分析看來，似乎黃老學說的影響遠大於孔子之學；與孟子之說根本不相契；與荀子之說亦只是貌似之傳而已。

〔註 8〕《法言》，〈修身卷第三〉：「人之性也善惡混，修其善則爲善，修其惡則爲惡。」頁8下。

〔註 9〕賈誼謂人性不甚相遠，教之可爲善，亦可爲惡，如趙高之教胡亥爲惡，豈惟胡亥之性惡哉？見《漢書》，卷四八，〈賈誼傳〉，頁21下及25下。

〔註10〕《史記》，卷二三，〈禮書〉，頁3。

〔註11〕觀《漢書》〈循史傳〉便可知其梗概。參看第四章第六節註265至註270，其中韓延壽治潁川尤爲典型例子。

〔註12〕諸如「陽尊陰卑」、「陽善因惡」及「五行莫貴於土。……土者五行最貴者也」

值標準一片混亂，其立論本身已有重大之矛盾與缺陷。最嚴重的是，董仲舒把「君尊臣卑」、「君名美，臣歸惡」等法家主張引爲「春秋之義」，更令漢儒失去諫諍之立足點，徒予統治者生殺大權。西漢知識分子無法建立起足以和君權相抗衡的議政系統，原因即在此。而孔孟儒家之道，亦在漢儒之未能掌握仁義精義，以及陰陽觀念結合法家主張的交相入侵下，完全失落。

相應於先秦諸子之學而言，西漢的思想特色是綜合與因襲，缺乏先秦時代的創造性，而表現了思想、文化的複雜性和發展性──先秦諸子學說「一統」於「儒術」之下，儒學內容因之豐富而複雜；至於其發展，則陰陽家的「天道」之說凌駕儒家的人文精神，道家消極觀念削減了儒家的積極進取、剛健不息，法家君臣絕對尊卑的主張取代了儒家君臣相待以義的對等關係。總而言之，儒學雖在西漢取得正統而獨尊的地位，儒學原有的理性發展卻處處受到阻礙。對孔孟而言，西漢儒學固不僅不醇，而是轉折、歪曲、退化、變質。這些現象的形成，應溯自黃老學派之得勢始。黃老學派以道家、法家、陰陽思想爲主，雜引部分墨家、儒家之菁華，搏成迎合人君心理的帝王之術，從高祖到武帝提倡儒術前，不僅在朝廷活躍了六、七十年，學者亦鮮有不受其影響者，董仲舒、公孫弘固承其學，連淮南王安著書立說，有意自外於朝廷以與武帝對抗，都仍不能免於朝廷黃老之學的籠罩。〔註13〕而黃老學說中的法家與陰陽思想更經由董仲舒而深入西漢中後期的儒者思想中，成爲漢代儒學的一部分；儒家政治思想自此只能在專制統治的條件下考慮君、臣、民的關係，不但不能指導帝王施政，反因法家絕對秩序，絕對尊卑、絕對美惡的主張被漢儒普偏接受之故，儒

（《春秋繁露》〈五行對第三十八〉，頁 249～250）之說。

〔註13〕《淮南子》中「黃老」之迹最明顯的當屬卷九〈主術〉篇。〈要略〉篇總攬其要爲：「主術者，君人之事也。所以因作任督責，使群臣各盡其能也。明攝權操柄，以制群下，提名責實，考之參伍，所以使人主秉數持要，不妄喜怒也。其數直施而正邪，外私而公立，使百官條通而輻輳，各務其業，人致其功，此主術之名也。」（卷二一，頁 2 下～3 上）此說與《黃帝四經》、《春秋繁露》是屬於同一系統的，參考第三章「刑名之學」部分，及第四章董仲舒思想淵源部分，即可清楚。至於黃老派所標榜的「神明」之說，在《淮南子》裡也超越「道德」而居於最高地位：「是故知神明然後知道德之不足爲也，知道德然後知仁義之不足行也，知仁義然後知禮樂之不足脩也。」（卷八，〈本經〉篇，頁 4 上。）而「帝者體太一，王者法陰陽，霸者則四時，君者用六律。……四時者，春生夏長秋冬收藏，取予有節、出入有時，開闔張歙不失其敘，喜怒剛柔不離其理。六律者，生之與殺之、賞之與罰之、予之與奪也，非此無道也。」（〈本經〉篇，頁 7 下）之說更與董仲舒之說若合符節。

教遂成為最利於維護專制政治之工具。因此，西漢儒者雖有「大一統之地上王國，統治於一聖君之下，推行一種聖賢政治，以道德理論教化人民」〔註14〕的理想，卻無法在現實政治中獲得實現，此與漢代儒學的變質實有著莫大關係；而董仲舒對整個儒學的轉折、扭曲、變質、退化，實亦有著「我雖不殺伯仁，伯仁由我而死」的責任。

第二節　「經世致用」在西漢之發展

　　「經世致用」本為儒家之傳統目的，不論是孔子的周遊列國或孟子的席不暇暖，都不外乎冀求人君之用，以實現理想。他們都含有極強烈的淑世精神，但在將道德生活延展為政治生活的過程之中，卻是內外分明的，亦即是孔孟都主張達則兼善天下，窮則獨善其身，政治生活若不能如意，可以有個人道德生活作為退一步之據點，故不必因政治因素而憤世嫉俗，或至亡身。可以說孔孟「經世」之心大於「致世」之求。西漢儒者雖獲得充分參與政治的機會，但由於在學說上受到荀子「尊君」及董仲舒「儒學黃老化」的影響，遂將一國之安危，個人之盡忠死節，繫於一君，如此則個人唯有政治生活，而無獨立之道德生活；公孫弘興學之議後，儒學復被統治者誘以利祿，則學術亦無法獨立，雖得政治之保障，亦受政治之限制，更加強了儒者除政治生活而外，亦難有獨立之學術生活之餘地。這種對政治擔負起絕對義務的使命感，使西漢知識分子「有罪自殺」之風特盛。可以說，在法家注重效率的要求下，在儒學被誘以利祿之途的引導下，西漢儒者的「致用」之求大於「經世」之心。他們的淑世熱忱雖仍不減，卻被「通經致用」之實用觀念所掩而湮滅不影。〔註15〕

　　漢儒「通經致用」講究實用價值之程度，亦可謂步入歧途：上焉者以《三百篇》為諫書，〔註16〕以《春秋》決獄，以《尚書》〈洪範〉察變。〔註17〕以〈禹貢〉治河，〔註18〕此輩猶取諸經用於治事，尚有政治功用可言；下焉者則專擅經術而為個人利祿之階，這類儒者不但為數夥頤，且視藉經術以干祿為正常途徑。武帝時大儒夏侯勝如此提撕諸生：

〔註14〕錢穆，《國史大綱》上冊，頁263。
〔註15〕「道德生活如何可能？」這個問題也只好留待千年後的宋儒去思索。
〔註16〕《漢書》，卷八八，〈儒林傳・王式傳〉，頁17上。
〔註17〕同上書，卷七五，〈夏侯勝傳〉頁3上。
〔註18〕同上書，卷七一，〈平當傳〉，頁10下～11上；卷二九，〈溝洫志〉，頁17上。

> 士病不明經術，經術苟明，其取青紫如俛拾地芥耳。學經不明，不
> 如歸耕。〔註19〕

因此後來類似「小史有封侯骨，當以經術進，努力爲諸生學問」〔註20〕的勉
勵上進語，一定普徧流行；而且也的確有許多儒者像翟方進這樣，以明經而
位至封侯。後世忽略漢代儒學深受法家影響之學者，往往以漢之「通經致用」
爲美事，例如《南史》〈儒林傳〉便云：「兩漢登賢，咸資經術」；〔註21〕清儒
顧炎武（亭林，1613～1682）更曰：

> 漢武帝從公孫弘之議，下至郡太守卒吏，皆用通一藝以上者，……
> 然則昔之爲吏者，皆曾執經問業之徒，心術正而名節修，其舞文害
> 政者寡矣。〔註22〕

殊不知西漢儒者致用之求強過經世精神，注重的是手段的有效性，而不是
目的的道德性，因此「執經問業」以爲仕進之階猶恐不及，何暇顧及心術之正
與名節之修？而「舞文害政」者又豈止武帝時之酷吏而已？儒者以「春秋之義」
互相攻訐，其爲害政治與學術更深更大。故就「經世致用」的觀念在西漢的發
展而言，方望溪之謂「儒之途通而道亡」，並非厚誣。

第三節　個人政治理想的實現

西漢儒者之通經，雖重實用價值，致令大部分儒者「不能自免於役屬的
地位」，〔註23〕往往屈服於政治壓力之下，被阿諛之譏。在學術發展上，漢代
儒者雖呈現儒、道、法、陰陽四家混雜之現象，大悖孔孟原旨，而爲思想上
的一大衰退與沒落。但西漢儒者在某些觀念與實踐上，尚能保有孔孟基本主
張之形貌，例如他們雖未能掌握教化靈魂，猶知教化之重要而盡力提倡；雖
不識孔孟「仁義」之所自出，猶知重義利之辨；〔註24〕雖爲了仕進而「通經」，
猶勤勤懇懇明習詩書六藝；因此在自我肯定上，西漢儒者還是十分具有儒家
之氣質性情。武帝罷黜百家、獨尊儒術之後，只要是讀書人，便是儒者，只

〔註19〕同註17，頁5上。
〔註20〕同上書，卷八四，〈翟方進傳〉，頁1上。
〔註21〕《南史》，卷七一，〈儒林傳〉敘，頁一下。
〔註22〕顧炎武，《日知錄》，卷一七，「通經爲吏」條，頁37下。
〔註23〕許倬雲，〈秦漢的知識份子〉，頁494。
〔註24〕這在討論經濟政策的奏議裡最多，本文不及分析。

要是儒者，便有參政之機會。雖則誘以利祿，導儒學入歧途，固有其負面作用；但儒學再經昭、宣、元、成、哀數世帝王之提倡，知識份子人數激增，從中央到地方郡縣，形成一個龐大的士人集團；同時由知識份子所組成的官僚政府亦已完備，形成一股不可忽視的政治力量。但這些只是爲東漢士風的形成鋪路而已。在西漢，儒者的集體表現尙屬少見，〔註 25〕就大體而言，西漢知識份子多個人表現。而由於（1）儒學乃仕進之階，學術附於政治之下不能獨立；（2）法家學說侵入儒學，改變了君臣關係的結構，而儒者亦承認並接受這種新局面；（3）西漢儒者的「致用」之求太過深切，三層影響，西漢知識份子的政治投入，大抵只圖個人之仕進，無以堅持高超的理想來領導政治現實走向更高層次。他們學而優則仕，兼踞學術與政治的高位，其個人理想容易在專制體治下實現。易言之，由於理想與現實的差距並不太大，因此西漢儒者所感受的內在壓力亦較小，與外在現實政治的關係較缺乏緊張性，與政治權威也很少展開拉鋸戰。〔註 26〕學術理想與政治現實之間距離這樣接近，除了妨礙學術的發展外，還限制儒者的胸懷與眼光。由是，以大一統帝國的氣勢，承諸子百家之後的西漢，貫二百年之久，竟無人能做這樣的獅子吼：「爲天地立心，爲生民立命，爲往聖繼絕學，爲萬世開太平」；儒家用世的理想，猶得待諸千年後的宋儒來重新打開局面。

〔註25〕哀帝時，司隸校尉鮑宣下廷尉獄，博士弟子濟南王咸，舉幡太學下，號召太學生同救鮑宣，諸生會者千餘人，朝日遮丞相孔光，自言，丞相車不得行；又守闕上書，哀帝遂抵宣罪，減死一等髡鉗。事見《漢書》，卷七二，〈鮑宣傳〉，頁 24 下。又王船山認爲朋黨之興始於元帝時，蕭望之、周堪、張猛、劉向諸儒相結合以攻外戚史高、宦官弘恭、石顯，流風所染，千載不息，士得虛名、獲實禍，而國受其敗。見《讀通鑑論》，卷四，〈漢元帝〉，頁 14 下～15 下。

〔註26〕「理想」的知識份子，其與政治現實之間，似乎應該感受到相當程度的外在與內在的壓力，而呈現緊張性，與現實政治保持疏離態度，經常與政治權威展開拉鋸戰，在理想與正統理念之間抉擇或整合，⋯⋯。參見許倬雲，〈秦漢知識份子〉，頁 509，註 17。

參考書目

甲、專　書（依書名及作者姓名筆劃爲序）

1.　《太平御覽》(四部叢刊本，台北：台灣商務印書館)。

2.　《中庸》(《四書集注》，四部備要本，台北：世界書局)。

3.　《四庫全書簡明目錄》，台北：河洛圖書出版社影印本，民國 64 年。

4.　《老子》，(四部備要本)。

5.　《朱子語類》，台北：漢京文化事業有限公司影印百衲本，民國 69 年。

6.　《西漢會要》，台北：世界書局，民國 70 年。

7.　《呂氏春秋》，(四部叢刊本)。

8.　《宋書》，(四部備要本)。

9.　《孝經》，(四部叢刊本)。

10.　《孟子》，(《四書集注》，四部備要本)。

11.　《周易》，(四部叢刊本)。

12.　《尚書》，(四部叢刊本)。

13.　《帛書老子》，台北：河洛圖書出版社，民國 64 年。《黃帝四經》、〈伊尹‧九主〉、〈黃帝四經初探〉及〈九主研究〉均附於此書。

14.　《周禮》，(四部叢刊本)。

15.　《南史》，(四部備要本)。

16.　《春秋經傳集解》(四部叢刊本)，文中分《春秋左氏傳》與《春秋公羊傳》。

17.　《荀子》，(四部叢刊本)。

18.　《莊子》，(四部備要本)。

19.　《商君書》，(四部叢刊本)。

20. 《淮南子》,(四部備要本)。

21. 《群書治要》,(四部叢刊本)。

22. 《新校資治通鑑注本》,台北:世界書局,民國 51 年,文中簡稱《資治通鑑》。

23. 《論語》(《四書集注》,四部備要本)。

24. 《禮記》,(四部叢刊本)。

25. 《藝文類聚》,台北:新興書局影印宋刊本,民國 49 年。

26. 王夫之,《讀通鑑論》,(四部備要本)。

27. 王充,《論衡》,(四部叢刊本)。

28. 王先謙,《後漢書集解》,台北:藝文印書館影印清乙卯秋中王氏校刊本。文中簡稱《後漢書》。

29. 王先謙,《漢書補注》,台北:藝文印書館影印清光緒庚子長沙王氏虛受堂刊本。文中簡稱《漢書》。

30. 王應麟,《玉海》,台北:國立中央圖書館影印元後至元三年慶元路儒學刊本。

31. 吳訥,《文章辨體序說》,台北:長安出版社,民國 67 年。

32. 李漢三,《先秦兩漢之陰陽五行學說》,台北:維新書局,民國 57 年。

33. 姚鼐,《古文辭類纂》,台北:廣文印書館影印清乾隆康刻本。

34. 班固,《白虎通》,(四部叢刊本)。

35. 荀悦,《前漢紀》,台北:台灣商務印書館,「人人文庫」特 170,民國 63 年。

36. 徐師曾,《文體明辨序說》,台北:長安出版社,民國 67 年。與吳訥《文章辨體序說》同書。

37. 夏曾佑,《中國古代史》,台北:台灣商務印書館,民國 57 年。

38. 徐復觀,《兩漢思想史》,台北:學生書局,民國 68 年。

39. 桓寬,《鹽鐵論》,(四部叢刊本)。

40. 馬端臨,《文獻通考》,台北:新興書局,民國 48 年。

41. 張心澂,《僞書通考》,台北:台灣商務印書館,民國 59 年。

42. 康有爲,《新書僞經考》,台北:世界書局,民國 51 年。

43. 崔述,《古文尚書辨僞》(《崔東壁遺書》第五冊),台北:世界書局,民國 52 年。

44. 陸賈,《新語》,(四部叢刊本)。

45. 郭慶藩,《莊子集釋》,台北:河洛圖書出版社影印本。

46. 章學誠,《文史通義》,台北:華世出版社,民國 69 年。

47. 陸贄，《陸宣公翰苑集》，（四部叢刊本）。

48. 馮友蘭，《中國思想史》，台北：出版資料不詳。

49. 勞思光，《中國哲學史》，台北：三民書局，民國 70 年。

50. 黃宗羲，《明夷待訪錄》，（四部備要本）。

51. 賀凌虛，《呂氏春秋的政治理論》，台北：台灣商務印書館，民國 59 年。

52. 揚雄，《太玄經》，（四部叢刊本）。

53. 揚雄，《法言》，（四部叢刊本）。

54. 黃錦鋐，《秦漢思想研究》，台北：學海出版社，民國 68 年 1 月。

55. 董仲舒，《春秋繁露》，台北：世界書局影印明程榮校本，民國 64 年。

56. 劉向，《說苑》，（四部叢刊本）。

56. 劉光義，《漢武帝之用儒及漢儒之說詩》，台北：台灣商務印書館，民國 64 年。

57. 錢穆，《秦漢史》，香港：作者自印本，民國 46 年。

58. 錢穆，《國史大綱》，台北：台灣商務印書館，民國 71 年。

59. 蕭公權，《中國政治思想史》，台北：中國文化學院出版部，民國 69 年。

60. 韓非，《韓非子》，（四部備要本）。

61. 瀧川龜太郎，《史記會注考證》，台北：洪氏出版社，民國 70 年。文中簡稱《史記》。

62. 顧炎武，《日知錄》，（四部備要本）。

63. Eisenstadt, S. N., *The Political Systems of the Empires: The Rise and Fall of the Historical Bureaucratics Societies.*（New York: The Free Press, 1963, 1969）.

乙、論　文（依作者姓名筆劃爲序）

1. 王叔岷，〈黃老考〉。《東方文化》，第十三卷第二期。

2. 余英時，〈反智論與中國政治傳統〉。收入：氏著《歷史與思想》，台北：聯經出版事業公司，民國 70 年。

3. 沈剛伯，〈秦漢的儒〉。《大陸雜誌》，第三十八卷，第九期，民國 58 年 5 月。

4. 林載爵，〈天道變易，世運終始——歷史思想中的發展觀念〉，收入：黃俊傑編《天道與人道》，台北：聯經出版事業公司，《中國文化新論》，「思想篇」（二），民國 72 年。

5. 胡昌智，〈什麼是歷史意識〉。《思與言》，第二十一卷第一期，民國 72 年 5 月。

6. 徐復觀，〈中國的治道〉。收入：氏著《學術與政治之間》，台北：學生書

局，民國 69 年。

7. 徐復觀，〈陰陽五行及其有關文獻的研究〉。收入：氏著《中國人性論史》，
附錄二，台北：台灣商務印書館，民國 68 年。

8. 徐復觀，〈道家支派及其末流的心性思想〉。收入：氏著《中國人性論史》
「先秦篇」，台北：台灣商務印書館，民國 68 年。

9. 徐復觀，〈儒家對中國歷史命運掙扎之一例〉，收入：氏著《學術與政治之
間》，台北：學生書局，民國 69 年。

10. 許倬雲，〈西漢政權與社會勢力的交互作用〉。收入：氏著《求古編》，台
北：聯經出版事業公司，民國 71 年。

11. 許倬雲，〈秦漢知識份子〉，收入：氏著《求古編》，台北：聯經出版事業
公司，民國 71 年。

12. 張端穗，〈天與人歸──中國思想中政治權威合法性的觀念〉。收入：黃俊
傑編，《理想與現實》，台北：聯經出版事業公司，《中國文化新論》，「思
想篇」（一），民國 72 年。

13. 黃俊傑，〈歷史教育中歷史意識的培育〉。收入：氏著《儒學傳統與文化創
新》，台北：東大圖書公司，民國 72 年。

14. 黃俊傑，〈儒學傳統中道德政治觀念的形成與發展〉。收入：氏著《儒學傳
統與文化創新》，台北：東大圖書公司，民國 72 年。

15. 劉紀曜，〈公與私──忠的倫理內涵〉。收入：黃俊傑編，《天道與人道》，
台北：聯經出版事業公司，《中國文化新論》，「思想篇」（二），民國 72
年。

16. 戴君仁，〈漢武帝抑黜百家非發自董仲舒考〉。《孔孟學報》，第十六期，民
國 57 年 9 月。

17. 顧頡剛，〈五德終始說下的政治和歷史〉。《清華學報》：台北：東方文化書
局複印本，第六卷第一期，民國 19 年 6 月。